国家自然科学基金（70971068，70701018）
教育部人文社会科学研究项目（08JC630045）
教育部留学回国人员科研启动基金（教外司留[2012]940号）
中国博士后科学基金（一等资助金）（20060390281）
江苏省高校"青蓝工程"中青年学术带头人项目（苏教师(2010)27号）

计算机辅助审计原理及应用（第二版）

陈　伟 编著

清华大学出版社
北京

内 容 简 介

本书分析了国内外关于计算机辅助审计的研究与应用现状,介绍了开展计算机辅助审计所需的相关基础知识,分析了国内外常见的审计软件,结合案例重点分析了面向数据的计算机辅助审计的关键步骤,并在附录中设计了 3 个实验模块。本书力求全面反映计算机辅助审计领域国内外的最新成果。

本书可作为高等院校相关专业的学生学习计算机辅助审计知识的实务教材,也可作为审计人员学习计算机辅助审计知识的理论教材。

图书在版编目(CIP)数据

计算机辅助审计原理及应用/陈伟编著.--2 版.--北京:清华大学出版社,2012.10
21 世纪高等学校规划教材·计算机应用
ISBN 978-7-302-29746-8

Ⅰ.①计… Ⅱ.①陈… Ⅲ.①计算机应用—审计—高等学校—教材 Ⅳ.①F239.1

中国版本图书馆 CIP 数据核字(2012)第 189135 号

责任编辑:闫红梅 李 晔
封面设计:傅瑞学
责任校对:白 蕾
责任印制:何 芊

出版发行:清华大学出版社
   网 址:http://www.tup.com.cn,http://www.wqbook.com
   地 址:北京清华大学学研大厦 A 座 邮 编:100084
   社 总 机:010-62770175 邮 购:010-62786544
   投稿与读者服务:010-62776969,c-service@tup.tsinghua.edu.cn
   质 量 反 馈:010-62772015,zhiliang@tup.tsinghua.edu.cn
   课 件 下 载:http://www.tup.com.cn,010-62795954
印 刷 者:北京富博印刷有限公司
装 订 者:北京市密云县京文制本装订厂
经 销:全国新华书店
开 本:185mm×260mm 印 张:22.25 字 数:540 千字
版 次:2008 年 6 月第 1 版 2012 年 10 月第 2 版 印 次:2012 年 10 月第 1 次印刷
印 数:1～3000
定 价:34.50 元

产品编号:041473-01

编审委员会成员

（按地区排序）

清华大学	周立柱	教授
	覃 征	教授
	王建民	教授
	冯建华	教授
	刘 强	副教授
北京大学	杨冬青	教授
	陈 钟	教授
	陈立军	副教授
北京航空航天大学	马殿富	教授
	吴超英	副教授
	姚淑珍	教授
中国人民大学	王 珊	教授
	孟小峰	教授
	陈 红	教授
北京师范大学	周明全	教授
北京交通大学	阮秋琦	教授
	赵 宏	副教授
北京信息工程学院	孟庆昌	教授
北京科技大学	杨炳儒	教授
石油大学	陈 明	教授
天津大学	艾德才	教授
复旦大学	吴立德	教授
	吴百锋	教授
	杨卫东	副教授
同济大学	苗夺谦	教授
	徐 安	教授
华东理工大学	邵志清	教授
华东师范大学	杨宗源	教授
	应吉康	教授
东华大学	乐嘉锦	教授
	孙 莉	副教授

浙江大学	吴朝晖	教授
	李善平	教授
扬州大学	李 云	教授
南京大学	骆 斌	教授
	黄 强	副教授
南京航空航天大学	黄志球	教授
	秦小麟	教授
南京理工大学	张功萱	教授
南京邮电学院	朱秀昌	教授
苏州大学	王宜怀	教授
	陈建明	副教授
江苏大学	鲍可进	教授
中国矿业大学	张 艳	教授
武汉大学	何炎祥	教授
华中科技大学	刘乐善	教授
中南财经政法大学	刘腾红	教授
华中师范大学	叶俊民	教授
	郑世珏	教授
	陈 利	教授
江汉大学	颜 彬	教授
国防科技大学	赵克佳	教授
	邹北骥	教授
中南大学	刘卫国	教授
湖南大学	林亚平	教授
西安交通大学	沈钧毅	教授
	齐 勇	教授
长安大学	巨永锋	教授
哈尔滨工业大学	郭茂祖	教授
吉林大学	徐一平	教授
	毕 强	教授
山东大学	孟祥旭	教授
	郝兴伟	教授
厦门大学	冯少荣	教授
厦门大学嘉庚学院	张思民	教授
云南大学	刘惟一	教授
电子科技大学	刘乃琦	教授
	罗 蕾	教授
成都理工大学	蔡 淮	教授
	于 春	副教授
西南交通大学	曾华燊	教授

出 版 说 明

　　随着我国改革开放的进一步深化,高等教育也得到了快速发展,各地高校紧密结合地方经济建设发展需要,科学运用市场调节机制,加大了使用信息科学等现代科学技术提升、改造传统学科专业的投入力度,通过教育改革合理调整和配置了教育资源,优化了传统学科专业,积极为地方经济建设输送人才,为我国经济社会的快速、健康和可持续发展以及高等教育自身的改革发展做出了巨大贡献。但是,高等教育质量还需要进一步提高以适应经济社会发展的需要,不少高校的专业设置和结构不尽合理,教师队伍整体素质亟待提高,人才培养模式、教学内容和方法需要进一步转变,学生的实践能力和创新精神亟待加强。

　　教育部一直十分重视高等教育质量工作。2007 年 1 月,教育部下发了《关于实施高等学校本科教学质量与教学改革工程的意见》,计划实施"高等学校本科教学质量与教学改革工程"(简称"质量工程"),通过专业结构调整、课程教材建设、实践教学改革、教学团队建设等多项内容,进一步深化高等学校教学改革,提高人才培养的能力和水平,更好地满足经济社会发展对高素质人才的需要。在贯彻和落实教育部"质量工程"的过程中,各地高校发挥师资力量强、办学经验丰富、教学资源充裕等优势,对其特色专业及特色课程(群)加以规划、整理和总结,更新教学内容、改革课程体系,建设了一大批内容新、体系新、方法新、手段新的特色课程。在此基础上,经教育部相关教学指导委员会专家的指导和建议,清华大学出版社在多个领域精选各高校的特色课程,分别规划出版系列教材,以配合"质量工程"的实施,满足各高校教学质量和教学改革的需要。

　　为了深入贯彻落实教育部《关于加强高等学校本科教学工作,提高教学质量的若干意见》精神,紧密配合教育部已经启动的"高等学校教学质量与教学改革工程精品课程建设工作",在有关专家、教授的倡议和有关部门的大力支持下,我们组织并成立了"清华大学出版社教材编审委员会"(以下简称"编委会"),旨在配合教育部制定精品课程教材的出版规划,讨论并实施精品课程教材的编写与出版工作。"编委会"成员皆来自全国各类高等学校教学与科研第一线的骨干教师,其中许多教师为各校相关院、系主管教学的院长或系主任。

　　按照教育部的要求,"编委会"一致认为,精品课程的建设工作从开始就要坚持高标准、严要求,处于一个比较高的起点上。精品课程教材应该能够反映各高校教学改革与课程建设的需要,要有特色风格、有创新性(新体系、新内容、新手段、新思路,教材的内容体系有较高的科学创新、技术创新和理念创新的含量)、先进性(对原有的学科体系有实质性的改革和发展,顺应并符合 21 世纪教学发展的规律,代表并引领课程发展的趋势和方向)、示范性(教材所体现的课程体系具有较广泛的辐射性和示范性)和一定的前瞻性。教材由个人申报或各校推荐(通过所在高校的"编委会"成员推荐),经"编委会"认真评审,最后由清华大学出版社审定出版。

目前,针对计算机类和电子信息类相关专业成立了两个"编委会",即"清华大学出版社计算机教材编审委员会"和"清华大学出版社电子信息教材编审委员会"。推出的特色精品教材包括:

(1) 21 世纪高等学校规划教材·计算机应用——高等学校各类专业,特别是非计算机专业的计算机应用类教材。

(2) 21 世纪高等学校规划教材·计算机科学与技术——高等学校计算机相关专业的教材。

(3) 21 世纪高等学校规划教材·电子信息——高等学校电子信息相关专业的教材。

(4) 21 世纪高等学校规划教材·软件工程——高等学校软件工程相关专业的教材。

(5) 21 世纪高等学校规划教材·信息管理与信息系统。

(6) 21 世纪高等学校规划教材·财经管理与应用。

(7) 21 世纪高等学校规划教材·电子商务。

(8) 21 世纪高等学校规划教材·物联网。

清华大学出版社经过三十多年的努力,在教材尤其是计算机和电子信息类专业教材出版方面树立了权威品牌,为我国的高等教育事业做出了重要贡献。清华版教材形成了技术准确、内容严谨的独特风格,这种风格将延续并反映在特色精品教材的建设中。

清华大学出版社教材编审委员会

联系人:魏江江

E-mail:weijj@tup.tsinghua.edu.cn

Rotman School of Management
UNIVERSITY OF TORONTO

Rotman

This second edition of *Computer Assisted Audit: Principles and Application* extends the first edition with updated coverage of the changing nature of audit evidence and the informatization environment. Dr. Wei Chen has developed a valuable addition to current research and teaching on information technology (IT) auditing. The book focuses on the unique conditions of IT auditing information in China. These conditions are referred to as audit informatization.

Basic concepts are introduced in the first three chapters, followed by chapters on audit data acquisition and analysis. The last three chapters cover advanced methods of audit data analysis, continuous auditing and online auditing. Much of the new material is based on Dr. Chen's own research.

This book helps university students and auditors learn the procedures and theory for gathering electronic evidence with the use information technology and specialized audit software designed to be effective in China's online computer systems. This is a major contribution to audit practice and theory. The book is a useful reference for auditing in an advanced online commerce economy, and therefore increasingly important for auditors in China.

Wally Smieliauskas

Wally Smieliauskas
Professor of Accounting
Rotman School of Management
University of Toronto
105 St. George Street
Toronto, Ontario
Canada M5S 3E6

Phone: (416)-978-1454
Fax: (416)-971-3048
E-mail: smieli@rotman.utoronto.ca

序(第二版)(中译文)

　　《计算机辅助审计原理及应用(第二版)》在内容上是第一版的延伸,是审计证据正在发生变化的特性和信息化环境的最新体现。陈伟博士为当前 IT 审计科研与教学做出了很有价值的工作。审计信息化,大势所趋。依此背景,该书围绕中国 IT 审计的特点开展研究。

　　本书在前 3 章中首先分析了计算机辅助审计的基本概念和现状。随后探讨了审计数据采集与分析。最后 3 章分析了审计数据分析新方法、持续审计与联网审计。书中很多新的资料源自陈伟博士本人的研究。

　　本书可指导高校学生和审计人士学习关于如何应用信息技术和审计软件获得电子审计证据的理论与方法,这是对审计实践和审计理论的一项重要贡献。本书对现代网络经济环境下开展审计工作具有重要的参考价值,故对中国审计人士,此书意义将日显重要。

Wally Smieliauskas

会计学教授

多伦多大学 Rotman 管理学院

加拿大多伦多市 St. George 大街 105 号

电话：416-978-1454

传真：416-971-3048

E-mail：smieli@rotman. utoronto. ca

审计事业是国家现代化事业的重要组成部分,是建设和谐社会的重要保证力量,维系着国家经济与政治安全,是我国改革开放和社会主义经济建设的护卫屏障。随着信息技术的飞速发展和广泛应用,信息化成为当今世界经济和社会发展的大趋势,信息技术及其应用已经渗透到经济和社会的各个领域,这同时也对审计工作提出了新的更高的要求。审计对象的信息化使得审计信息化建设成为必然,采用计算机辅助审计技术开展审计工作成社会关注的热点。

国务院、国家审计署高度重视审计信息化建设工作。早在 1998 年,国家审计署党组向国务院提出建设审计信息化系统的建议,得到了国务院领导的充分肯定。2002 年国家发改委正式批准"金审工程"开工,随后,"金审工程"被列入了国家"十五"期间首先启动的 12 个"金"字号电子政务重大工程之一。李金华、刘家义等国家审计署领导在许多重要讲话中都要求要大力开展审计信息化建设。

推进审计信息化,既需要政府的积极推动和引导,也需要广大教育工作者、科技工作者的广泛参与。为了在我国培育一批信息时代高素质的审计人员专业队伍,也为了普及计算机辅助审计知识,清华大学出版社出版《计算机辅助审计原理及应用》具有重要的现实意义。本书适应信息化环境下我国审计事业发展的需要,紧密结合我国开展计算机辅助审计的现状及特点,以面向数据的计算机辅助审计为主线,系统地论述计算机辅助审计的原理与应用,很好地满足了高等院校开设计算机辅助审计课程以及审计人员学习计算机辅助审计理论的需要。

本书是作者多年从事计算机辅助审计科研、教学和实践工作成果积累的综合反映。本书的作者主持了国家自然科学基金等多项计算机辅助审计方向的科研项目,大量地掌握了国内外相关文献,发表了多篇相关的学术和教学论文,在此基础上,对计算机辅助审计的原理与应用做出综合、概括和提升。因此,本书有如下三大特点:一是系统地介绍了计算机辅助审计的基本概念和理论方法,可指导读者系统、准确地把握计算机辅助审计的思想,正确地运用计算机辅助审计技术与方法;二是紧密结合国内计算机辅助审计的研究及应用,同时融合大量国外关于计算机辅助审计研究的文献资料,使本书中不仅有计算机辅助审计基础知识的具体应用,还有计算机辅助审计研究前沿的介绍;三是借助案例讲解计算机辅助审计理论,结构新颖,逻辑严密,可操作性强,便于付诸实施。

我相信,《计算机辅助审计原理及应用》的出版可以为我国的审计信息化建设发挥积极的作用。

王家新　教授
南京审计学院党委书记、校长
中国审计学会　副会长
审计教育分会　会长
2008 年 2 月 28 日

前言(第二版)

随着信息技术的飞速发展和广泛应用,信息化成为当今世界经济和社会发展的大趋势,信息技术及其应用已经渗透到经济和社会的各个领域,这同时也对审计工作提出了更新、更高的要求,审计信息化成为必然。伴随着这一审计信息化浪潮,作者近年来一直致力于IT审计方向的科研与教学工作。为了适应信息化环境下审计事业的发展,满足高等院校开设计算机辅助审计课程以及相关审计人士学习计算机辅助审计技术的需要,根据多年开设这门课程的经验,作者于2008年在清华大学出版社出版了《计算机辅助审计原理及应用》,本书现已被国内10多所大学作为相关课程的教材,2011年第2次印刷。所总结出的一些审计数据分析方法,如"数据查询"、"账表分析"等被广大同行所采用和推广。应广大老师和读者的要求,结合这3年的应用经验和计算机辅助审计的最近发展现状,作者对第一版的内容做了进一步的完善,内容更新和增加达40%。相对于第一版,第二版在理论内容上增加了持续审计、云计算环境下的联网审计等最新计算机辅助审计研究方面的内容;在实验教学上增加了3个实验模块,可供高校根据自己所具备的实验条件选择开设所需的实验课程。

内容

目前我国开展的计算机辅助审计多为面向数据的计算机辅助审计,本书力求全面反映该领域国内外最新成果。在内容安排上:第1~6章内容属于基础篇,供读者掌握计算机辅助审计的基础理论知识,这一部分首先分析了国内外关于计算机辅助审计的研究与应用现状;然后介绍了开展计算机辅助审计所需的相关基础知识,分析了国内外常见的审计软件;在此基础上,结合案例重点分析了面向数据的计算机辅助审计的关键步骤:审计数据采集、审计数据预处理、审计数据分析。第7~9章内容属于高级篇,供读者了解计算机辅助审计的最新理论知识;附录中基于通用软件Access、国内审计软件AO和国外审计软件IDEA设计了3个实验模块,满足开设实验课程的需要。

特色

作为一本高等学校的教材,仅仅讲解如何应用计算机辅助审计技术是不够的,还需要有相应的系统的理论知识。本书是在多项国家级、省部级课题研究和多年教学实践的基础上完成的,本书紧扣目前我国开展的面向数据的计算机辅助审计的现状和特点,在介绍国内外关于计算机辅助审计研究现状的基础上,结合案例,系统地分析了面向数据的计算机辅助的基本概念、基本原理以及基本技术方法。因此,本书具有系统性、可操作性、理论联系实际等特点。此外,本书还系统地介绍了持续审计与联网审计等计算机辅助审计的最新理论知识。

对象

本书可作高等院校审计、会计、财务、信息管理、计算机等各有关专业的教材,可供本科生、研究生(特别是审计硕士)两个层次的读者使用,同时可作为审计从业人员的专业培训教材以及业务学习资料,以及审计专业人士、审计科技工作者的参考书。

致谢

在本书的写作过程中,南京审计学院以及国家审计署等审计实务部门的有关领导和专家对本书写作的指导思想和框架结构提出了许多中肯的意见,清华大学出版社的编辑以及相关领导对本书的出版给予了大力的支持。另外,本书的撰写得到了国家自然科学基金(项目编号:70971068,70701018)、教育部人文社会科学研究项目(项目编号:08JC630045)、教育部留学回国人员科研启动基金(项目编号:教外司留[2012]940号)和中国博士科学基金(项目编号:20060390281)以及江苏省"青蓝工程"等项目的资助,在此一并表示感谢。

在本书第1版的使用过程中,牛艳芳、张文秀、幸莉仙、曹细钟、朱建军、菅利荣、米传民、李庭燎、余小兵等多所高校的老师对本书提出了宝贵的意见。

本书不足之处,恳请读者不吝赐教指正,作者将在后续版本中进一步完善。作者的E-mail:chenweich@nau.edu.cn。

陈伟

2012年5月 于南京

目 录

第 1 章

绪论

1.1 概述

1.1.1 开展计算机辅助审计的必要性

审计作为一种独立性的经济监督活动,是国家现代化事业的重要组成部分,是建设和谐社会的重要保证力量,是我国改革开放和社会主义经济建设的护卫屏障,是国家经济运行安全的免疫系统。随着改革开放和社会主义经济建设事业的蓬勃发展,审计监督的地位和作用越来越重要。传统手工审计是通过对账簿的检查来实现这一职责的。但是到了 20 世纪 80 年代,以查账为主要手段的审计职业遇到了来自信息技术的挑战。金融、财政、海关、税务等部门,民航、铁道、电力、石化等关系国计民生的重要行业开始广泛运用计算机、数据库、网络等现代信息技术进行管理,国家机关、企事业单位信息化趋向普及。审计对象的信息化客观上要求审计机关的作业方式必须及时做出相应的调整,要运用信息技术,全面检查被审计单位的经济活动,发挥审计监督的应有作用。因此,利用信息技术开展审计工作成为必然。而审计人员为了适应现今信息时代的需要,必须使用计算机辅助审计技术来完成审计任务。因此,掌握计算机辅助审计技术对于审计人员来说非常重要。

1.1.2 相关术语分析

随着信息技术在审计领域应用的进展,在审计理论界和实务界出现了一系列相应的术语,本节对一些典型的术语进行整理和分析,从而为后面的学习打下基础。

1. IT 审计

随着信息技术的发展,组织的运行越来越依赖于信息技术(Information Technology,IT)。信息化环境下信息技术不但成为审计的工具,即计算机辅助审计技术(Computer Assisted Audit Technologies,CAATs),同时也成为审计的对象。因此,IT 审计成为审计领域研究与应用的热点,IT 审计所包括的主要内容可简要归纳为如图 1.1 所示。

本书主要介绍 IT 审计的第一部分内容:信息技术成为审计的工具,即如何应用信息(计算机)技术开展审计工作。

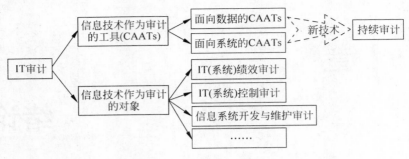

图 1.1   IT 审计的主要内容

2．计算机审计

计算机审计在国内学术界有多种叫法，有时也被称为 EDP 审计、电算化审计、信息系统审计等。有的文献认为，计算机审计包括对计算机管理的数据进行检查和对管理数据的计算机进行检查；有的文献认为，无论是对计算机信息系统进行审计还是利用计算机辅助审计，都统称为计算机审计，或者说，计算机审计的含义包括计算机系统作为审计的对象和作为审计的工具。根据国内对"计算机审计"一词的使用情况，可以把计算机审计的含义总结如下：

计算机审计是与传统审计相对称的概念，它是随着计算机技术的发展而产生的一种新的审计方式，其内容包括利用计算机进行审计和对计算机系统进行审计。由此可见，计算机审计的内涵和 IT 审计的内涵相似。

3．电子数据审计

电子数据审计是目前审计实务界使用较多的一个术语，对于电子数据审计，目前还没有给出明确的定义，根据目前对该术语的使用情况，电子数据审计一般可以理解为"对被审计单位信息系统中的电子数据进行采集、预处理以及分析，从而发现审计线索，获得审计证据的过程"。

4．电子数据处理审计

电子数据处理(Electronic Data Processing，EDP)审计和电子数据审计是两个不同的概念，电子数据处理审计是信息系统审计的初级阶段，它是指对计算机信息处理系统的开发及其软件、硬件和运行环境进行测试，并评价计算机信息系统数据处理是否准确、真实、安全、可靠、高效，满足企业经营管理的需要。对于电子数据审计和电子数据处理审计这两个不同的概念，在实际应用中，一定要加以区分。

5．账套式审计

账套式审计是在信息化财务系统和计算机审计条件下产生的一个新概念，它是指：当审计人员从被审计单位财务软件系统中导出相关电子数据后，将其整理转换为传统意义上的账目系统，然后再进行检查的审计模式。在这种模式下，审计的重心依然是账目系统，只不过是由纸质账目系统转换为电子账目系统。如果将电子账目系统打印成纸质账目系统，则审计就又变成了传统的账目基础审计,这种审计模式只是审计手段的改进,而不是审计观念和审计方式的进步。

6. 数据式审计

数据式审计不同于以往任何一种审计模式,它不是将账目或信息化环境下的电子账套,而是将电子数据作为直接的审计对象,而不必将其转换成规定的电子账套。数据式审计的概念类似于电子数据审计。

数据式审计模式是一个在现存审计理论框架中尚无处寻觅的全新概念。在审计实践中,账套式审计和数据式审计都还处在刚刚起步的阶段,但是可能是由于更容易被人所接受的缘故,账套式审计的做法和观念似乎更加清晰,而且也已比较广泛地被采用。

7. 信息系统审计

信息系统审计(Information System Audit,ISA)也是目前常常提到的概念,一般理解为对计算机系统的审计,信息系统审计的国际权威组织——国际信息系统审计和控制协会对信息系统审计给出了如下定义:

信息系统审计是收集和评估证据,以确定信息系统与相关资源能否适当地保护资产、维护数据完整、提供相关和可靠的信息、有效完成组织目标、高效率地利用资源并且存在有效的内部控制,以确保满足业务、运作和控制目标,在发生非期望事件的情况下,能够及时地阻止、检测或更正的过程。

8. 持续审计

持续审计(Continuous Audit,CA)是能在相关事件发生的同时,或之后很短的时间内就产生审计结果的一种审计类型。根据这一定义,把持续审计称为实时审计更为合适。此外,要实现持续审计,需要一个在线的计算机系统把审计部门和被审计部门连接起来,所以,持续审计也被称为持续在线审计(Continuous Online Auditing,COA)。

9. 联网审计

随着信息化程度的提高以及计算机网络的广泛使用,目前正在开展的所谓的联网审计(Online Auditing)也是持续审计的一种方式。中国国家审计署科研所的研究人员认为,联网审计是指审计机关与被审计单位进行网络互联后,在对被审计单位财政财务管理相关信息系统进行测评和高效率的数据采集与分析的基础上,对被审计单位财政财务收支的真实、合法、效益进行实时、远程检查监督的行为,是一种"全新的审计理念与审计模式"。在2004年召开的第二届计算机审计国际研讨会上,来自多个国家和地区的专家就对联网审计的研究与应用进行了交流。印度总审计署认为,联网审计是一项技术,它可以在系统处理数据的同时,或者在处理结束后马上收集审计证据;我国香港特别行政区审计署认为联网审计就是在局域网环境下,以审计为目的的信息技术应用;波兰最高监察院认为联网审计的工作内容主要包括通过互联网实现访问被审计单位的公共数据库,并分析电子格式的文件、声明和解释。

在以上这些观点的基础上,联网审计可以归纳为:联网审计是由于网络技术在审计中的应用而形成的一种新的审计模式,它使得审计信息交流、审计证据的采集和分析技术、审计项目管理等任务实现网络化、远程化,并且由于新的方法工具的应用,使审计任务的性质、目标发生局部变化。

10.计算机辅助审计

如同 CAM(Computer Aided Manufacturing,计算机辅助制造)、CAD(Computer Aided Design,计算机辅助设计)等概念一样,计算机在审计领域中的辅助应用被称为计算机辅助审计。中国国家审计署把计算机辅助审计理解为:"计算机辅助审计,是指审计机关、审计人员将计算机作为辅助审计的工具,对被审计单位财政、财务收支及其计算机应用系统实施的审计。"

11.计算机辅助审计技术

简单地讲,计算机辅助审计技术(Computer Assisted Audit Techniques,CAAT)是指用来完成计算机辅助审计的技术。一些文献为了突出实现计算机辅助审计技术的工具,有时也会使用计算机辅助审计工具与技术(Computer Assisted Audit Tools and Techniques,CAATT)这一术语。一些文献给出了计算机辅助审计技术的定义。

(1) 有的文献认为:广义上讲,计算机辅助审计技术是指在帮助完成审计的过程中使用的任何技术。

(2) 由于多数关于计算机辅助审计技术的定义仅限于指用于审计计算机应用系统的以及用于抽取和分析电子数据的技术。因此,有的文献把计算机辅助审计技术描述为:用来直接检测一个应用系统的内部逻辑以及通过检查被应用系统处理的数据来间接地评价一个应用系统逻辑的技术。

(3) 有的文献认为:计算机辅助审计技术是基于计算机的技术,它能帮助审计人员提高工作效率,并能通过借助计算机的能力和速度提高收集审计证据的审计功能。

(4) 有的文献认为:简单地讲,计算机辅助审计技术就是指能用来帮助审计人员以更有效的、高效的、及时的方式进行审计的技术。

综上所述,计算机辅助审计技术可以概括为:为了满足信息化环境下审计的需要,基于计算机的用来对信息系统,或被信息系统处理的数据进行审计的技术。

在后面将会介绍,计算机辅助审计技术可分成面向系统的计算机辅助审计技术和面向数据的计算机辅助审计技术两部分,本书主要介绍面向数据的计算机辅助审计技术。

1.2　国内计算机辅助审计的研究与应用情况

1.2.1　金审工程

1."金审工程"建设背景

如前所述,到了 20 世纪 80 年代,以查账为主要手段的审计职业遇到了来自计算机技术的挑战。审计对象的信息化,客观上要求审计机关的作业方式必须及时做出相应的调整,要运用计算机技术,全面检查被审计单位经济活动,发挥审计监督的应有作用。

1998 年,国家审计署党组根据当时的现状,认真分析了信息化条件下审计工作面临的"失去审计资格"的职业风险,于 1998 年年底向国务院汇报工作时提出建设审计信息化系统的建议,得到了国务院的充分肯定。1999 年 12 月,审计署根据国务院的要求,上报了《审计信息化系统建设规划》。在国务院领导和有关部门的大力支持下,2002 年 7 月 28 日,国家发改委(时称国家计委)正式批准"金审工程"开工。2002 年 8 月,《国家信息化领导小组关于我国电子政务建设指导意见》(中办发〔2002〕17 号)中,批准了"金审工程"作为我国电子政务建设的重大业务系统建设工程,列入了国家"十五"期间首先启动的 12 个"金"字号电子政务重大工程之一。

2. "金审工程"建设的意义

审计信息化是审计领域的一场革命。审计信息化的进一步发展,必将促使审计手段发生一些重大变革。总的来说,"金审工程"建设的意义如下:

(1) 审计信息化象征着审计工作将发生 3 个转变,即从单一的事后审计变为事后审计与事中审计相结合;从单一的静态审计变为静态审计与动态审计相结合;从单一的现场审计变为现场审计与远程审计相结合。

(2) 审计信息化必将推动审计方法的改变。对被审计单位的账目逐笔审计在过去是不可想象的,但在审计信息化情况下将轻而易举。

(3) 审计信息化必将推动广大审计人员思维方式的转变,增强审计人员的全局意识和宏观意识。

(4) 审计信息化必将提高审计质量,降低审计风险。

3. "金审工程"建设的目标

"金审工程"建设的总体目标是:形成以计算机为审计作业主要手段的审计方式,形成审计署和地方审计机关资源共享的安全信息网络系统,建成对财政、财务收支的真实、合法和效益实施有效监督的审计信息化系统。探索中国现代审计的新路,审计监督职责的履行和质量水平得到全面提升。通过"金审工程"的建设和实施,积极探索信息化条件下新的审计方式。总的来说,"金审工程"的目标轮廓可以用"一个模式、三个转变、五个一工程"来描述。

1) 一个模式

所谓"一个模式",就是用 5 年左右的时间,建成对财政、银行、税务、海关等部门和重点国有企业事业单位的财务信息系统及相关电子数据进行密切跟踪,对财政收支或者财务收支的真实、合法和效益实施有效监督的信息化系统,建立起一个适应信息化的崭新审计模式——"预算跟踪＋联网核查"。

2) 三个转变

"三个转变"即逐步实现:

(1) 从单一的事后审计转变为事中审计和事后审计相结合。

(2) 从单一的静态审计转变为动态审计和静态审计相结合。

(3) 从单一现场审计转变为现场审计与远程审计相结合。

3)"五个一"工程

"五个一"工程是审计信息化建设的内容,"五个一"工程是指:

(1)建设一个依托政府公共网络,连通全国审计机关和重点被审计单位的高效实用的审计专用网。

(2)开发一批满足审计业务需求并在应用中不断完善的应用软件。

(3)建立一个为审计业务和决策、为政府和社会公众提供有效信息的数据库群。

(4)配置一批经济实用的计算机设备。

(5)培养一支胜任审计信息化的新型队伍。

1.2.2　联网审计

"金审工程"总体规划确定了审计信息化建设的总体目标、审计模式、建设内容和审计工作实现"三个转变"的总体框架。一期建设中,对实现"预算跟踪＋联网核查"审计模式所采用的联网审计方式进行了试点。为更好地研究联网审计技术,为"金审工程"二期建设提供技术支持,2004 年国家科技部批复了审计署申请的国家"863"计划项目"计算机审计数据采集与处理技术"研究课题。

1．研究目标

国家"863"计划"计算机审计数据采集与处理技术"项目的研究目标是,为有效履行信息网络环境下的审计监督,需要对网络环境下计算机审计的数据采集与处理等技术进行科学研究,包括不同网络环境下的审计组网模式、数据采集技术、清理技术、转换技术、存储技术、分析处理技术,以及各技术模型的工程化实验等方面的研究,并取得研究成果的工程化实验数据和工程经验,为"金审工程"二期设计和建设提供科技成果指导和工程建设模型。

2．研究内容

1)联网审计系统组网模式研究

针对被审计单位信息系统的数据布局、网络构架、系统结构等方面的不同,需要研究采用何种方式联网,即组网模式,才能有效地采集被审计单位信息系统中的数据。重点研究集中式数据采集组网模式(例如海关数据大集中系统的数据采集)、分布式数据采集组网模式(例如银行以省为单位的数据分布式系统的数据采集)、点对点式数据采集组网模式(例如中央一级预算单位的单点系统的数据采集)等。

2)审计数据的采集、清理与转换技术研究

针对被审计单位不同的系统结构、网络结构、数据结构和业务特点,研究数据采集接口和数据采集方式,以及对原始数据的识别、转换、清理和验证等技术。

3)审计数据的存储与处理技术研究

主要研究海量数据的存储方式和技术、多维数据库和联机分析处理、审计分析模型和构建技术等。

4)联网审计系统的安全研究

主要研究不同组网模式条件下数据采集的安全措施,数据传输、存储和分析处理方面的安全,应用系统的安全,网络系统的安全,以及联网审计的安全管理等。

5）联网审计工程化实验环境的研究和建设

为了开展联网审计组网模式、数据采集与转换、数据存储与处理、联网审计安全等技术的研究，需要搭建一个研究和实验的平台或环境，包括网络系统、计算机设备、应用系统及安全系统的建设。

关于联网审计，将会在第 9 章详细分析。

1.3　国外计算机辅助审计的研究与应用情况

1.3.1　计算机辅助审计的起源

国外早在 1955 年就提出了"通过计算机审计（auditing through the computer）"的概念。之后，"通过计算机审计"得到越来越多的学者的关注。"通过计算机审计"是和"绕计算机审计（auditing around the computer）"相对立的一个概念。为了实现"通过计算机审计"的思想，一些文献提出了类似于测试数据法（Test Data）的测试程序叠（Test Decks）的方法。一些文献在比较了测试程序叠法的基础上，提出了一种模型法（the Model Approach）来实现"通过计算机审计"，该方法的原理类似于平行模拟法（Parallel Simulation）。之后，越来越多的计算机辅助审计技术被提出。

1.3.2　计算机辅助审计的研究近况

从早期针对电子数据处理（Electronic Data Processing，EDP）系统的审计，到目前针对计算机信息系统的审计，计算机辅助审计技术已被研究了几十年。使用计算机辅助审计，不仅能节省审计时间、降低审计风险，而且能提高审计质量。除了后面将要分析的常见计算机辅助审计技术之外，一些学者尝试着采用新的信息技术研究计算机辅助审计，主要情况分析如下：

1）数据挖掘技术在计算机辅助审计中的应用

常用的计算机辅助审计技术虽然能对电子数据进行审计，但多数仅仅是把手工的审计流程计算机化，不能从电子数据中提取一些隐藏的或未知的信息，而数据挖掘技术可弥补这一方面的不足。数据挖掘是从大量数据中提取或"挖掘"知识，把数据挖掘技术应用于审计数据分析之中具有理论和现实意义。一些文献研究了数据挖掘技术在审计中的作用，并对数据挖掘技术和通用审计软件 ACL 进行了比较，分析了各自的优点，指出了如何把数据挖掘技术应用于审计分析之中。

2）审计专家系统在计算机辅助审计中的应用

（1）研究了一个基于规则的审计专家系统 EDP-XPERT，它主要用来检测控制系统的可靠性。

（2）研究了一个基于规则的审计专家系统 ZYANYA，它主要用于对一个系统的开发生命周期进行审计。

（3）由于以上这两个专家系统的应用范围较小，研究了一个称为 INFAUDITOR 的专家系统，该系统能对信息系统的多个方面进行审计。

3) 关于持续审计的研究

网络技术的发展使得持续审计(Continuous Auditing,CA)成为可能。尽管持续审计的概念已有十多年了,但近年技术的发展才使持续审计成为可能。一些文献对持续审计进行了研究,具体将在第8章详细分析。

4) 关于电子审计的研究

针对目前 CAAT 的不足,研究了如何把面向对象的分布式中间件(Object-oriented Distributed Middlewares)、Internet 安全技术以及智能 Agents 等技术应用到计算机辅助审计中来,提出了一种用于 EDP 审计的新方法,称为电子审计(Electronic Auditing,EA)。EA 的基本思想是在 Internet 上电子化和自动化地执行审计任务。

5) 关于人工神经网络技术在审计中的应用

一些文献研究了如何把人工神经网络技术应用于审计分析性复核之中。

以上这些研究都为计算机辅助审计提供了新的方法和思路。

1.4　计算机辅助审计技术分析

1.4.1　计算机辅助审计技术的分类

1. 关于计算机辅助审计技术分类的研究情况

一些文献对计算机辅助审计技术的研究进行了分类,主要情况如下:

1) 针对信息技术在审计领域应用的分类

把信息技术在审计领域中的应用分成 5 类:

(1) 数据抽取与分析。

(2) 欺骗检测。

(3) 内部控制评估。

(4) 电子商务控制。

(5) 持续监控。

2) 针对 EDP 系统的计算机辅助审计技术的分类

针对早期的 EDP 系统,用于 EDP 的计算机辅助审计技术主要分类情况如图 1.2 所示。

3) 对 5 种典型计算机辅助审计技术的分类

测试数据(Test Data)、集成测试技术(Integrated Test Facility,ITF)、平行模拟(Parallel Simulation)、嵌入审计模块(Embedded Audit Module,EAM)以及通用审计软件(Generalized Audit Software,GAS)这 5 种技术被认为是最典型的计算机辅助审计技术。一些文献把这 5 种典型的计算机辅助审计技术分成两类:

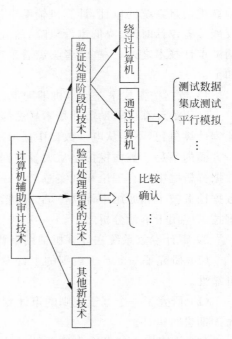

图 1.2　用于 EDP 的计算机辅助审计技术分类

（1）测试数据、集成测试和平行模拟这三种技术是用来直接检测应用系统的内部逻辑。

（2）嵌入审计模块和通用审计软件这两种技术用来处理应用数据，间接检测应用系统的逻辑。

2. 计算机辅助审计技术的分类

根据以上文献的研究，结合目前计算机辅助审计技术的应用现状，计算机辅助审计技术的分类可总结为如图1.3所示。根据图1.3，常用的计算机辅助审计技术可以分成两类：

（1）用于验证程序/系统的计算机辅助审计技术，即面向系统的计算机辅助审计技术。

（2）用于分析电子数据的计算机辅助审计技术，即面向数据的计算机辅助审计技术。

后面将分别对这两类技术进行分析。

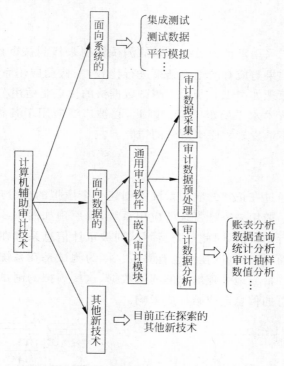

图1.3 计算机辅助审计技术的分类

1.4.2 面向系统的计算机辅助审计技术

常见的用于验证程序/系统的计算机辅助审计技术分析如下。

1. 平行模拟

平行模拟是指针对某一应用程序，审计人员采用一个独立的程序去模拟该程序的部分功能，在输入数据的同时进行并行处理，比较模拟程序处理的结果和该应用程序处理的结果，以验证该应用程序的功能是否正确的方法。其原理如图1.4所示。

平行模拟法的优点是一旦建立了模拟程序，可以随时对被审系统进行抽查，也可以用模拟系统重新处理全部的真实业务数据,进行比较全面的审查。与抽查相比,可以进行更彻底的测试。其主要缺点是模拟系统的开发通常需要花费较长的时间,开发或购买费用都较高;另外,如果被审计的系统更新,则模拟系统也要随之更新,相应的费用要增加。

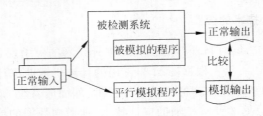

图 1.4　平行模拟原理

2．测试数据

测试数据技术是指采用审计人员准备好的测试数据来检测被审计信息系统,通过将被审计信息系统处理的结果与应有的正确结果进行比较,来检测应用系统的逻辑问题和控制问题的一种方法。其原理如图 1.5 所示。测试数据法的优点是适用范围广,应用简单易行,对审计人员的计算机技术水平要求不高。因此,它被广泛应用于各种系统的测试和验收。其主要的缺点是可能不能发现程序中所有的错弊。

3．集成测试

集成测试技术是通过在正常的应用系统中创建一个虚拟的部分或分支,从而提供一个内置的测试工具。它一般用来审计复杂的应用系统,其原理如图 1.6 所示。该技术是在系统正常处理过程中进行测试的,因此可直接测试到被审计信息系统在真实业务处理时的功能是否正确有效。然而,集成测试技术也有弊端。因为测试是在系统真实业务处理过程中进行的,如果未能及时、恰当地处理虚拟的测试数据,这些虚拟的测试数据可能会对被审计单位真实的业务和汇总的信息造成破坏或影响。

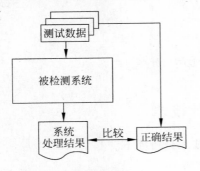

图 1.5　测试数据技术原理

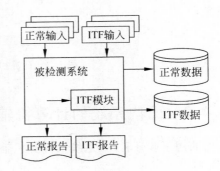

图 1.6　集成测试技术原理

4．程序编码审查

程序编码审查(Program Code Review)是对应用系统的程序编码进行详细审查的一种技术,它一般不被算作真正的计算机辅助审计技术。通过审查程序编码,审计人员可以识别出程序中的错误代码、未被授权的代码、无效的代码、效率低的代码以及不标准的代码。这种技术的优点是审计人员审查的是程序本身，因此能发现程序中存在的任何错弊问题。其缺点是对审计人员的计算机水平要求高，比较费事、费时，而且要确认被审计的源程序的确是真实运行系统的源程序。

5．程序代码比较

程序代码比较(Program Code Comparison)是指审计人员对程序的两个版本进行比较。审计人员使用这种技术的目的主要有：

（1）检查被审计单位所给的被审计信息系统和被审计单位所使用的系统是否是同一个软件。

（2）检查和前一个版本相比，程序代码是否发生了变化，如果发生了变化，是否有程序变更管理程序。

6．跟踪

审计人员采用跟踪(Tracing)技术可以分析一个程序的每一步，从而能发现每一行代码对被处理数据或程序本身的影响。

7．快照

快照(Snapshot)是一种允许审计人员在一个程序或一个系统中在指定的点冻结一个程序，使审计人员能够观察特定点数据的技术。快照技术具有快速、易用的特点，对于识别业务处理中潜在的数学计算错误是非常有用的。缺点是功能有限，不具有通用性。

1.4.3 面向数据的计算机辅助审计技术

有些计算机辅助审计技术主要用于分析数据文件，和面向系统的计算机辅助审计技术不同，这些技术不直接测试程序的有效性。常见的用于分析数据文件的计算机辅助审计技术主要包括嵌入审计模块(EAM)技术以及通用审计软件。

1．嵌入审计模块

嵌入审计模块技术是指在一个应用系统中长久驻存一个审计模块，该模块检查输入到系统中的每一笔事务数据，并识别出其中不符合预定义规则的事务数据，审计人员可以对这些识别出的事务数据进行实时的或定期的审查。嵌入审计模块技术的原理如图1.7所示。一些文献的研究都表明嵌入审计模块技术是一种有效的计算机辅助审计技术。需要指出的是，使用嵌入审计模块技术需要在被审计信息系统开发时就应该考虑。

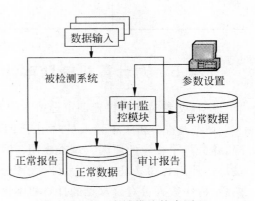

图1.7 嵌入审计模块技术原理

2. 通用审计软件

由于对被审计信息系统影响小,对被审计单位依赖小,以及相对容易使用等因素,使得通用审计软件成为目前最常使用的计算机辅助审计技术。目前,我国实施的面向数据的计算机辅助审计多是采用这种计算机辅助审计技术。通用审计软件具有审计数据采集和审计数据分析功能,通过审计数据采集,可以把被审计信息系统中的数据采集到审计软件中来,然后,通过审计数据分析,发现审计线索,从而完成审计任务。对于审计数据采集和审计数据分析技术,将在后面的章节中做详细的介绍。

1.4.4 计算机辅助审计技术的优缺点分析

表 1.1 从动态审计还是静态审计、对被审计信息系统和数据的影响、对专业知识的需要程度以及对被审计单位的依赖程度这 4 个影响使用的因素出发,比较了测试数据、集成测试、平行模拟、嵌入审计模块以及通用审计软件这 5 种典型计算机辅助审计技术的优缺点。通过比较,便于审计人员在实施审计时选择合适的计算机辅助审计技术。

表 1.1　典型 CAAT 的优缺点分析

CAAT 类型	影响使用的因素			
	动态审计还是静态审计	对被审计信息系统和数据的影响	对专业知识的需要程度	对被审计单位的依赖程度
测试数据	静态	影响小	不需要	依赖
集成测试	动态	影响大	需要	信息获取不依赖被审计单位
平行模拟	动态或静态	影响小	需要的程度取决于被审计信息系统的复杂程度	审计人员直接获得输出信息,不需要被审计单位的干涉
嵌入审计模块	动态	影响大	在设计和实施嵌入审计模块时需要	依赖
通用审计软件	静态	影响小	相对容易使用。一般不需要技术背景。但在获取一些具有复杂结构的数据时需要 IT 专家的帮助	对被审计单位依赖小

1.4.5 对计算机辅助审计技术使用情况的调查研究

一些文献对计算机辅助审计技术的使用情况进行了调查研究,主要情况如下:

(1) 调查分析了审计人员对用于 EDP 的计算机辅助审计技术的熟悉情况及其使用情况,并分析了相应的原因。调查表明:尽管有很多可用的计算机辅助审计技术,但被审计人员广泛使用的却只是少数。另外,大部分审计人员对这些常见的计算机辅助审计技术比较熟悉,但少数人员对最常见的计算机辅助审计技术(如 ITF)不熟悉。

(2) 分析了审计人员对通用审计软件 ACL 的使用情况和满意程度。

（3）通过对 45 个内审审计人员和 15 个外审人员的调查发现：审计人员都熟悉嵌入审计模块技术，认为它是一种有效的计算机辅助审计技术，但在过去的 3 年里，其中只有 8 个人使用过 EAM，他们最熟悉的计算机辅助审计技术是通用审计软件。

（4）对解释审计人员为什么使用不同 EDP 审计技术的因素进行了研究。

1.5　面向数据的计算机辅助审计

1.5.1　信息化环境下实施审计项目的主要流程

信息化环境下的审计与手工审计相比，审计目标是相同的，但审计技术和方法、审计作业方式发生了根本性变化。目前，我国信息化环境下实施审计项目的主要流程如图 1.8 所示。由图 1.8 可知，"审计实施"是整个流程的关键环节，这一环节就是面向电子数据的计算机辅助审计的内容。

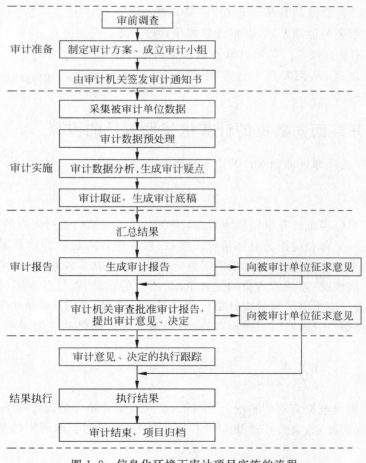

图 1.8　信息化环境下审计项目实施的流程

1.5.2 面向数据的计算机辅助审计的原理

为了避免影响被审计单位信息系统的正常运行,并保持审计的独立性,规避审计风险,审计人员在进行面向电子数据的计算机辅助审计时,一般不直接使用被审计单位的信息系统进行查询、检查,而是将所需的被审计单位的电子数据采集到审计人员的计算机中,利用审计软件进行分析。概括起来,目前我国研究及开展的计算机辅助审计多是面向电子数据的计算机辅助审计,其原理如图1.9所示。

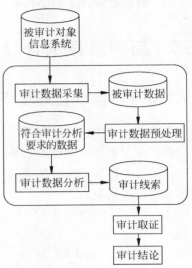

图 1.9 面向数据的计算机辅助审计原理

一般来说,面向电子数据的计算机辅助审计需要如下几个关键步骤:

(1) 采集被审计对象信息系统中的数据,即审计数据采集。

(2) 根据对这些数据的分析和理解,将其转换为满足审计数据分析需要的数据形式,即审计数据预处理。

(3) 采用通用软件或专门的审计软件对采集到的电子数据进行分析处理,从而发现审计线索,获得审计证据,即审计数据分析。

1.5.3 开展面向数据的计算机辅助审计的步骤

具体来说,开展计算机辅助审计的主要步骤如下。

1. 审前调查

在对被审计单位实施计算机辅助审计前,应在对其组织结构进行调查的基础上,掌握信息系统在组织内的分布和应用的总体情况。然后,根据审计的目的和信息系统的重要性确认深入调查的子系统,进行全面和详细的了解,内容应包括软硬件系统、应用系统的开发情况和有关技术文档情况、系统管理员的配置情况、系统的功能、系统数据库的情况等。通过审前调查,审计人员应全面了解被审计单位信息系统的概况,对信息系统中与审计相关的数据更要有全面、详细、正确的认识,提出可行的、能满足审计需要的数据需求,确定数据采集的对象及方式。

2. 采集数据

在审前调查提出数据需求的基础上,审计人员在被审计单位的配合和支持下,通过可行的技术手段,如直接复制、文件传输和ODBC连接等方式,及时获取所需的被审计单位信息系统中的数据。

3. 对所采集的数据进行预处理

由于被审计单位数据来源繁杂,数据格式不统一,信息表示代码化,数据在采集和处理的过程中可能失真,被审计单位可能有意更改、隐瞒数据真实情况等诸多影响,对采集到的数据必须进行预处理,使得采集来的数据能为审计所用。数据预处理为计算机辅助审计的进行创造了"物质"基础,其工作的质量直接影响计算机辅助审计的开展和成败。

4. 把握总体,选择审计重点

对预处理后的数据,首先从不同层次、不同角度进行分析,从总体上把握情况,找准薄弱环节,选择审计重点,深化实施审计方案,避免审计的片面性和盲目性。

5. 审计数据分析

根据所选择的重点问题,审计人员采用合适的审计方法完成对具体数据的分析。

6. 延伸查实,审计取证

通过对被审计数据进行分析,有可能直接发现、查实问题,也有可能只发现问题的线索。针对不同的情况,在延伸时可以采取直接或进一步核查的方式取证,验证和查实问题。

1.6 对审计人员的基本素质要求

为了能够胜任计算机辅助审计工作,审计人员必须具有复合型的知识结构。审计人员除了需要具备会计、审计、法律和所审计业务的专门知识外,还应具备一定程度的信息系统相关的知识,特别是数据库方面的知识。审计人员所需要的主要技能可概括如下。

1. 基本技能

基本的软硬件知识、网络知识、应用软件知识等,为完成计算机辅助审计工作打下基础。

2. 信息系统调查技能

能识别和分析被审计单位的信息系统,如被审计单位使用的是何种类型的数据库。

3. 数据采集技能

能根据审计任务采用相关软件完成相关审计数据的采集工作。

4. 数据预处理技能

能根据审计任务采用相关软件完成相关审计数据的预处理。

5. 数据分析技能

能采用相关软件通过对电子数据进行分析,获取审计证据。

补充材料：12个"金"字号电子政务工程

1. 办公业务资源系统

办公业务资源系统是指中央和地方党政机关开展的办公自动化(OA)工程,重点是政府各部门的内网及专网建设。

2. 金关工程

"金关工程"即外贸业务处理系统,是国务院确定由外经贸部牵头组织实施的国家重点工程。"金关工程"就是要推动海关报关业务的电子化,取代传统的报关方式,以节省单据传送的时间和成本。

3. 金税工程

"金税工程"是整个税收管理信息系统工程的总称。"金税工程"将建立一个基于统一规范的应用系统平台,依托税务系统计算机广域网,以国家税务总局为主、省局为辅,高度集中处理信息,功能覆盖各级税务机关税收业务、行政管理、决策支持、外部信息应用等所有职能的功能齐全、协调高效、信息共享、监控严密、安全稳定、保障有力的中国电子税务管理信息系统。

4. 金卡工程

"金卡工程"是以发展我国电子货币为目的、以电子货币应用为重点的各类卡基应用系统工程。通过计算机网络系统,以电子信息转账形式实现货币流通,从而提高社会运作效率,方便人民工作生活。

5. 金宏工程

"金宏工程"即宏观经济管理信息系统,它的建设有利于宏观管理部门实现信息资源共享,提高工作效率和质量,增强管理与决策的协调性;有利于党中央、国务院获取及时、准确、全面的宏观经济信息;有利于推进公共服务,增加政府工作的透明度。

6. 金财工程

"金财工程"即政府财政管理信息系统,它的实施要从根本上改变财政系统多年来"粗放"的管理模式,促进财政分配行为的科学化和规范化,提高财政工作效率和财政资金的使用效益,更好地为人民理财。

7. 金盾工程

"金盾工程"是指公安通信网络与计算机信息系统建设工程,目的是实现以全国犯罪信息中心为核心,以各项公安业务应用为基础的信息共享和综合利用,为各项公安工作提供强有力的信息支持。

8. 金审工程

"金审工程"（Golden Auditing Project）是审计信息化系统建设项目的简称,其目的是建成对财政、银行、税务、海关等部门和重点国有企业事业单位的财务信息系统及相关电子数据进行密切跟踪,对财政收支或者财务收支的真实、合法和效益实施有效审计监督的信息化系统。

9. 金保工程

"金保工程"是全国劳动保障信息系统的总称,可以用"一二三四"来加以概括,即一个工程,二大系统,三层结构,四大功能。即在全国范围内建立一个统一、高效、简便、实用的劳动和社会保障信息系统,包括社会保险和劳动力市场两大主要系统,由市、省、中央三层数据分布和网络管理结构组成,具备业务经办、公共服务、基金监管、决策支持四大功能。

10. 金农工程

"金农工程"目的是加速和推进农业和农村信息化,建立农业综合管理和服务信息系统,向各级农业管理部门、生产单位及农民提供信息。

11. 金质工程

国家质量监督检验检疫总局自 2001 年 4 月组建以来,高度重视信息化建设,提出以"金质工程"建设促进信息化发展的战略。"金质工程"的目的是提高质量监督检验检疫执法的透明度,促进质检系统执法电子化、信息化,为生产企业和外经贸企业带来更大的方便与效益,加大打击假冒伪劣的力度,更有效地规范市场经济秩序,促进社会主义市场经济的发展。

12. 金水工程

"金水工程"即水利信息化,指的是充分利用现代信息技术,深入开发和广泛利用水利信息资源,包括水利信息的采集、传输、存储和处理,全面提升水利事业活动的效率和效能。

思考题

1. 谈谈你对计算机辅助审计的认识。
2. 什么是计算机辅助审计技术?
3. 常用的计算机辅助审计技术有哪些?

第 2 章

计算机辅助审计基础

2.1 概述

为了更好地学习及应用计算机辅助审计技术，本章简要介绍信息技术与组织业务的关系、数据库的相关概念、SQL 语言、目前流行的数据库产品，以及数据访问技术，从而为后面学习及应用计算机辅助审计技术打下基础。

2.2 信息技术与组织业务

如前所述，国家机关、企事业单位等组织正在广泛运用计算机、数据库、网络等信息技术管理自己的业务，信息技术与组织业务的关系可简单描述为如图 2.1 所示。

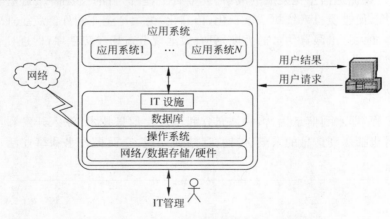

图 2.1　信息技术与组织业务的关系

相关概念说明如下：

1. 数据库

数据库（DataBase，DB）就是为了实现一定的目的按某种规则组织起来的"数据"的"集合"。

2. 数据库管理系统

数据库管理系统(DataBase Management System,DBMS)是位于用户与操作系统之间的一层数据管理软件,它为用户或应用程序提供访问数据库的方法,包括数据库的创建、查询、更新及各种数据控制。

数据库管理系统总是基于某种数据模型,可以分为层次模型(Hierarchical Model)、网状模型(Network Model)、关系模型(Relational Model)和面向对象模型(Object-Oriented Model)等。

3. 数据库系统

数据库系统(DataBase System,DBS)是指引进数据库技术后的计算机系统,包括硬件系统、数据库集合、数据库管理系统及相关软件、数据管理员和用户。

4. 关系数据库

关系模型是用二维表格结构来表示实体及实体之间联系的模型。关系模型概念简单、清晰,用户易懂易用,有严格的数学基础,大多数数据库系统都是关系模型的。关系数据库中常用的概念介绍如下:

1)表

表是组织和存储数据的对象,它由行和列组成。数据库实际上是表的集合,数据库的数据或者信息都存储在表中。

2)字段

表中的每一列数据就是一个字段,字段具有自己的属性,如字段大小、类型等。

3)记录

表中的每一行数据叫做一个记录。每一个记录包含这行中的所有信息,但记录在数据库中并没有专门的记录名,常常用它所在的行数表示这是第几个记录。

4)值

数据库中存放在表的行列交叉处的数据叫做值,它是数据库中最基本的存储单元。

相关概念的实例如图 2.2 所示。

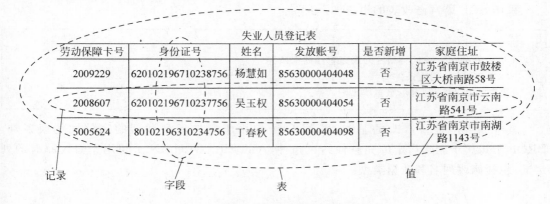

图 2.2 关系数据库中相关概念实例

2.3　SQL 语言

SQL 是英文 Structured Query Language 的缩写,意思为结构化查询语言。按照 ANSI (美国国家标准协会)的规定,SQL 被作为关系型数据库管理系统的标准语言。SQL 语言可以用来执行各种各样的操作,例如,更新数据库中的数据、从数据库中提取数据等。目前,绝大多数流行的关系型数据库管理系统,如 Oracle、Sybase、Microsoft SQL Server、Access 等都采用了 SQL 语言标准。

由于在实施面向数据的计算机辅助审计过程中常常会用到 SQL 语言,因此,本节简要介绍 SQL 的应用。

2.3.1　数据定义

1. 定义基本表

采用 SQL 语言定义基本表的语法如下:

```
CREATE TABLE 表名 [表约束]
列名 1 数据类型 [默认值 1,列约束 1]
列名 2 数据类型 [默认值 2,列约束 2]
  ⋮
列名 n 数据类型 [默认值 n,列约束 n]
```

2. 删除基本表

采用 SQL 语言删除基本表的语法如下:

```
DROP TABLE 表名
```

3. 修改表

采用 SQL 语言修改表的语法如下:

```
ALTER TABLE 表名
[ADD <新列名><数据类型>[列级完整性约束条件]]
[DROP <完整性约束条件>]
[ALTER COLUMN <列名><数据类型>]
```

其中"表名"是要修改的基本表,ADD 子句用于增加新列和新的完整性约束条件, DROP 子句用于删除指定的完整性约束条件,ALTER COLUMN 子句用于修改原有的列定义,包括修改列名和数据类型。

2.3.2 数据操纵

1. 插入数据

插入数据语句语法如下:

```
INSERT INTO 表名[(列名1,…)]
VALUES(值1,值2,…,值n)
```

2. 修改数据

对表中已有数据进行修改,语句语法如下:

```
UPDATE 表名
SET 列名1=表达式1,列名2=表达式2,…
WHERE 条件
```

3. 删除数据

删除数据的语句语法如下:

```
DELETE FROM 表名
WHERE 条件
```

4. 表结构的修改

在已存在的表中增加新列,语句语法如下:

```
ALTER TABLE 表名
ADD(新列名 数据类型(长度))
```

5. 表的删除

将已经存在的表删除,语句语法如下:

```
DROP TABLE 表名
```

2.3.3 数据查询

SELECT 语句在审计中应用较为广泛,本节介绍其基本语法及使用。SELECT 语句的基本语法如下:

```
SELECT [ALL|DISTINCT]<目标列表达式>[,<目标列表达式>]…
FROM <表名或视图名>[,<表名或视图名>]…
[WHERE <条件表达式>]
[GROUP BY <列名1>[HAVING <条件表达式>]]
[ORDER BY <列名2>[ASC|DESC]]
```

以某"税收数据"为例,来介绍 SQL 语句的使用,"税收数据"的"征收表"的表结构见附录 A.5。

1.单表查询

1)选择表中的若干列

(1)查询指定列。

SQL 语句中要注意:",""、"";"等符号必须要在英文状态下输入,否则不能正确执行。

- 查询征收表中所有的税务登记号与纳税人名称。

```
SELECT 税务登记号,纳税人名称
FROM 征收表;
```

- 查询征收表中所有的纳税人名称、税务登记号、行业代码、注册类型、隶属关系。

```
SELECT 纳税人名称,税务登记号,行业代码,注册类型,隶属关系
FROM 征收表;
```

(2)查询全部列。

将表中的所有属性列都选出来,有以下两种方法:

① 在 SELECT 关键字后面列出所有列名。

② 如果列的显示顺序与其在被查询表中的顺序相同,可将<目标列表达式>指定为"*"。

- 查询征收表中所有的记录。

```
SELECT *
FROM 征收表;
```

(3)查询经过计算的值。

- 查询征收表中税务登记号以及应纳税差额。

```
SELECT 税务登记号, 应纳税额-实纳税额
FROM 征收表;
```

(4)指定别名改变查询结果的列标题。

- 查询征收表中税务登记号以及应纳税差额。

```
SELECT 税务登记号, 应纳税额-实纳税额 AS 应纳税差额
FROM 征收表;
```

- 查询征收表中税务登记号以及应纳税差额,并把税务登记号显示为"nsdjh"。

```
SELECT 税务登记号 AS nsdjh, 应纳税额-实纳税额 AS 应纳税差额
FROM 征收表;
```

注意：在对采集来的数据进行分析时，为了便于审计人员理解，需要把字段名称进行更改，如把用字母表示的字段变成汉字等。

2）选择表中的若干元行

（1）消除取值重复的行。

· 查询征收表中的征收类型

比较以下两个 SQL 语句：

```
SELECT 征收类型
FROM 征收表;
```

和

```
SELECT DISTINCT 征收类型
FROM 征收表;
```

（2）查询满足条件的元组：WHERE 子句。

WHERE 子句的条件表达式中可使用的运算符有：

① 算术比较运算符。

$=,>,<,>=,<=,<>,!>,!<$

· 查询征收表中"经济性质"为"33"的"税务登记号"。

```
SELECT 税务登记号
FROM 征收表
WHERE 经济性质 = "33";
```

· 查询征收表中"应纳税额"在 100 以下的"税务登记号"及"纳税人名称"。

```
SELECT 税务登记号, 纳税人名称
FROM 征收表
WHERE 应纳税额 < 100;
```

② 确定范围。

BETWEEN…AND… 和 NOT BETWEEN…AND…

· 查询征收表中"应纳税额"在 100～1000（包括 100 和 1000）之间的"税务登记号"、"纳税人名称"及"应纳税额"。

```
SELECT 税务登记号, 纳税人名称, 应纳税额
FROM 征收表
WHERE 应纳税额 BETWEEN 100 AND 1000;
```

· 查询征收表中"应纳税额"不在 100～1000（包括 100 和 1000）之间的"税务登记号"、"纳税人名称"及"应纳税额"。

```
SELECT 税务登记号, 纳税人名称, 应纳税额
FROM 征收表
WHERE 应纳税额 NOT BETWEEN 100 AND 1000;
```

③ 确定集合（集合成员资格确认）运算符：

IN 表示查找属性值属于指定集合的元组。

NOT IN 表示查找属性值不属于指定集合的元组。

- 查询征收表中"经济性质"为"33"、"31"、"62"的"税务登记号"、"纳税人名称"及"经济性质"。

```
SELECT 税务登记号, 纳税人名称, 经济性质
FROM 征收表
WHERE 经济性质 IN ("33", "31","62");
```

- 查询征收表中"经济性质"既不是"33"、"31",也不是"62"的"税务登记号"、"纳税人名称"及"经济性质"。

```
SELECT 税务登记号, 纳税人名称, 经济性质
FROM 征收表
WHERE 经济性质 NOT IN ("33", "31","62");
```

④ 字符匹配。

LIKE 表示字符串的匹配,其一般语法格式如下:

```
[NOT] LIKE "<匹配串>"
```

其含义是查找指定的属性列值与<匹配串>相匹配的元组。<匹配串>可以是一个完整的字符串,也可以含有通配符 * 和?。其中,*代表任意长度(长度可以为 0)的字符串,例如,a*b 表示以 a 开头,以 b 结尾的任意长度字符串,如 acb、addgb、ab。

? 代表任一单个字符,例如,a?b 表示以 a 开头,以 b 结尾,长度为 3 的任意字符串,如 acb、afb。

- 查询征收表中"税务登记号"为"3816774"所有纳税信息。

```
SELECT *
FROM 征收表
WHERE 税务登记号 LIKE "3816774";
```

等价于:

```
SELECT *
FROM 征收表
WHERE 税务登记号 = "3816774";
```

如果 LIKE 后面的匹配串中不含通配符,则可以用"="运算符取代 LIKE 谓词,用 !=或<>运算符取代 NOT LIKE 谓词。

- 查询征收表中"纳税人名称"里含有"南京"的"税务登记号"及"纳税人名称"。

```
SELECT 税务登记号, 纳税人名称
FROM 征收表
WHERE 纳税人名称 LIKE "南京 * ";
```

- 查询征收表中"纳税人名称"里含有"南京"且全名为六个汉字的"税务登记号"及"纳税人名称"。

```
SELECT 税务登记号, 纳税人名称
```

FROM 征收表

WHERE 纳税人名称 LIKE "南京????";

- 查询征收表中"纳税人名称"中第 2 个字为"通"的"税务登记号"及"纳税人名称"。

SELECT 税务登记号, 纳税人名称

FROM 征收表

WHERE 纳税人名称 LIKE "?通 * ";

- 查询征收表中"纳税人名称"里不含有"南京"的"税务登记号"及"纳税人名称"。

SELECT 税务登记号, 纳税人名称

FROM 征收表

WHERE 纳税人名称 NOT LIKE "南京 * ";

⑤ 空值。

IS NULL

⑥ 多重条件(逻辑运算符)。

AND,OR,NOT(可与其他类别运算符联合使用)

- 查询征收表中"经济性质"为"33","应纳税额"在 100 以下的"税务登记号"及"纳税人名称"。

SELECT 税务登记号, 纳税人名称

FROM 征收表

WHERE 经济性质 = "33" and 应纳税额 < 100;

3) 对查询结果排序

使用 ORDER BY 子句对查询结果按照一个或多个属性列的升序(ASC)或降序(DESC)排列,默认值为升序。

- 查询征收表中"经济性质"为"33"的"税务登记号"、"纳税人名称"及"实纳税额",查询结果按"实纳税额"降序排列。

SELECT 税务登记号, 纳税人名称, 实纳税额

FROM 征收表

WHERE 经济性质 = "33"

ORDER BY 实纳税额 DESC;

注意:对于空值,若按升序排则含空值的元组显示在最后;若降序排则最先显示。

4) 使用集函数

(1) 统计元组个数:

COUNT([DISTINCT|ALL] *)

- 查询征收表中纳税人总数。

SELECT COUNT (*)

FROM 征收表;

(2) 统计列中值的个数:

COUNT([DISTINCT|ALL] <列名>)

- 查询征收表中"经济性质"的个数。

```
SELECT COUNT(DISTINCT 经济性质)
FROM 征收表;
```

(3) 计算列值的总和(此列必须是数值型):

```
SUM([DISTINCT|ALL] <列名>)
```

- 查询征收表中"经济性质"为"33"的"实纳税额"总和。

```
SELECT SUM(实纳税额)
FROM 征收表
WHERE 经济性质 = "33";
```

(4) 计算列值的平均值(此列必须是数值型):

```
AVG([DISTINCT|ALL] <列名>)
```

- 查询征收表中"经济性质"为"33"的"实纳税额"的平均值。

```
SELECT AVG(实纳税额)
FROM 征收表
WHERE 经济性质 = "33";
```

(5) 求一列值中的最大值:

```
MAX([DISTINCT|ALL] <列名>)
```

- 查询征收表中"经济性质"为"33"的"实纳税额"的最大值。

```
SELECT MAX(实纳税额)
FROM 征收表
WHERE 经济性质 = "33";
```

(6) 求一列值中的最小值:

```
MIN([DISTINCT|ALL] <列名>)
```

- 查询征收表中"经济性质"为"33"的"实纳税额"的最小值。

```
SELECT MIN(实纳税额)
FROM 征收表
WHERE 经济性质 = "33";
```

5) 对查询结果分组

GROUP BY 子句将查询结果表按某一列或多列值分组,值相等的为一组。

- 查询征收表中"经济性质"及相应的纳税人数量。

```
SELECT 经济性质, COUNT(经济性质)
FROM 征收表
GROUP BY 经济性质;
```

- 查询征收表中每一"经济性质"的"实纳税额"的总和。

```
SELECT 经济性质, SUM(实纳税额)
```

```
FROM 征收表
GROUP BY 经济性质;
```

2. 多表查询

- 查询征收表中"税务登记号"、"纳税人名称"及"级次"。

```
SELECT 税务登记号, 纳税人名称, 级次
FROM 征收表;
```

- 查询"税务登记号"、"纳税人名称"及"级次名称"。

```
SELECT 征收表.税务登记号, 征收表.纳税人名称, 级次表.级次名称
FROM 征收表, 级次表
WHERE 征收表.级次 = 级次表.级次代码;
```

2.4 常用数据库产品介绍

了解常见的数据库产品对于审计人员开展面向数据的计算机辅助审计是非常必要的。例如,各种数据库系统都有其固定的后缀名,通过后缀名,审计人员可以初步判断出被审计单位使用的是哪一种数据库系统,这对完成审计数据采集来说是非常重要的。常见数据文件的后缀名如表 2.1 所示。

表 2.1 常见数据文件的类型及后缀名

数据文件类型	后 缀 名
文本文件	.txt
Excel	.xls .xlsx(2007)
Access	.mdb .accdb(2007)
Sybase	.db
dBASE 系列	.dbf
Paradox	.db
SQL Server	.mdf(主文件) .ldf(日志文件)
Oracle	.dmp(备份文件的后缀名)

本节仅从审计数据采集和数据分析的角度出发,介绍 Access、SQL Server、Oracle 这3 种数据库产品,从而为审计人员完成数据采集与分析打下基础。如果要详细了解更多的信息,请参照相关书籍。

2.4.1 Access

1. Access 概述

Microsoft Access 是 Microsoft Office 中的一个重要组成部分,它能够和 Office 产品的其他部分 Word、Exchange 等实现无缝的集成,构成办公自动化系统。刚开始时 Microsoft

公司是将 Access 单独作为一个产品进行销售的,后来 Microsoft 公司发现如果将 Access 捆绑在 Office 中一起发售,将带来更加可观的利润,于是第一次将 Access 捆绑到 Office 97 中,成为 Office 套件中的一个重要成员。目前,Access 已经成为世界上最流行的桌面数据库管理系统。

1) 从技术角度具有的优点

目前,Microsoft Access 在计算机辅助审计中应用较为广泛。从技术角度考虑,Access 有以下优点:

(1) 功能较强。支持查询、报表、窗体、Internet。

(2) 界面友好、操作人性化。数据库的查询、设计等都有方便的图形界面使用。

(3) 数据集成管理。不同于 Foxpro、Dbase 等桌面数据库,Access 将所有的数据文件、程序文件都集成在一个数据库文件中,方便管理。

(4) 扩展性好。Access 内置 VBA(Visual Basic for Application)语言,支持宏,用户可以方便地进行扩展。

2) 从应用角度具有的优点

从应用角度考虑,Access 具有以下优点:

(1) Access 和 Excel 的应用比较普及。目前一般审计人员的计算机上都具备这些软件,而且经过这些年的普及培训,很多审计人员都掌握了基本的应用操作技能。

(2) 实践应用比较成熟,适合审计人员使用。Access 配合 SQL 语言的查询,能够提供较强大的数据分析功能。

(3) 方便性和灵活性的有机结合。一方面,Access 具备较好的图形化界面,初级用户很容易入门使用;另一方面,高级用户能够通过 SQL 语言和 VBA 对 Access 功能进行开发、扩展。

当然,Access 软件也有自身的局限性。首先,Access 能够处理的数据量有局限性。在 Windows 平台下,能够处理的最大数据量为 2GB,在大型项目中可能满足不了要求。另外,Access 的数据分析是基于关系数据库原理的,而不是基于审计需求设计的。因此,对于很多结构化不是很强的分析需求,需要审计人员先对审计问题进行分析,转化为结构化的查询方法。这就要求审计人员具有较强的审计业务能力和软件操作技能。

2. Access 的主要对象

以 Access 2000 为例,Access 的主要对象包括“表”、“查询”、“窗体”、“报表”、“页面”、“宏”和“模块”,如图 2.3 所示。其中,“表”用来存储数据;“查询”用来查找数据;用户通过“窗体”、“报表”、“页面”获取数据;而“宏”和“模块”则用来实现数据的自动操作。这些对象在数据库中各自负责一定的功能,并且相互协作,构成一个完整的数据库系统。

3. Access 的查询功能

在完成计算机辅助审计的过程中,审计人员有时会采用 Access 的查询功能来完成审计数据分析,本节简要介绍 Access 的查询功能。

1) Access 中的查询类型

Access 中常见的查询包括:

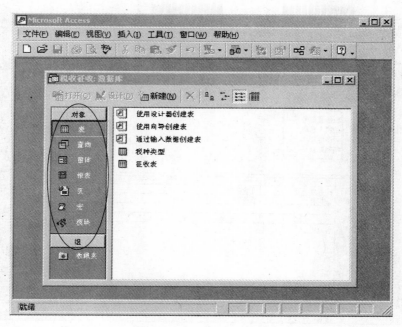

图 2.3 Access 的主要对象

（1）选择查询。

选择查询是最常见的查询类型，它从一个或多个的表中检索数据，并且在可以更新记录（带有一些限制条件）的数据表中显示结果。也可以使用选择查询来对记录进行分组，并且对记录作总计、计数、平均值以及其他类型的总和的计算。

（2）交叉表查询。

交叉表查询显示来源于表中某个字段的总结值（合计、计算以及平均），并将它们分组：一组列在数据表的左侧，一组列在数据表的上部。

（3）操作查询。

操作查询是仅在一个操作中更改许多记录的查询，共有 4 种类型：

- 删除查询：从一个或多个表中删除一组记录。
- 更新查询：对一个或多个表中的一组记录做全局的更改。
- 追加查询：从一个或多个表将一组记录追加到一个或多个表的尾部。
- 生成表查询：从一个或多个表中的全部或部分数据新建表。

（4）参数查询。

参数查询是这样一种查询，它在执行时显示自己的对话框以提示用户输入信息。

2）Access 查询分析器的 3 种视图

Access 的查询分析器提供 3 种视图，分别是：

（1）设计视图。

设计视图用来提供图形化界面操作，其界面如图 2.4 所示。

（2）SQL 视图。

SQL 视图用来提供 SQL 编程界面，其界面如图 2.5 所示。

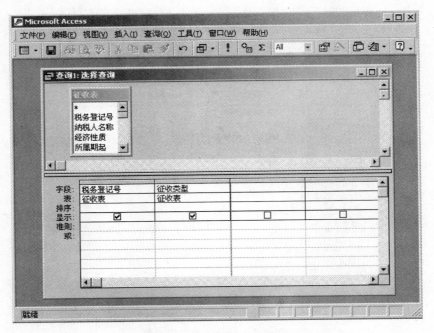

图 2.4　Access 查询分析器的设计视图界面

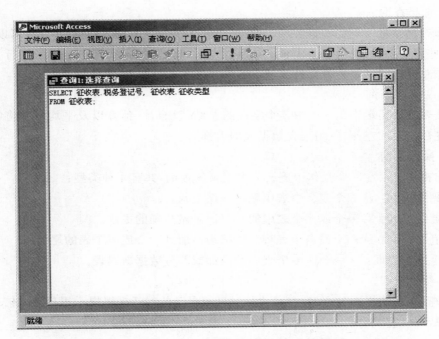

图 2.5　Access 查询分析器的 SQL 视图界面

（3）数据表视图。

　　数据表视图用来显示查询分析的结果数据，其界面如图 2.6 所示。数据表视图中不能插入或删除列，不能修改查询字段的字段名，但是可以移动列，而且在查询的数据表中也可以改变列宽和行高,还可以隐藏和冻结列。

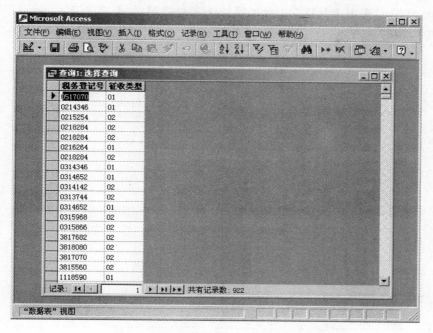

图 2.6 Access 查询分析器的数据表视图界面

3) Access 查询分析器 3 种视图之间的切换方法

(1) 切换方法一。

3 种视图之间可以通过菜单按钮切换,通过查询状态下的"视图"菜单可以完成切换,如图 2.7 所示。

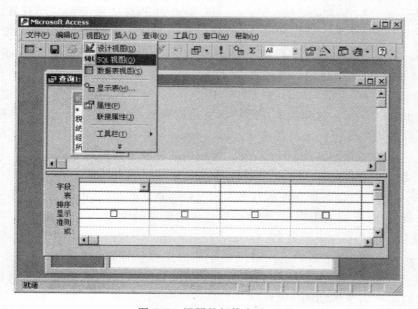

图 2.7 视图的切换方法一

（2）切换方法二。

在查询状态下，单击工具栏左上角的第一个工具按钮，如图 2.8 所示，就可以完成 3 种视图之间的切换。

图 2.8　视图的切换方法二

2.4.2　SQL Server

1. SQL Server 概述

SQL Server 最初由 Microsoft、Sysbase 和 Ashton-Tate 3 家公司共同开发的，于 1988 年推出第一个 OS/2 版本，后来 Microsoft 公司开始为 Windows NT 平台开发新的 SQL Server 版本。目前，SQL Server 已成为数据库管理方面的主流产品之一。本节以 SQL Server 2000 为例，来介绍其功能及应用。

SQL Server 2000 包括 6 个不同的版本，即企业版、标准版、开发者版、个人版、桌面引擎版以及 Windows CE 版。这些版本之间存在着功能和特点的差异，而这些差异则是它们分别适用于不同环境的原因。用户在选择 SQL Server 软件时，可以根据自己的实际需要来选择适合自己应用领域的 SQL Server 软件。常用的 3 种版本介绍如下。

1）企业版

SQL Server 2000 企业版支持所有 SQL Server 2000 的功能，该版本常用于大中型产品数据库服务器，并且支持大型网站、大型数据仓库所要求的性能。

2）标准版

SQL Server 2000 标准版的适用范围是小型的工作组或部门的数据库服务器，它支持大多数 SQL Server 2000 的功能，但是不具有支持大型数据库和网站的功能，而且也不支持所有的关系数据库引擎的功能。

3）个人版

SQL Server 2000 个人版主要用于单机系统或客户机。

2. SQL Server 2000 的工具

SQL Server 2000 包含了一系列的管理开发工具，其常用工具简单介绍如下。

1）服务管理器

服务管理器的功能是启动、暂停或停止 SQL Server 服务。在对 SQL Server 中的数据库和表进行任何操作之前，需要首先启动 SQL Server 服务。SQL Server 2000 服务管理器的主界面如图 2.9 所示。

2）企业管理器

企业管理器是 SQL Server 中最重要的管理工具，SQL Server 的基本操作都可以在企业管理器中完成。企业管理器的启动过程为：开始→程序→SQL Server→企业管理器，其主界面如图 2.10 所示。

图 2.9　SQL Server 服务管理器的主界面

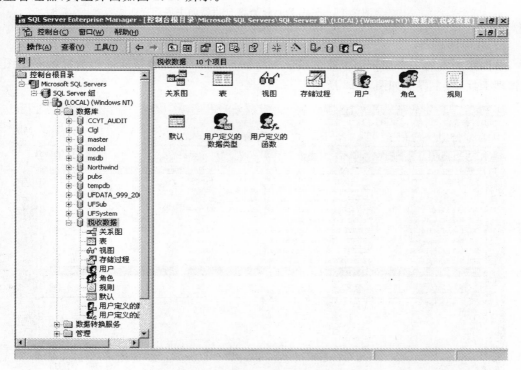

图 2.10　SQL Server 企业管理器的主界面

3）查询分析器

查询分析器的主要功能是用于执行 Transaction-SQL 命令等 SQL 脚本程序，以便查询、分析或处理数据库中的数据。审计人员在采用 SQL Server 进行审计数据分析时，就可以在这一工具中输入相应的 SQL 语句来完成。SQL Server 2000 查询分析器的主界面如

图 2.11 所示。

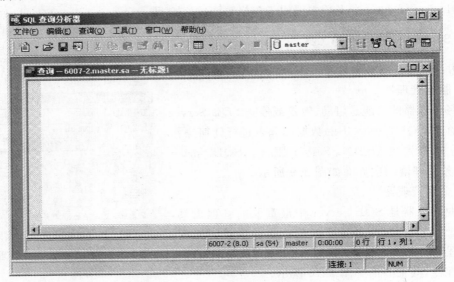

图 2.11　SQL Server 查询分析器的主界面

4)事件探查器

事件探查器是一个用于用于监督记录和检查 SQL Server 数据库使用情况的一个图形化管理工具,其主界面如图 2.12 所示。

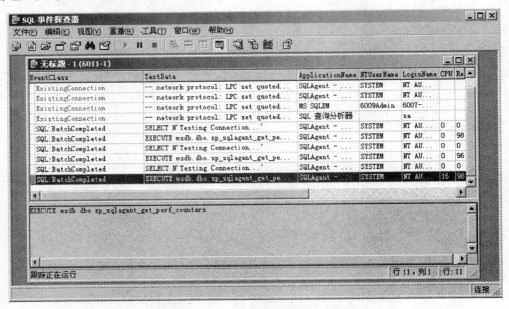

图 2.12　SQL Server 事件探查器的主界面

5)导入和导出数据

导入和导出功能可以有助于把其他类型的数据转换存储到 SQL Server 2000 数据库中,也可以将 SQL Server 2000 数据库转换输出为其他数据格式。导入和导出功能是采用

DTS(Data Transferring Service)导入/导出向导来完成的。DTS 不仅能够提供 SQL Server 数据库与其他数据格式之间的转化,而且能够实现其他格式之间的转化,如 Access 到 Excel、文本文件到 DBF 格式等。通过 ODBC 或者 OLE DB 接口,还能够实现大型数据库之间的数据转换,如 Oracle、SQL Server、DB2 等数据库之间的数据转移。SQL Server 2000 导入/导出向导的主界面如图 2.13 所示。

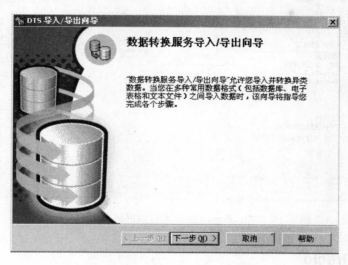

图 2.13　SQL Server 导入/导出向导的界面

在开展面向数据的计算机辅助审计的过程中,审计人员可以采用 SQL Server 的导入和导出功能来完成审计数据采集任务,这一问题将会在后面做详细介绍。

6) 客户端网络实用工具

客户端网络实用工具用于配置客户端的连接,测定网络库的版本信息,以及设定本地数据库的相关选项,其主界面如图 2.14 所示。

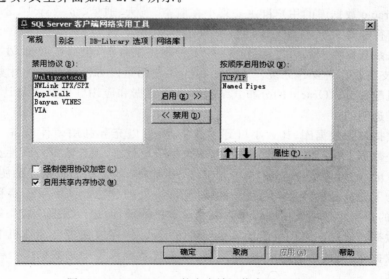

图 2.14　SQL Server 的客户端网络实用工具界面

7）服务器端网络实用工具

服务器端网络实用工具用于配置服务器端的连接,测定网络库的版本信息,其主界面如图 2.15 所示。

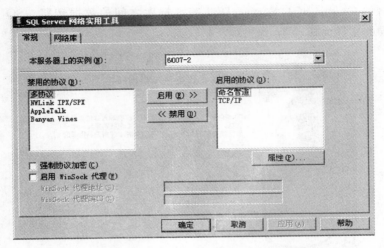

图 2.15　SQL Server 的服务器端网络实用工具界面

2.4.3　Oracle

1. Oracle 概述

Oracle 公司是全球最大的信息管理软件和服务供应商,也是全球第二大独立软件公司,成立 1977 年,总部位于美国加州。Oracle 是世界上第一个商品化的关系型数据库管理系统,也是第一个在其全线产品中开发并部署 100％基于互联网企业软件的公司,为世界上 150 个以上的国家提供数据库、服务器、开发工具和企业应用产品,以及相关的咨询、教育和支持服务。Oracle 数据库的用户群主要集中在航空、航天、通信、金融行业、公用事业、媒体行业以及消费行业等。目前 Oracle 的市场占有率为 46.1％。

Oracle 关系数据库产品可以运行在 100 多种硬件平台上,包括微型机、小型机、中型机和大型机等,支持很多种操作系统。用户的 Oracle 应用可以方便地从一种计算机配置移至另一种计算机配置上。Oracle 的分布式结构可以将数据和应用驻留在多台计算机上,而相互间的通信是透明的。

Oracle 支持最大数据库,其大小可到几百千兆,可以充分利用硬件设备。支持大量用户同时在同一数据上执行各种数据应用,并使数据争用最小,保证数据一致性。系统维护具有高的性能,Oracle 每天可以连续 24 小时工作,个别故障不会中断数据库的使用。

Oracle 为了充分利用计算机系统和网络,允许将处理分为数据库服务器和客户应用程序,所有共享的数据管理由数据库管理系统的计算机处理,而运行数据库应用的工作站用于解释和显示数据。通过网络连接的计算机环境,Oracle 将存放在多台计算机上的数据组合成一个逻辑数据库,可被全部网络用户存取。分布式系统像集中式数据库一样具有透明性和数据一致性。

本节以 Oracle 9i 为例,来介绍 Oracle 数据库的体系结构及主要管理工具。

2．Oracle 9i 数据库的体系结构介绍

1）Oracle 9i 的体系结构

由于 Oracle 数据库的复杂性，多数审计人员在进行数据采集时，往往不知如何下手，掌握 Oracle 数据库的物理结构和逻辑结构对审计人员完成数据采集非常重要。

Oracle 9i 数据库是一个完整的系统，其总体结构如图 2.16'所示。它包括管理系统和后台数据库两大部分，这两部分统称为数据库服务器。

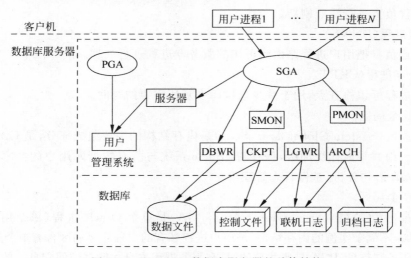

图 2.16　Oracle 9i 数据库服务器的总体结构

2）管理系统

管理系统由各种功能的数据库后台管理程序和用户程序组成，程序在内存中运行，形成了一个个的进程，管理系统就是进程结构和内存结构的统一。其中，主要术语说明如下：

（1）用户进程。

用户进程是在客户机内存上运行的程序，当用户运行一个应用程序时，系统就为它建立一个用户进程。用户进程执行的是一个应用程序或 Oracle 工具程序的代码，以完成用户所指定的任务。

（2）服务器进程。

服务器进程处理与应用程序相连的用户进程的请求，它与用户进程通信，为相连的用户进程的 Oracle 请求服务。Oracle 的后台进程主要包括：

· 系统监控进程（SMON）。

系统监控进程用于数据库系统启动时执行恢复性工作，对有故障的数据库进行恢复。

· 进程监控进程（PMON）。

进程监控进程用于恢复失败的用户进程。

· 数据库写入进程（DBWR）。

数据库写入进程负责将修改后的数据块内容写回数据库。

· 日志文件写入进程（LGWR）。

日志文件写入进程负责将内存中的日志内容写入日志文件。

- 归档进程(ARCH)。

当数据库服务器以归档方式运行时调用该进程完成日志归档。

- 恢复进程(RECO)。

恢复进程用于分布式数据库中的失败处理。

- 锁进程(LCKN)。

锁进程用于在并行服务器模式下确保数据的一致性。

- 快照进程(SNPN)。

快照进程负责进行快照刷新。

- 调度进程(DNNN)。

调度进程负责把用户进程路由到可用的服务器进程进行处理。

- 检查点进程(CKPT)。

检查点进程标识检查点,用于减少数据库恢复所需要的时间。

(3) 系统全局区。

系统全局区(System Global Area,SGA)是内存结构的主要组成部分,是 Oracle 为一个实例分配的一组共享内存缓冲区,保存着 Oracle 系统与所有数据库用户的共享信息,包括数据维护、SQL 语句分析,重做日志管理等。

(4) 程序全局区。

程序全局区 PGA(Program Global Area,PGA)是单个 Oracle 进程(单个用户进程)使用的内存区域,不属于实例的内存结构,是用户进程私有的。程序全局区含有单个进程工作时需要的数据和控制信息,PGA 是非共享的,只有服务进程本身才能够访问它自己的 PGA 区。

3) 数据库

数据库在逻辑上以表空间、表、段等对象形式存在,物理上表现为各种文件,因此可以从逻辑结构和物理结构两个方面来掌握数据库的体系结构。

(1) 逻辑结构。

Oracle 9i 数据库的逻辑结构主要指从数据库使用者的角度来考查数据库的组成,自下向上,数据库的逻辑结构共有 6 层,分别为数据块、数据区间、数据段、逻辑对象、表空间、数据库,如图 2.17 所示。

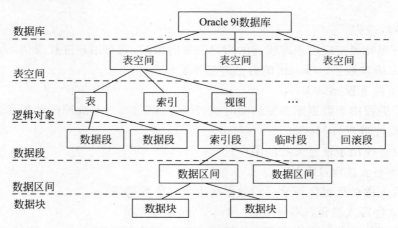

图 2.17　Oracle 9i 数据库的逻辑结构图

- 数据块(Data Block)。

数据块也称逻辑块或 Oracle 块,是 Oracle 9i 数据库输入/输出的基本单位,它对应磁盘上一个或多个物理块,它的大小由初始化参数 db_block_size(在文件 init. ora 中)决定,典型的大小是 2KB。

- 数据区间(Data Extent)。

数据区间是由很多连续的数据块组成的数据库存储空间,是数据库存储空间分配的一个逻辑单位。默认情况下,数据库会使用表空间中存储的存储参数来管理其数据区间。

- 数据段(Data Segment)。

若干个数据区间构成数据段,Oracle 9i 中有 4 种数据段。

① 数据段:数据段中保存的是表中的记录数据。

② 索引段:在 Oracle 数据库中每个未分区索引都有一个索引段保存索引中的索引条目。对于一个分区索引,每个分区都有一个索引段保存它的数据。

③ 临时段:当处理查询时,Oracle 可能会需要使用到一些临时存储空间,用于临时保存解析过的查询语句以及在排序过程中产生的临时数据。Oracle 会自动在专门用于存储临时数据的表空间为操作分配临时段。一旦执行完毕,临时段占用的空间归还给系统。

④ 回滚段:回滚段用于存放数据修改之前的值(包括数据修改之前的位置和值)。

- 逻辑对象(Logic Object)。

Oracle 数据库的逻辑对象包括表、视图、序列、同义词、索引、触发器、存储过程等 21 种。

- 表空间(Table Space)。

表空间是数据库的逻辑划分,每个数据库至少有一个表空间(称做 SYSTEM 表空间)。每个表空间对应一个或多个数据文件。一个表空间只属于一个数据库。

(2) 物理结构。

Oracle 9i 数据库的物理结构包括:

- 数据文件。

数据文件用来存储数据库中的全部数据,如数据库表中的数据和索引数据。通常为后缀名为. dbf 格式的文件。

- 日志文件。

日志文件(又称重做日志文件)用于记录数据库所做的全部变更(如增加、删除、修改),以便在系统发生故障时,用它对数据库进行恢复。根据在事务信息将被覆盖时,是否应该将文件归档,数据库分为 Archive Log(归档日志)和 No Archive Log(非归档日志)两种归档模式。

- 控制文件。

每个 Oracle 数据库都有相应的控制文件。控制文件记录了数据库所有文件(数据库的物理结构),包括文件的名字、文件的位置等信息。控制文件是较小的二进制文件。数据库启动时,Oracle 使用控制文件来辨别数据文件和日志文件。控制文件的名字通常为" *. ctl"格式。控制文件中的内容只能够由 Oracle 本身来修改。每个数据库必须至少拥有一个控制文件。一个数据库也可以同时拥有多个控制文件,但是一个控制文件只能属于一个数据库。

- 配置文件。

配置文件是一个 ASCII 文本文件,记录 Oracle 数据库运行时的一些重要参数。名字通常为 initsid *. ora 格式,例如,initNAU. ora,SID 相当于它所控制的数据库的标识符。每个

Oracle 数据库和实例都有它自己唯一的 init.ora 文件。

3. Oracle 9i 的主要工具

1) 企业管理器(OEM)

Oracle 的企业管理器(Oracle Enterprise Manager,OEM)是一个基于 Java 的框架系统,该系统集成了多个组件,为用户提供了一个功能强大的图形用户界面。OEM 将中心控制台、多个代理、公共服务以及工具合为一体,提供一个集成的综合性系统管理平台,管理 Oracle 数据库环境。进入 OEM 的操作如下:

在操作系统中,单击"开始"→"程序"→Oracle-OracleHome90→Enterprise Manager Console 命令,便可打开 OEM,如图 2.18 和图 2.19 所示。

由图 2.18 和图 2.19 可以看出,OEM 中的主要管理工具包括如下内容。

(1) 例程管理器的主要功能包括:

- 启动和关闭数据库。
- 查看和编辑实例(Instance)参数值。
- 管理用户会话,查看当前运行的 SQL 及其解释计划。
- 管理分布式 Internet 计算环境中没有及时解决的事务处理冲突。
- 监视需要长时间运行的操作。
- 通过资源计划控制处理资源。
- 管理已存储配置。
- 管理占用资源数量最多的锁和会话(要求安装 Diagnostics Pack)。

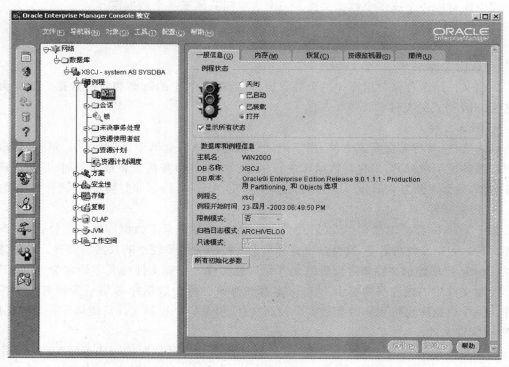

图 2.18　Oracle 9i 企业管理器(OEM)界面(1)

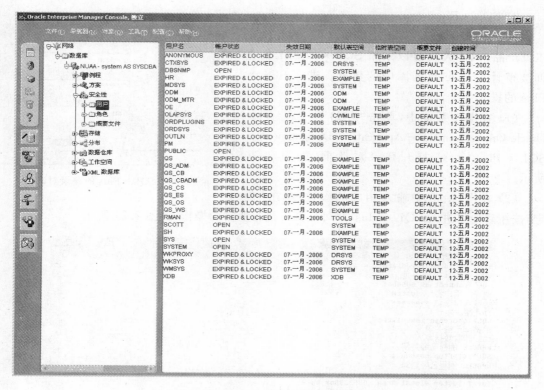

图 2.19　Oracle 9i 企业管理器(OEM)界面(2)

（2）方案管理器的主要功能包括：

- 创建方案对象。
- 修改方案对象。
- 删除方案对象。
- 显示方案对象的相关性。

（3）安全管理器的主要功能包括：

- 创建用户、角色和概要文件。
- 修改用户、角色和概要文件。
- 删除用户、角色和概要文件。
- 向数据库用户授予权限和角色。

（4）存储管理器的主要功能包括：

- 创建存储对象。
- 将数据文件和回滚段添加到表空间中。
- 删除存储对象。
- 将对象脱机或联机。
- 显示对象的相关性。

　　通过以上工具，可以完成对 Oracle 9i 的管理。对于审计人员来说，掌握以上工具可以帮助开展计算机辅助审计。

2) SQL * Plus

SQL * Plus 是 Oracle 公司独立的 SQL 语言工具产品,审计人员可以采用 SQL * Plus 工具查询被审计 Oracle 数据库中的数据。进入 SQL * Plus 的操作如下:

(1) 在操作系统中,单击"开始"→"程序"→ Oracle-OracleHome90 → Application Development → SQL * Plus 命令,打开登录对话框,如图 2.20 所示。

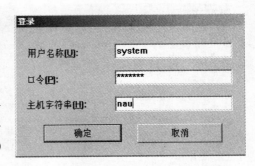

图 2.20　SQL * Plus 的登录对话框

(2) 在图 2.20 中输入相应的参数,单击"确定"按钮后便可进入 SQL * Plus,并可在其中执行所需的操作,如图 2.21 所示。

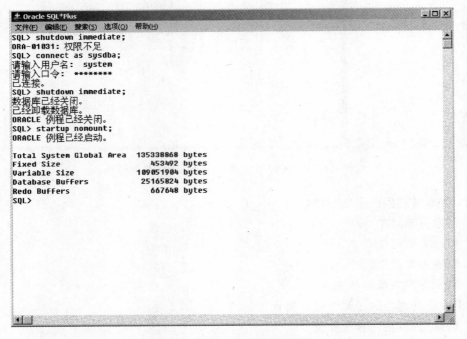

图 2.21　SQL * Plus 的工作界面

3) SQL * Plus Worksheet

SQL * Plus Worksheet 也是 Oracle 数据库中的一个查询工具,在 SQL * Plus Worksheet 中也可以完成对数据库的查询操作。SQL * Plus Worksheet 和 SQL * Plus 的比较如下:

SQL * Plus 是行编辑环境,在 SQL * Plus 环境中有一系列支持行编辑的命令。而 SQL * Plus Worksheet 是一个全屏幕的编程和运行环境,可以直接编辑 PL/SQL 命令或程序文件。

打开 SQL * Plus Worksheet 的方法有两种:

(1) 由 OEM 进入。

首先进入 OEM 窗口,单击"工具"→"数据库应用程序"→SQL * Plus Worksheet 命令,如图 2.22 所示,便可打开 SQL * Plus Worksheet 窗口,如图 2.23 所示。

（2）直接登录启动。

在操作系统中，单击"开始"→"程序"→Oracle-OracleHome90→Application Development→SQL＊Plus Worksheet 命令，激活 SQL＊Plus Worksheet 登录窗口，在该窗口指定要连接的数据库、用户以及登录身份，便可打开 SQL＊Plus Worksheet 窗口，如图 2.23 所示。

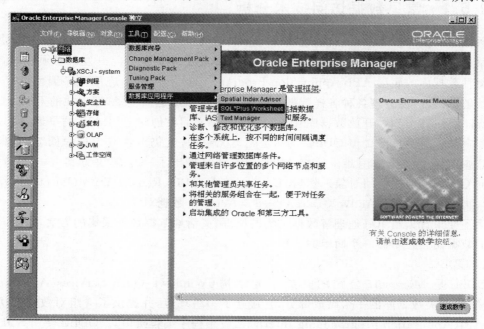

图 2.22　OEM 中的 SQL＊Plus Worksheet 工具

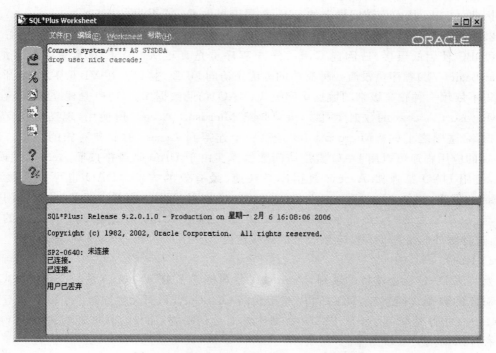

图 2.23　SQL＊Plus Worksheet 的工作界面

2.5 数据访问技术

2.5.1 常见数据访问技术分析

数据库产品和技术发展很快,数据访问技术必须始终追随数据库产品和技术的快速变化。早期的数据库连接是非常困难的,每个数据库的格式都不一样,开发者必须对他们所开发的每种数据库的底层 API(Application Programming Interface,应用程序编程接口)有深刻的了解。因此,能处理各种各样数据库的通用 API 就应运而生了,即现在的 ODBC(Open Database Connectivity,开放数据库互连),ODBC 是人们在创建通用 API 的早期产物,许多数据库遵从了这种标准。但 ODBC 并不是完美无缺的,它仍然含有大量的低级调用,开发 ODBC 应用程序仍比较困难。后来 Microsoft 公司提出了一个解决方案——DAO(Data Access Objects,数据访问对象),然后,DAO 演变为 RDO(Remote Data Objects,远程数据对象),再后来是 ADO(ActiveX Data Objects,ActiveX 数据对象)等。

为了使审计人员更好地理解数据采集的原理,灵活地掌握数据采集的方法,本节对这些常见的数据访问技术做一个简单的分析。

1) ODBC

ODBC 是 Microsoft 公司的开放服务结构(Windows Open Services Architecture,WOSA)中有关数据库的一个组成部分,它建立了一组规范,并提供了一组对数据库访问的标准 API(Application Programming Interface,应用程序编程接口)。ODBC 使用 SQL 作为访问数据的标准,一个应用程序可以通过共同的一组代码访问不同的 SQL 数据库管理系统。因此,ODBC 技术为访问异类的 SQL 数据库提供了一个共同的接口。

2) DAO

ODBC 使用低层接口,因此 C 和 C++程序员是真正从 ODBC 技术受益最多的人。Visual Basic(VB)程序员没有一种简单的方法来访问 ODBC 接口。在 VB 6.0 之前,开发人员不得不依赖一种较高级别的数据访问模式(DAO)访问数据库。DAO 是建立在 Microsoft Jet(Microsoft Access 的数据库引擎,最早是给 Microsoft Access 所使用,现在已经支持其他数据库)基础之上的。Microsoft Jet 是第一个连接到 Access 的面向对象的接口。使用 Access 的应用程序可以用 DAO 直接访问数据库。由于 DAO 是严格按照 Access 建模的,因此,使用 DAO 是连接 Access 数据库最快速、最有效的方法。DAO 也可以连接到非 Access 数据库,例如,Oracle 和 SQL Server。DAO 使用 ODBC,但是由于 DAO 是专门设计用来与 Jet 引擎对话的,Jet 将解释 DAO 和 ODBC 之间的调用。使用除 Access 之外的数据库时,这种额外的解释步骤会导致较慢的连接速度。

3) RDO

要克服 DAO 以上这样的限制,Microsoft 公司创建了 RDO,RDO 是一个到 ODBC 的、面向对象的数据访问接口,RDO 可以直接访问 ODBC API,而无须通过 Jet 引擎。不足的是,RDO 在很好地访问 Jet 或 ISAM 数据库方面受到限制,而且它只能通过现存的 ODBC 驱动程序来访问关系数据库。

4) OLE DB

OLE DB 是 Microsoft 公司的一个战略性系统级编程接口,用于管理整个组织内的数据。ODBC 提供了基于标准的接口,接口要求 SQL 处理功能,并被优化用于基于 SQL 的方法,但不能访问不使用 SQL 的非关系数据源。OLE DB 是建立在 ODBC 功能之上的一个开放规范。ODBC 是为访问关系型数据库而专门开发的,OLE DB 则用于访问关系型和非关系型信息源。

5) ADO

ADO 是 DAO/RDO 的后继产品。ADO 采用基于 DAO 和 RDO 的对象,并提供比 DAO 和 RDO 更简单的对象模型。作为最新的数据库访问模式,ADO 的使用也是简单易用,ADO 已经成为当前数据库开发的主流。

2.5.2 ODBC 总体结构及其应用

如前所述,ODBC 是常见的数据访问技术。审计人员在进行数据采集或访问被审计单位的数据库系统时,常常会用到 ODBC 接口,即使一些专门的审计软件也提供了通过 ODBC 接口采集被审计单位数据的功能。为了能灵活使用,本节介绍 ODBC 的原理及应用,从而为开展计算机辅助审计提供方便。

1. ODBC 总体结构

ODBC 由以下几部分组成:

(1) 应用程序。

(2) ODBC 管理器。ODBC 管理器位于 Windows 控制面板的 ODBC 内,其主要任务是管理安装的 ODBC 驱动程序和管理数据源。

(3) 驱动程序管理器。驱动程序管理器包含在 ODBC32. DLL 中,对用户是透明的,其任务是管理 ODBC 驱动程序,是 ODBC 中最重要的部件。

(4) ODBC API。

(5) ODBC 驱动程序。ODBC 驱动程序是一些 DLL(Dynamic Linkable Library,动态链接库),提供了 ODBC 和数据库之间的接口。

(6) 数据源。数据源包含了数据库位置和数据库类型等信息,实际上是一种数据连接的抽象。

各部件之间的关系如图 2.24 所示。

应用程序要访问一个数据库,首先必须用 ODBC 管理器注册一个数据源,ODBC 管理器根据数据源提供的数据库位置、数据库类型及 ODBC 驱动程序等信息,建立起 ODBC 与具体数据库的联系。这样,只要应用程序将数据源名提供给 ODBC,ODBC 就能建立起与相应数据库的连接。

在 ODBC 中,ODBC API 不能直接访问数据库,必须通过驱动程序管理器与数据库交换信息。驱动程序管理器负责将应用程序对 ODBC API 的调用传递给正确的驱动程序,而驱动程序在执行完相应的操作后,将结果通过驱动程序管理器返回给应用程序。

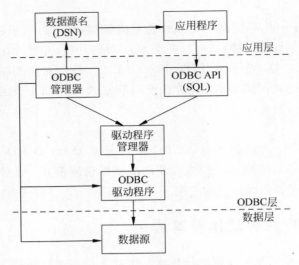

图 2.24　ODBC 部件关系图

2. ODBC 的使用

在使用 ODBC 接口访问数据库时,首先需要创建一个 ODBC 数据源,该数据源直接连接到所要访问的数据库上。创建过程如下:

(1) 在操作系统中,打开"控制面板",如图 2.25 所示。

图 2.25　控制面板窗口

(2) 在图 2.25 中双击"管理工具"图标,如图 2.26 所示,找到"数据源(ODBC)"图标,打开"数据源(ODBC)",如图 2.27 所示。

在图 2.27 中,ODBC 数据源管理器的各个选项卡的作用分别说明如下:

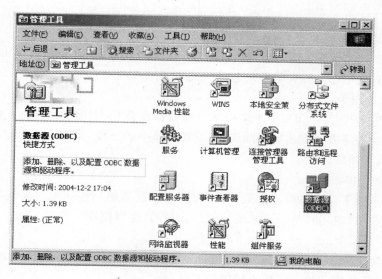

图 2.26 "管理工具"窗口

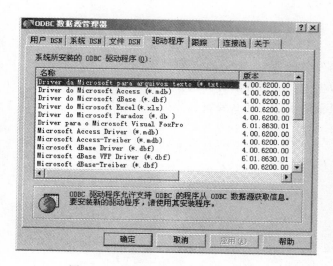

图 2.27 "ODBC 数据源管理器"窗口

- "用户 DSN"选项卡。

"用户 DSN"选项卡用于创建用户数据源,通过该选项卡创建的数据源对计算机来说是本地的,并且只能被创建它的用户使用。

- "系统 DSN"选项卡。

"系统 DSN"选项卡用于创建系统数据源,通过该选项卡创建的数据源只在本地计算机中,但不专属于用户,此系统或其他具有权限的用户可通过系统 DSN 来使用该数据源的设置。

- "文件 DSN"选项卡。

"文件 DSN"选项卡用于创建文件数据源,这些基于文件的数据源可以在安装同样驱动程序的所有用户之间共享,因此,它们都具有对数据库的访问权。这些数据源不必专属于某一用户或本地计算机。

- "驱动程序"选项卡。

"驱动程序"选项卡用于显示已安装的 ODBC 驱动程序的相关信息。ODBC 驱动程序列表会显示计算机中已经安装的驱动程序的列表。

- "跟踪"选项卡。

"跟踪"选项卡可指定 ODBC 驱动程序管理器跟踪调用 ODBC 函数的方式。驱动程序管理器可使用的跟踪方式有连续跟踪调用、只跟踪唯一的连接、执行动态跟踪或由自定义的跟踪 DLL 来执行跟踪。

- "连接池"选项卡。

"连接池"选项卡可以修改连接重试等待时间,以及当使用连接池时所选择的驱动程序的超时时间,也可以启用和禁用记录统计信息数量的"性能监视"。

- "关于"选项卡。

"关于"选项卡用于显示 ODBC 核心组件的有关信息,包括 Driver Manager、光标库、安装程序 DLL 以及任何其他组成核心组件的文件。

思考题

1. 信息技术的发展对一个组织产生了哪些影响?
2. 了解常见数据库产品对开展计算机辅助审计有何意义?
3. 开展计算机辅助审计为什么要掌握数据访问技术?

第3章

审计软件

3.1 概述

为了提高工作效率,审计人员在开展审计的过程中会用到各种各样的辅助工具。审计软件就是一类常用的计算机辅助审计工具。从广义上讲,审计软件是指用于帮助完成审计工作的各种软件工具。随着审计信息化建设的逐步深入,审计软件在各个行业审计中的应用也越来越广泛。

本章主要介绍常见的国内外审计软件,从而为后面分析面向数据的计算机辅助审计的数据采集与分析技术打下基础。

3.2 国外审计软件概况

根据 Internal Auditor 杂志的调查,审计人员常用的各类审计软件总结如下。

1. 数据采集软件

数据采集软件是指在进行计算机辅助审计时用来采集被审计单位信息系统中电子数据的软件。

2. 数据分析软件

数据分析软件是指在进行计算机辅助审计时用来分析采集来的被审计单位电子数据的软件。

3. 欺骗检测/预防软件

欺骗检测/预防软件是用来完成检测欺骗事件和预防欺骗事件的软件。

4. Sarbanes-Oxley(萨班斯-奥克斯利)软件

Sarbanes-Oxley 即萨班斯-奥克斯利法案,该法案由美国众议院金融服务委员会主席奥克斯利和参议院银行委员会主席萨班斯联合提出,2002 年由美国国会通过。其目的主要是通过改进企业信息披露的准确性和可靠性来保护投资者的利益。Sarbanes-Oxley 软件就是指能用来服务于萨班斯-奥克斯利法案的软件。

5．审计管理软件

审计管理软件是用来完成如审计统计、审计计划等功能的软件。

6．风险管理/分析软件

风险管理/分析软件是用来对被审计单位的风险情况进行管理和分析的软件。

7．网络安全评估软件

网络安全评估软件是用来对被审计单位的网络安全状况进行评估的软件。

8．控制自评估软件

控制自评估软件是用来完成对被审计单位自身的内部控制情况进行评估的软件。

9．持续监控软件

持续监控软件是用来实现对被审计单位进行持续监控的软件。

3.3 国内审计软件概况

3.3.1 审计软件的分类

为了适应计算机辅助审计的需要,近年来我国开发了一些审计软件。概括起来,审计软件可分为以下 5 种类型。

1．审计作业软件

审计作业软件是指审计人员在进行审计作业时应用的软件,如"金审工程"一期的成果——现场审计实施系统(AO)软件。审计作业软件是审计工作的主流,是审计工作的主要工具,审计作业软件的发展代表计算机辅助审计软件的发展水平。

2．审计管理软件

审计管理软件是用来完成审计统计、审计计划等方面功能的审计软件,如"金审工程"一期的成果——现场审计管理系统(OA)软件。

3．专用审计软件

专用审计软件是指为完成特殊审计目的而专门设计的审计软件,例如海关审计软件、基建工程预决算审计软件、财政预算执行审计软件、银行审计软件、外资审计软件等。

4．法规软件

法规软件主要是为了帮助审计人员在海量的各种财经法规中快速找出所需要的法规条

目及内容。

5．联网审计软件

除了以上四种类型的审计软件之外，为了适应联网审计的需要，近年国家审计署以及一些审计机关还开发了一些专门的联网审计软件，如社保联网审计软件、地税联网审计软件等。

3.3.2　面向数据的审计软件的基本功能

根据以上分析，可以看出审计软件的基本功能可包括的范围很广，从支持审计计划管理、内控制度调查评价到各类审计证据的收集、评价以及各种审计报告的编制，都可以利用审计软件辅助完成。本书关注的是如何利用审计软件完成面向数据的计算机辅助审计。目前，用于面向数据的计算机辅助审计的审计软件基本功能主要包括如下几个方面。

1．数据采集功能

审计软件应该能够访问不同结构的数据文件或数据库，能把所需的不同类型的数据采集过来，方便后面的审计数据分析。

2．数据预处理功能

审计软件应该能够提供一些数据预处理功能，能对采集来的电子数据进行转换和清理，使其满足审计数据分析的需要。

3．数据分析功能

审计软件应该能够提供足够的、方便灵活的数据分析方法，满足审计人员对审计数据分析的需要。

4．其他辅助功能

辅助功能主要是帮助审计人员完成辅助审计工作，例如审计计划和审计报告编制、审计底稿和档案管理自动化、审计成本的管理等。

3.4　常用审计软件介绍

为了便于掌握审计软件的使用，本节介绍目前几种有代表性的国内外审计软件。

3.4.1　国内审计软件

国内的审计软件主要用来帮助完成面向数据的计算机辅助审计，在政府审计中比较流行的软件有：审计数据采集分析2.0、现场审计实施系统等。一些软件公司也根据市场的需要开发了一些审计软件。下面简要对其进行介绍。

1. 审计数据采集分析 2.0

"审计数据采集分析 2.0"由审计署驻南京特派员办事处开发,是一个用来采集和分析被审计单位电子数据的通用审计软件,该工具有很多的数据采集和分析方法,特别是具有强大的数据采集功能,能用来采集各种类型的被审计数据。它所适应的数据库有 Access、dBASE、FoxPro、Paradox 等微机数据库、Excel、文本文件,以及可以用 ODBC 方式访问大、中型数据库,如 Oracle、Sybase、SQL Server、Informix、DB2 等。"审计数据采集分析 2.0"的主要功能有:

(1) 对被审计单位电子数据进行采集和转换。

(2) 对被审计单位数据进行查询、分析、统计与计算。

(3) 对查询、分析、统计、计算的结果进行保存、打印或输出到 Word 与 Excel 进行编辑、修改或进一步处理。

"审计数据采集分析 2.0"软件提供了一个友善的人机界面,对每一项操作,在适当的位置都给出了恰当的提示,对于复杂的操作都采用向导的方式,引导审计人员一步步完成软件的操作,获得预期的结果。

"审计数据采集分析 2.0"软件主窗口如图 3.1 和图 3.2 所示。主窗口包括菜单条、工具条、状态条。主窗口是软件所有功能的入口,由菜单项、工具栏按钮可以进入软件的各项功能。

图 3.1　审计数据采集分析 2.0(不包含项目信息的主界面)

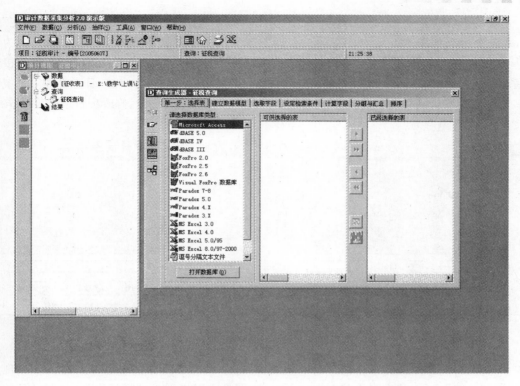

图 3.2 审计数据采集分析 2.0(包含项目信息的主界面)

2. 现场审计实施系统

前面介绍了"金审工程"。"金审工程"一期应用系统的框架如图 3.3 所示,其中,"现场审计实施系统"是"金审工程"一期应用系统建设成果之一。"现场审计实施系统"也称审计师办公室(Auditor Office,AO),是一个用于现场环境对电子数据进行审计的操作平台,它是整合审计行业原有审计软件,并有效提升、创新发展的结果,是审计人员对被审计单位开展审计的工具。

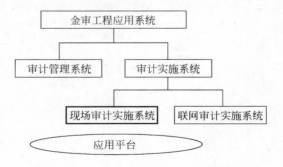

图 3.3 "金审工程"一期应用系统框架图

下面以"现场审计实施系统"(2005 版)为例,来介绍它的基本功能。"现场审计实施系统"(2005 版)属于单机版软件,是为了给审计人员提供一个安装在便携式计算机上,对被审计单位开展现场和远程审计方式的审计软件,可以满足审计数据采集、分析、管理和交互的软件适应性的要求。

"现场审计实施系统"的登录界面如图 3.4 所示。选择账号并输入密码后单击"确定"按钮，系统会出现如图 3.5 所示的界面。在如图 3.5 所示的界面中有 3 个选项：第一个为打开某个已经存在的审计项目，可以在右边的下拉框选择不同的审计项目；第二个是直接进入系统，进去后主要是进行系统内部的一些设置，包括人员管理、行为审核、日志管理等系统设置；第三个是维护已有的审计项目，可以对已有的审计项目进行删除、修改项目编码等操作。

图 3.4　AO 的系统登录界面　　　　　　　　图 3.5　AO 的任务选择界面

　　在如图 3.5 所示的界面中选择第一个选项，打开某个已经存在的审计项目，进入"现场审计实施系统"之后，其主界面如图 3.6 所示，由图 3.6 可以看出，"现场审计实施系统"的主界面包括 4 个区。

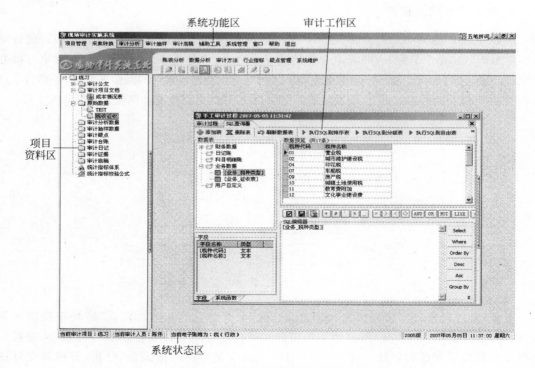

图 3.6　"现场审计实施系统"的主界面

1）系统功能区

系统功能区又可分成一级功能区、二级功能区以及三级功能区。

一级功能区：包括项目管理、采集转换、审计分析、审计抽样、审计底稿 5 个主要功能，以及辅助工具、系统管理 2 个辅助功能。在 7 个一级功能下，还有二级功能和三级功能。

二级功能区：在单击每个一级功能后，二级功能区中展示对应的二级功能。

三级功能区：在每个二级功能区下还有对应的三级功能。例如，图 3.7 为三级功能"SQL 查询器"，它包含在一级功能"审计分析"下的二级功能"数据分析"之中。

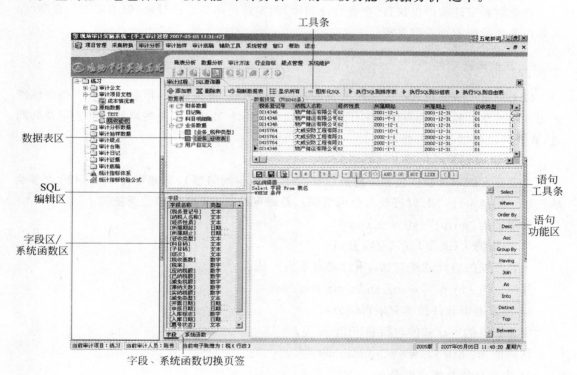

图 3.7　SQL 查询器窗体

2）项目资料区

"现场审计实施系统"按审计项目进行资料管理和展示。资料区中展示当前审计项目的各类信息目录。审计人员可以通过选择或定义项目资料目录模板，按通用规则模板或个性化模板进行审计项目的资料管理。

3）审计工作区

在不同的一级功能和二级功能下，系统提供不同的工作区界面，满足项目审计业务的不同需求。

4）系统状态区

系统状态区显示当前的操作状态。

对于"现场审计实施系统"的数据采集与分析功能,会在后面具体分析。

3.企业财务审计软件

企业财务审计软件(Enterprise Audit Software,EAS)是中国国家审计署和澳大利亚联合开发的一款审计软件。企业财务审计软件选用风险基础审计策略来实现企业财务审计总体目标和具体目标,是依据国家审计基本准则和具体准则制定的,为审计机关和审计人员实施国有企业财务审计提供指导性的审计操作规程,有利于规范审计行为,提高审计效率和质量,减少审计成本,控制审计风险。

企业财务审计软件以执行《企业会计制度》的工业企业为设计对象,但适用于除金融、保险等行业外的所有企业财务审计。

4.其他审计软件

以上列出了一些审计机关组织开发的常用审计软件,除此之外,市场上还有一些由软件公司开发的审计软件,为方便读者了解这些审计软件,本书列出了一些审计软件公司及其网址,读者可以根据需要去查询。

1) 北京诚创易通科技发展有限公司

主要开发的审计软件包括:易通审计.NET(企业网络版)、易通审计.NET(行政事业单机版)、易通审计.NET(行政事业网络版)、易通审计.NET实时监控系统等。

其网址为:http://ytaudit.com。

2) 中审博大(北京)资讯有限公司

主要开发的审计软件包括:审计之星系列产品。

其网址为:http://www.auditsoft.com.cn。

3) 北京通审软件技术有限责任公司

主要开发的审计软件包括通审2000等。

其网址为:http://www.tonsin.net。

4) 中审软件技术有限公司

主要开发的审计软件包括:中审审易软件、中审OA系统等。

其网址为:http://www.auditcn.com。

5) 珠海中普软件有限公司

主要开发的审计软件包括:中普审计管理平台(内审版)、中普审计管理平台(事务所版)、中普审计管理平台(政府审计版)、中普审计管理平台(行政事业版)、中普审计管理平台(高校版)等。

其网址为:http://www.zperp.com。

6) 西安金剑审计软件有限公司

主要开发的审计软件包括:行政事业单位审计应用系统V3.1、金剑数据监管系统、金剑审计系统2005等。

其网址为:http://www.jinjiansoft.com。

3.4.2 国外审计软件

1. IDEA

1) IDEA 简介

IDEA 是由加拿大的 CaseWare 公司（快思维国际有限公司）开发并推出的数据审计软件产品。CaseWare 公司是老牌的审计软件提供商，主要提供数据分析软件、工作底稿软件、小型财务软件及其他服务，主要产品有 IDEA、WORKPAPER 等。IDEA 主要提供海量数据分析，WORKPAPER 主要提供工作底稿的编辑管理功能。该公司的网址为：http://www.caseware-idea.com。

IDEA 是 Interactive Data Extraction and Analysis 的缩写，意思是交互式数据抽取与分析，它体现了强大的分析功能与 Windows 操作系统下友好的用户界面的组合。IDEA 软件的主要特点有：

(1) 简单易用、操作方便。

IDEA 给审计人员提供了一个方便的 Windows 操作系统界面，并能够支持多种数据库，且无须审计人员掌握程序编写的知识，只需要审计人员使用按钮就可以运用分析功能。IDEA 能够协助审计专业人员快捷地完成审计测试，把复杂的工作变得简单快捷。

IDEA 中既有基于 HTML 的帮助文件，又有信息量丰富的用户指南及"IDEA 助理"，方便了审计人员的使用。IDEA 还有一个精心设计的用户界面，在亲和的界面上，所有的功能操作起来都非常简便，使得学习及使用它变得轻而易举。

(2) IDEA 功能强大。

IDEA 为审计人员、财会及系统和金融方面的专业人员提供了读取、显示、分析、操作、采样或是提取几乎所有的文件数据，包括将报告打印到文件，这些文件可以是来自于大型机也可以是来自于 PC。另外，还包含了许多新的特性及功能，例如，可视连接器、索引提取、关键值的提取以及计划列表等其他实用的功能。

(3) 具有很强的数据安全性。

在实际应用中，IDEA 的一个突出的优点就是它不会更改原始数据，相对于传统工具软件 Excel 具有无可比拟的优势，因此，可以防止审计人员的舞弊行为，具有很强的数据安全性。

(4) 能提供操作轨迹。

对于每一项审计测试，IDEA 都能提供操作轨迹，这为以后数据跟踪以及提供可靠的法律效力提供了依据。

2) IDEA 基本功能介绍

总的来说，IDEA 的主要功能如下：

(1) 将分析计划和进程归档于计划列表中。

(2) 能采集各种类型数据文件中的数据。

(3) 创建自定义的数据视图及报告。

(4) 执行数据分析，包括统计分析、断号分析、重号分析、概述及逾期计时。

(5) 对异常的或不连续的项目可以应用简单的或复杂的标准来进行异常测试。

(6) 使用系统、随机、属性或货币单位的抽样技术来选择抽样。

(7) 匹配或比较不同的文件。

(8) 为多维分析生成数据透视表。

(9) 自动生成一个完整的历史文件,将分析结果归档。

(10) 可以使用自定义的 IDEA 脚本创建宏。

3) IDEA 2002 基本功能简介

以 IDEA 2002 为例,其基本功能介绍如下。

启动 IDEA 后,显示屏中有被输入或打开的文件时的操作界面如图 3.8 所示。

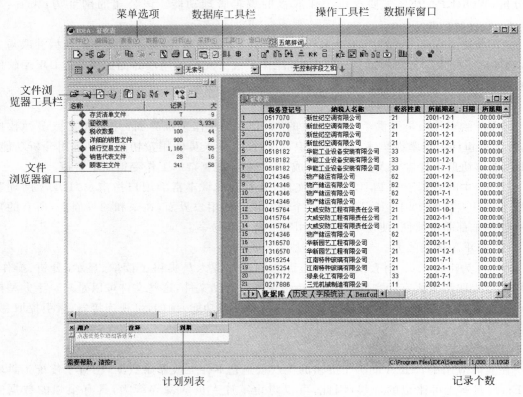

图 3.8　IDEA 的主界面

各部分的功能说明如下:

(1) 文件浏览器。

文件浏览器以树状或分类视图显示了在工作文件夹中的所有文件。数据库可以被打开、重命名、删除、合并或添加到另一个数据库中去,也可以在该窗口中对现有选项进行标记。可以通过单击工具栏上的文件浏览按钮,隐藏或显示文件浏览器窗口。

(2) 文件浏览器工具栏。

文件浏览器工具栏提供了文件管理功能,它包含的按钮提供了文件管理功能的快捷途径。

(3) 数据库工具栏。

数据库工具栏用于管理在数据库窗口的数据库视图选项卡中显示的数据。

（4）操作工具栏。

操作工具栏为一些最常用的功能提供了快捷方式。

（5）数据库窗口。

数据库窗口是一个多文档界面（Multiple Document Interface，MDI）子窗口，它使得审计人员可以在数据库中查看所包含的字段。数据库视图中的信息不能被编辑但是可以被打印出来。数据库窗口中有多个选项卡，对于数据库窗口中的每个选项卡的作用分别说明如下：

① 数据库视图。

IDEA的数据库视图如图3.9所示。数据库视图显示为一个二维数据表，字段名称显示为列标题，而记录号码显示为行号。

所有的列（字段）都是可以调整尺寸的，例如，双击字段分隔符，将提供一个最佳或优化的字段宽度，也可以通过调整字段名之间的分隔符来调整字段宽度，单击并拖拉到希望的宽度。

对于数据库视图中的二维数据表，字段（列）的最大值为32 167，记录（行）的最大值为21亿（取决于操作系统），文件的最大值为1.8EB（注：1EB＝1024PB，1PB＝1024TB，1TB＝1024GB，1GB＝1024MB）。

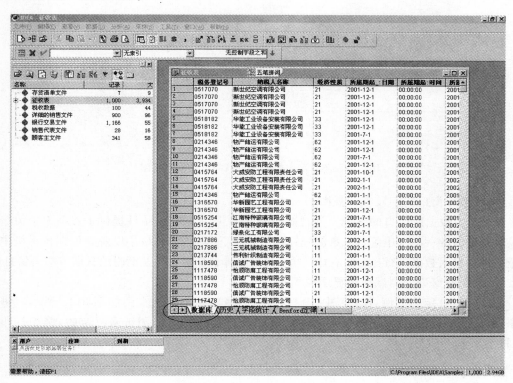

图3.9　IDEA中数据库视图

尽管一次可以打开多个数据库，但是每个数据库都是在不同的数据库窗口中被打开的，而当前的数据库的名称显示在IDEA标题栏中。数据库中记录个数、路径，以及在工作文件夹中可利用的磁盘空间将显示在应用窗口底部的状态栏中。

② 数据库窗口的历史日志视图。

IDEA 中数据库窗口的历史日志视图如图 3.10 所示。数据库窗口的历史日志视图显示了所有对文件所执行操作的历史记录,每当对数据库进行新的操作时就会将它加入到历史信息中。每部分历史信息可以被展开,显示出审计测试的细节,包括 IDEA 脚本代码,它可以被复制到一个宏窗口中来重新运行测试。

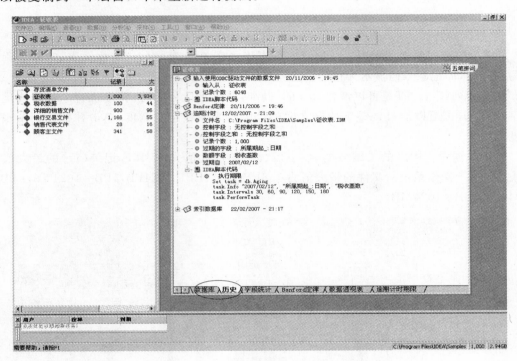

图 3.10　IDEA 中数据库窗口的历史日志视图

③ 数据库窗口的字段统计视图。

IDEA 中数据库窗口的字段统计视图如图 3.11 所示。字段统计提供了数据库中关于数值及日期字段的一些有用信息。数值统计包括总计、平均、最大、最小以及其他在将主机中的原始数据与输入数据进行比对时有用的值;日期统计包括最早以及最晚的日期等相关信息。

④ 数据库窗口的测试结果显示视图。

以 Benford 定律为例,IDEA 中数据库窗口的测试结果显示视图如图 3.12 所示。每个结果视图提供了一个工具栏,工具栏中所含的相应的选项是由测试来决定的,例如打印视图、将结果输出到文件等。

2. ACL

ACL(Audit Command Language,审计命令语言)是由加拿大 ACL 公司开发的面向大中型企业的审计软件,特别适合金融、电信、保险等行业海量数据的分析。加拿大 ACL 公司是老牌的审计软件提供商,主要提供数据分析软件及服务。该公司的网址为:http://www.acl.com。

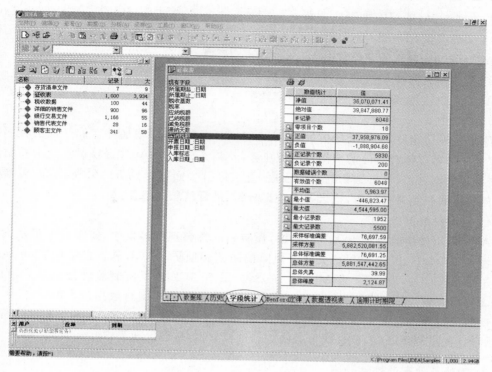

图 3.11　IDEA 中数据库窗口的字段统计视图

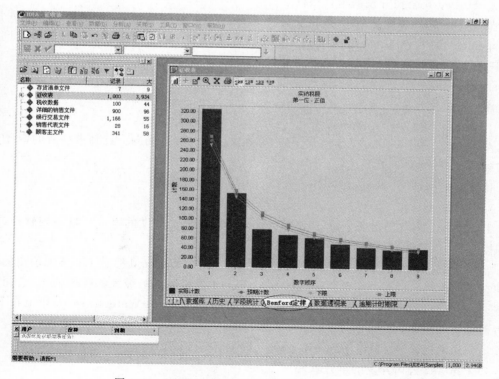

图 3.12　IDEA 中数据库窗口的测试结果显示视图

总的来说,ACL 具有如下主要特点。

1) 大数据量处理

ACL 可以处理几千万条数据。

2) 能采集各种类型数据文件中的数据

ACL 可以读取、转换任何类型的被审计数据。

3) 功能强大

除了常规功能外,在数据分析过程中,ACL 软件可以不断增加并存储其灵活程序或命令,审计人员可以结合自己的工作经验或业务需要,充分运用 ACL 提供的广泛分析解决方案、交互式数据分析、可再编辑的命令程序,直接进行全面数据分析。另外,ACL 可通过日志文件等方式归类各种分析,记录各类数据分析,进行信息的整合。

4) 具有持续监控功能

ACL 可以持续监控被审计单位数据,预防新的舞弊现象的发生,使审计人员从大量的重复性工作中解脱出来,可以更关注于风险的防范和预防。ACL 软件已经在 Microsoft 公司及汇丰银行中加以应用。在 Microsoft 公司,采用 ACL 软件实时监管公司业务,为公司决策者提供有效决策信息支持。在汇丰银行,ACL 公司针对银行数据量大的特点,在银行数据库服务器旁搁置服务器,利用每天夜里银行数据库服务器相对空闲时下载审计所需的数据,审计人员利用 ACL 软件对下载的数据进行分析,从而发现线索。

3. 国外其他审计软件概述

1) Horwath 公司开发的审计软件

英国 Horwath Clark Whitehill 会计师事务所的主要产品有 Galileo 和 Magique Risk Management,其中,Galileo 是满足企业内审要求的审计软件,它包括审计计划、审计进度表、审计底稿、审计报告、项目人员管理、问题追踪等审计工作所需要的模块;Magique Risk Management 是进行企业整体风险评估的审计软件。

该公司的网址为:http://www.horwathsoftware.com。

2) AutoAudit for windows

AutoAudit for windows 是加拿大的 Paisley 公司开发的面向会计师事务所的审计项目管理软件。

该公司的网址为:http://www.paisleyconsulting.com。

3) TeamMate

TeamMate 是普华永道公司(PricewaterhouseCoopers)开发的审计项目管理软件,它包括风险评估、审计计划、底稿复核等功能模块。

普华永道公司是由 Price Waterhouse 和 Coopers & Lybrand 拥有 150 多年历史的两家公司合并而成的。合并之前的 Coopers & Lybrand 公司是英国最大的咨询公司,公司在财务咨询、业务流程重组和系统集成方面有很强的优势,而 Price Waterhouse 公司也在 IT 咨询方面有很强的实力。

该公司的网址为:http://www.pwcglobal.com。

4) Pentana 公司开发的审计软件

Pentana 公司主要提供内部审计软件,其主要产品有:PAWS Risk & Audit Management、

Retain Resource Planning Software、Pentana Checker Questionnaire Software。Pentana 审计软件包含审计风险评估、审计计划、财务披露等模块,该软件开发公司总部在英国。

该公司的网址为:http://www.pentana.com。

3.5 国内外审计软件功能比较

AO 和 IDEA 分别是目前国内和国外著名的通用审计软件。为了便于了解国内外审计软件在功能上的异同,以 AO 2008 和 IDEA 2002 为例,二者功能的比较如表 3.1 所示。

表 3.1 AO 和 IDEA 的功能比较

功 能		AO 2008	IDEA 2002
账表分析		√	—
概要数据		√	√
统计分析		√	√
数据查询		√	√
数据比较		—	√
从两个不同的文件创建一个新文件		√	√
重号分析		√	√
断号分析		√	√
抽样功能		√	√
Benford 定律检测		—	√
账龄分析(Aging)		—	√
批命令处理		—	√
操作日志		—	√
数据采集模板		√	—
数据采集对象	Access	√	√
	ODBC	√	√
	Dbase	√	√
	Text	√	√
	Excel	√	√
	Lotus	√	√

注:"√"代表具有相关功能。

思考题

1. 什么是审计软件?
2. 一般来说,审计软件包括哪些常用的功能?
3. 列举你所知道的国内外审计软件。

第4章

审计数据采集

4.1 概述

如何把被审计单位的电子数据采集过来,是开展面向数据的计算机辅助审计的关键步骤。修订后的《审计法》对审计数据采集做了更具体的规定,修订后的《审计法》第三十一条规定:审计机关有权要求被审计单位按照审计机关的规定提供预算或者财务收支计划、预算执行情况、决算、财务会计报告,运用电子计算机储存、处理的财政收支、财务收支电子数据和必要的电子计算机技术文档,在金融机构开立账户的情况,社会审计机构出具的审计报告,以及其他与财政收支或者财务收支有关的资料,被审计单位不得拒绝、拖延、谎报。被审计单位负责人对本单位提供的财务会计资料的真实性和完整性负责。

本章首先介绍数据采集的原理、特点及方法,然后重点介绍如何采用通用软件如Excel、Access、SQL Server 等采集被审计单位不同格式类型的电子数据,以及如何采用专门的审计软件来采集被审计单位不同格式类型的电子数据。

4.2 审计数据采集理论分析

4.2.1 审计数据采集的原理

简单地讲,审计数据采集就是审计人员为了完成审计任务,在进行计算机辅助审计时,按照审计需求从被审计单位的信息系统或其他来源中获得相关电子数据的过程。其原理如图 4.1 所示。

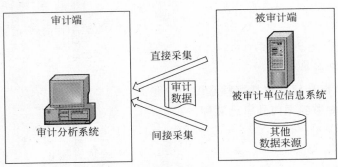

图 4.1　审计数据采集的原理

　　审计数据采集的对象一般是被审计单位信息系统的数据库,或数据库中的备份数据,审计人员也可以从其他来源获得被审计单位的审计数据,例如从会计核算中心、税务等部门获得审计数据。

4.2.2　审计数据采集的特点

　　一般来说,审计数据采集具有以下特点。

1. 选择性

　　选择性是指审计人员在进行审计数据采集时只采集与审计需求相关的数据。审计人员在进行审计数据采集工作之前,必须认真分析和研究本次审计工作方案中明确的审计范围、审计内容以及审计重点,结合审前调查所提出的数据需求,来确认本次审计数据采集的范围、内容以及重点,特别是在不能完全采集电子数据的情况下,例如,当审计人员面对海关、银行、税务等被审计单位"海量"的电子数据时,审计数据采集必须要做到有的放矢,减少盲目性,提高审计效率,降低审计风险。

2. 目的性

　　目的性是指审计数据采集是为进行审计数据分析,发现审计线索,获取审计证据做基础数据准备的。如前所述,为了完成面向电子数据的计算机辅助审计,首先需要采集被审计对象信息系统中的数据,即审计数据采集;然后,根据对这些数据的分析和理解,将其转换为满足审计数据分析需要的数据形式,即审计数据预处理;最后,采用通用软件或专门的审计软件对采集到的电子数据进行分析,从而发现审计线索,获得审计线索,即审计数据分析。由此可见,审计数据采集是开展计算机辅助审计的首要步骤,是为进行审计数据分析,发现审计线索,获取审计证据做基础数据准备的,具有一定的目的性。

3. 可操作性

　　可操作性是指审计人员在进行数据采集时,需根据被审计单位的实际情况选择最合适的审计数据采集方案。后文将会介绍到实现审计数据采集的技术和方法多种多样,因此,在完成审计数据采集任务时,需要根据被审计单位的具体情况,采取最佳的审计数据采集方案,以降低审计成本和审计风险。

4. 复杂性

　　信息化环境下,被审计单位的信息化程度差异较大,一些小的单位多采用一些自己开发的应用软件,数据库系统也一般采用单机的,如 Access、Foxpro 等。而一些重要的单位,如银行等部门,信息化程度高,采用的应用软件和数据库系统层次也较高,数据库系统多数采用 Oracle 数据库。甚至还有的单位使用盗版软件,软件部分功能不能使用,不能备份数据库,从而不能容易地采集数据。被审计单位信息化程度的差异性造成了审计人员在审计数据采集过程中不能采用同一种审计数据采集方法,必须根据被审计单位的实际情况,选择合适的审计数据采集方法,从而造成了审计数据采集的复杂性。

4.2.3　审计数据采集的主要步骤

在实际的面向数据的计算机辅助审计过程中,审计数据采集可以归纳为以下几个主要步骤,如图 4.2 所示。

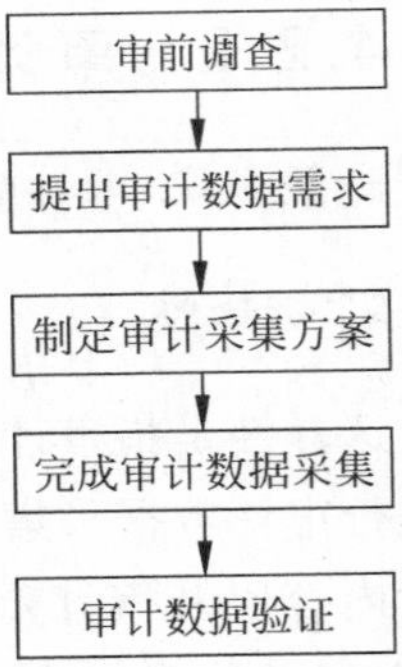

1. 审前调查

开展计算机辅助审计之前,应在对被审计单位的组织结构进行调查的基础上,掌握被审计单位计算机信息系统在其组织内的分布和应用的总体情况。然后,根据审计的目的和被审计单位计算机信息系统的重要性确认深入调查的子系统,进行全面、详细的了解。通过审前调查,对被审计单位信息系统的相关情况进行了解。

2. 提出审计数据需求

在审前调查的基础上,应该能顺利提出书面的数据需求,指定采集的系统名称(必要时还应指定数据库中具体的表名称)、采集的具体方式、指定数据传递格式、所需数据的时间段、交接方式、数据上报期限和注意事项等内容。关键步骤如下:

1) 确定所需数据内容

首先,应在审计组内将被审计单位计算机信息系统的相关情况进行通报,将调查所形成的书面材料分发给审计组成员阅读,并由负责具体调查工作的组员对材料进行讲解。审计组全体成员应对所需数据的内容进行讨论,再决定初步的数据需求。进行讨论是必要的,因为:

(1) 通过讨论可以提出尽量全面、完整的数据需求,防止因考虑不周全而多次、零星提出数据需求而延误电子数据的获取。

(2) 通过讨论使审计组成员了解被审计单位计算机信息系统及其数据的概况,为后面的审计数据分析打下基础。

2) 确定审计数据采集的具体方式

经过审计组讨论,初步确定审计数据需求后,应同被审计单位的计算机技术人员商量,从技术的角度考虑所需要的数据能否采集,以哪种方式采集更好,具体的文件格式、传递介质等问题。如果在发出正式的数据需求前不向被审计单位的计算机技术人员询问,有可能造成审计数据需求不合理,特别是在数据格式、审计数据采集方式等方面不现实或不是最佳方式,不利于工作的开展。

3) 提出书面数据需求

在做好上述两步工作后,审计组应发出书面的审计数据需求说明书。说明书的主要内容应包括以下几个方面:被采集的系统名称、数据的内容、数据格式、传递方式、时限要求、双方的责任等。在实践中,常用的方式是请被审计单位将指定数据转换为通用的、便于审计组利用的格式;也可以通过 ODBC 等方式连接,直接对数据进行采集;特殊情况下,还可以移植应用系统及数据。无论采取哪种方式,都应该以审计组的名义发出数据需求说明书,明确目的、内容和责任等事项。数据需求说明书可以消除只进行口头说明可能引起的需求不

图 4.2　审计数据采集的主要步骤

明,它能准确表达审计组的要求,并使被审计单位正确理解数据需求,从而为顺利采集数据打下基础。另外,在审计数据需求说明书中规定安全控制措施、双方责任等事项还可以在一定程度上避免审计风险。为了便于理解如何提出书面数据需求,本书引用《审计技术方法》(董大胜主编,见"主要参考文献"[29])中的两个实例,如例 4.1 和例 4.2 所示。

例 4.1 要求被审计单位移植计算机信息系统。

关于××市住房公积金管理中心
住房公积金管理系统数据初步需求的说明

××市住房公积金管理中心:

根据《××审计厅 2003 年度审计项目计划》的要求,我局将派出审计组对你中心 2002 年住房公积金管理情况进行就地审计。鉴于你中心对住房公积金的管理均使用"住房公积金管理系统 2.0"进行,为使审计工作全面、深入地开展,请在审计组指定的计算机上搭建系统运行环境,即安装操作系统 Windows NT 1.0,数据库管理系统 SQL Server 2000 标准版和住房公积金管理系统 2.0,并将包含 2001 年和 2002 年全年数据的备份数据库附加到系统。同时,在住房公积金系统 2.0 中为审计组专设一操作员账号;在操作系统中为审计组专设一系统管理员账号,专设账号不得与中心在用的任何用户名和口令相同。

上述工作请在 2003 年 3 月 7 日前完成,若有不明事项请与审计组联系。

××市审计局××市住房公积金管理中心审计组

二○○三年三月一日

(盖章)

例 4.2 要求被审计单位直接提供数据。

关于××银行××省分行计算机信息系统数据初步需求的说明

××银行××省分行:

根据《审计署 2002 年度统一组织审计项目》的要求,我办决定派出审计组对你行及所属相关支行 2001 年度资产负债损益进行就地审计。为使审计按审计方案顺利进行,需你行提供部分电子数据,现将有关情况说明如下,请给予支持和配合。

一、第一批所需数据内容

请提供全辖如下电子账表:

1. 综合业务网络系统:2001 年度 12 月 31 日系统全部备份数据,2001 年年内各计息日及 2001 年 12 月全月流水。

2. 信贷管理信息系统:截至 2002 年 2 月数据库全库备份数据。

未集中于分行的数据由辖内分支机构上报,由分行集中处理。

二、数据转换格式及传送方式

请将数据转换成纯文本格式(*.txt),刻录于光盘。转换时请对数据进行初步处理,字段间用(|)分隔开;所有金额字段、数据中逗号在转换中去除,处理不得影响数据的真实性、正确性、完整性。

三、安全控制措施

1. 严格履行数据交接手续,加强数据的管理,保证数据的安全,防止造成泄密,双方应指定专人交接。

2. 所有涉及到系统控制、密码口令等方面的数据资料,一律不报送。

3. 审计人员不得操作银行计算机系统。

四、时间要求

请于 2002 年 2 月 25 日前提供全部数据,如有困难,特别是需求不够明确的,请速与审计组联系。

审计署××特派办××银行××省分行审计组

二〇〇二年二月二十一日

(盖章)

3. 制定审计数据采集方案

制定审计数据采集方案、选择审计数据采集方法工具。

4. 完成审计数据采集

根据审计数据采集方案,获得所需要的审计数据。

5. 审计数据验证

对获得的审计数据进行理解和检查,以确保采集到的审计数据的质量符合要求。

需要指出的是,在审计数据采集过程中,由于电子资料比纸质资料更容易被篡改,并且难以发现篡改的痕迹,为了降低开展计算机辅助审计的风险,必须建立电子数据承诺制,即被审计单位必须保证所提供电子数据的真实性和完整性。

4.2.4　审计数据采集的方法

在审计数据采集过程中,审计人员常用的审计数据采集方法主要有以下 4 种。

1. 直接复制

当被审计信息系统中的数据库系统与审计软件使用的数据库系统相同,或者虽不相同,但审计软件的数据库引擎可以直接访问被审计信息系统的数据库时,只需直接将被审计对象的数据采集到审计人员的计算机中即可,即直接复制的方式。

2. 通过中间文件采集

通过中间文件采集是指被审计单位按照审计要求,将原本不符合审计软件要求的数据转换成与审计软件要求相一致的格式提供给审计人员。

对于一些比较敏感的系统,审计人员可能不便于直接接触其系统和相关资料。可以在审计人员的监督下,由被审计单位技术人员将其数据转换为标准格式数据或审计人员指定格式的数据,交给审计人员。

在数据采集的实际应用中,很多情况下采用文本文件作为约定的格式。这主要是因为大多数数据库管理系统都能导出、导入文本文件,应用范围广泛。审计人员在计算机辅助审计的实践中,经常会通过文本文件导入数据,所以掌握文本文件的导入是十分必要的。

3. 通过 ODBC 接口采集

通过 ODBC 接口采集数据是指审计人员通过 ODBC 数据访问接口直接访问被审计信息系统的数据,并把数据转换成审计所需的格式。

4. 通过专用模板采集

一些审计软件针对不同的被审计信息系统设计了相应的"专用采集模板",审计人员在进行审计数据采集时,通过选择相应的模板,可以自动实现数据的采集,这种方式称之为通过专用模板采集。

这种方式的优点是使用简单,自动化程度高,对审计人员的技术水平要求不高;缺点是审计软件必须为每一被审计对象的应用软件(包括该软件的不同版本)设计一个专用模板。由于目前被审计单位所使用的应用软件各种各样,很难为每一个应用软件以及相应的各种版本设计相应的模板,这使得专用模板采集法的成本相对较高。审计人员在实际的工作中,应根据被审计单位的实际情况不同,有模板时用模板,没有模板时再用其他方法。

国内的一些常用审计软件,如 AO 就采用了这种模板采集方法,图 4.3 就是 AO 中模板采集方法的界面。后面将详细介绍这种方法的使用。

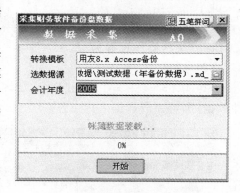

图 4.3　AO 的模板采集方法界面

4 种数据采集方法的优缺点分析如表 4.1 所示。

表 4.1　常用的 4 种数据采集方法的优缺点分析

数据采集方法		影响使用的因素				
		动态还是静态	对被审计信息系统的影响	专业知识需求	对被审计单位的依赖性	灵活程度
直接复制		静态	影响小	不需要	不依赖	一般
通过中间文件采集		静态	影响小	不需要	依赖	一般
通过 ODBC 接口采集	从被审计单位信息系统中采集	动态	影响大	需要	不依赖	高
	从备份数据中采集	静态	影响小			
通过专用模板采集	从被审计单位信息系统中采集	动态	影响大	不需要	不依赖	低
	从备份数据中采集	静态	影响小			

4.3　采用通用软件采集数据

在进行审计数据采集时,审计人员可根据审计任务的需要以及被审计单位的实际情况,依据审计数据采集的相关理论,采用通用软件或专门的审计软件来完成。本节首先介绍如何采用通用软件完成审计数据采集。

4.3.1　采用 Excel 采集数据

在完成面向数据的计算机辅助审计的过程中,审计人员有时会用 Excel 来分析被审计单位的电子数据,这时,需要把不同类型的电子数据采集到 Excel 中来。本节通过实例介绍如何把常用类型的电子数据采集到 Excel 中来。

1. 采集文本文件数据

有时,被审计单位提供给审计人员的是文本文件格式的数据,把该类型的数据采集到 Excel 中可采用以下方法。

1) 第一种方法:直接打开文本文件

该方法的操作过程为:

(1) 打开 Excel。

(2) 单击"文件"→"打开"命令,如图 4.4 所示,按照提示步骤,选择需要采集的文本文件数据,即可完成数据采集工作。

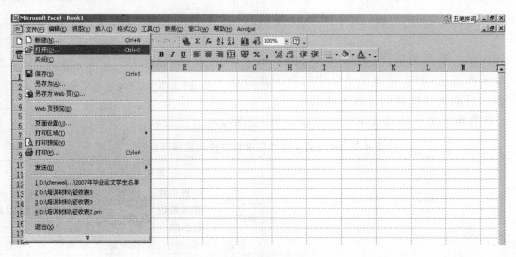

图 4.4　直接打开文本文件

2) 第二种方法:通过 Excel 的数据导入功能来完成

该方法的操作过程为:

(1) 打开 Excel。

(2) 单击"数据"→"获取外部数据"→"导入文本文件"命令,如图 4.5 所示,按照提示步骤,选择需要采集的文本文件数据,即可完成数据采集工作。

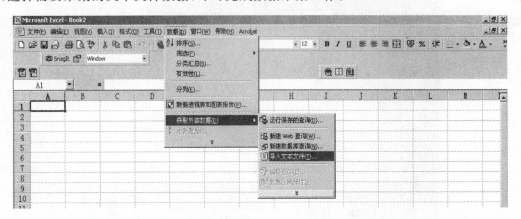

图 4.5 Excel 的数据导入功能

例 4.3 把文本文件数据采集到 Excel 中。

现有一某零售企业商品数据"商品.txt",请参见附录 A.5。请将该数据采集到名为"商品"的 Excel 文件中,要求不导入订购量和再订购量。

把商品数据采集到 Excel 文件中的操作过程如下:

(1) 单击"文件"→"打开"命令,如图 4.6 所示,则出现如图 4.7 所示的界面。

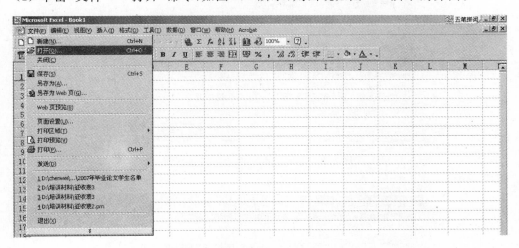

图 4.6 选择第一种数据采集方法

(2) 在图 4.7 中选择需要采集的商品数据,单击"打开"按钮,进入文本导入向导界面,如图 4.8 所示。

(3) 在图 4.8~图 4.12 中,按照系统提示,进行相应的设置。

(4) 设置完毕后,在图 4.12 中单击"完成"按钮,便可完成数据的采集,如图 4.13所示。

通过以上过程,便可按照要求完成数据的采集。

以上的演示是采用 Excel 2000 环境,在其他环境下方法类似。

图 4.7 选择需要导入的商品数据

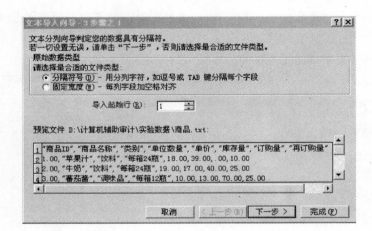

图 4.8 进入文本文件导入向导界面

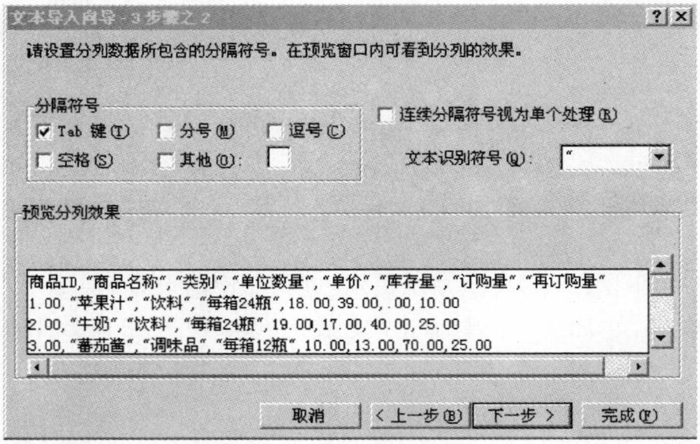

图 4.9 进入分隔符设置界面

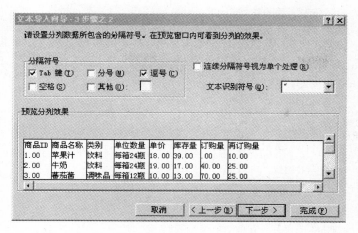

图 4.10　选择文本数据的分隔符

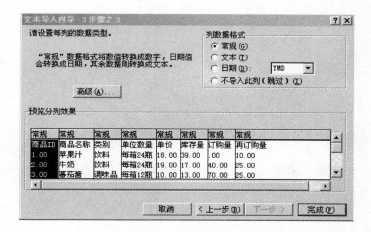

图 4.11　进入列数据格式设置界面

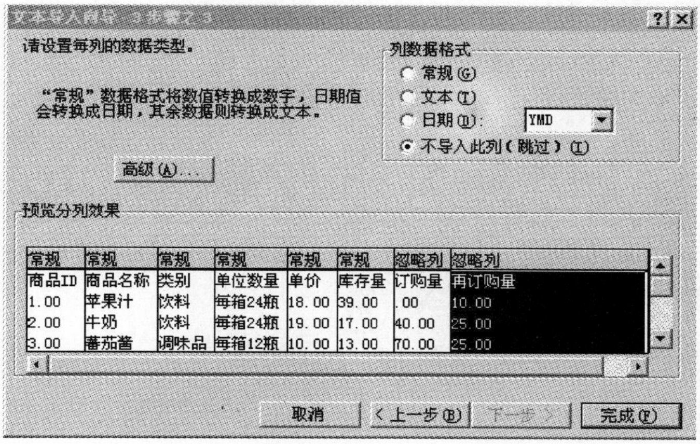

图 4.12　设置不需要导入的数据列

商品ID	商品名称	类别	单位数量	单价	库存量
1	苹果汁	饮料	每箱24瓶	18	39
2	牛奶	饮料	每箱24瓶	19	17
3	蕃茄酱	调味品	每箱12瓶	10	13
4	盐	调味品	每箱12瓶	22	53
5	麻油	调味品	每箱12瓶	21.35	0
6	酱油	调味品	每箱12瓶	25	120
7	海鲜粉	特制品	每箱30盒	30	15
8	胡椒粉	调味品	每箱30盒	40	6
9	鸡	肉/家禽	每袋500克	97	29
10	蟹	海鲜	每袋500克	31	31
11	民众奶酪	日用品	每袋6包	21	22
12	德国奶酪	日用品	每箱12瓶	38	86
13	龙虾	海鲜	每袋500克	6	24
14	沙茶	特制品	每箱12瓶	23.25	35
15	味精	调味品	每箱30盒	15.5	39
16	饼干	点心	每箱30盒	17.45	29
17	猪肉	肉/家禽	每袋500克	39	0
18	墨鱼	海鲜	每袋500克	62.5	42
19	糖果	点心	每箱30盒	9.2	25

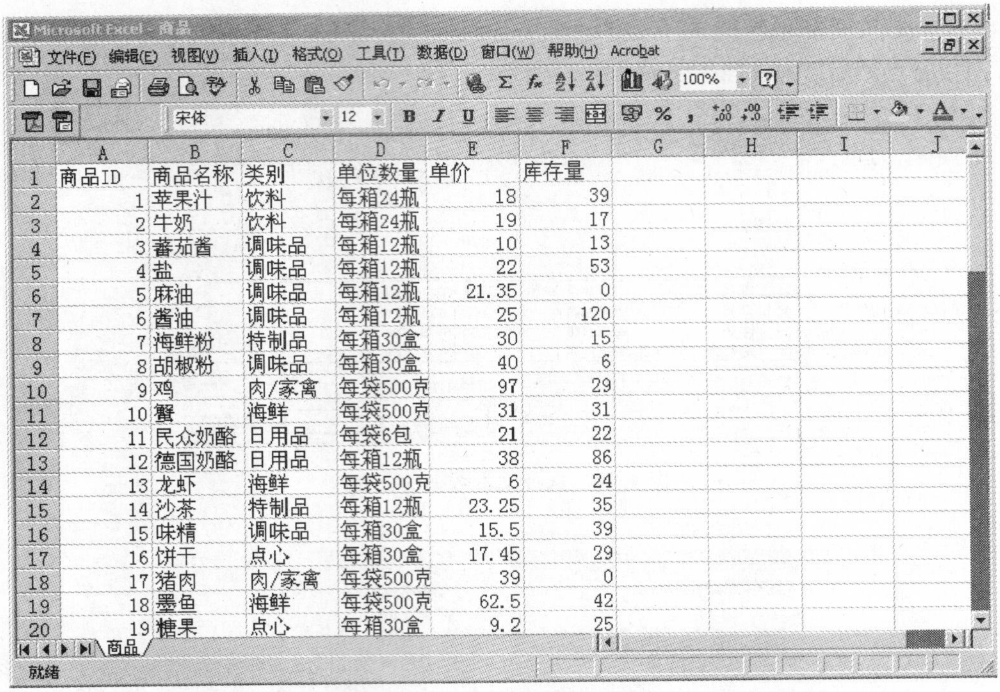

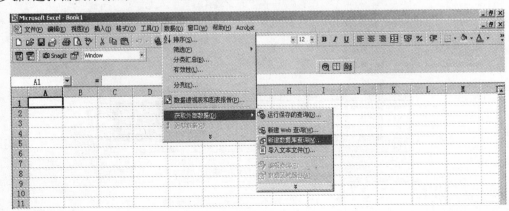

图 4.13 完成文本文件数据的采集

2. 采集 Access 数据库中的数据

在实际的审计工作中,被审计单位多采用数据库来管理本单位的数据,本节以 Access 2000 数据库为例,介绍如何把 Access 数据库中的数据采集到 Excel 中来。

1) 第一种方法: 直接采集 Access 数据库中的数据

该方法的操作过程为:

(1) 打开 Excel。

(2) 单击"数据"→"获取外部数据"→"新建数据库查询"命令,如图 4.14 所示,按照提示步骤,选择需要采集的 Access 格式的数据,即可完成数据采集工作。

图 4.14 Excel 的数据库数据采集功能

在图 4.14 的操作过程中，如果出现如图 4.15 所示的对话框，则需要根据提示，从 Office 2000 中安装这一功能。

例 4.4 把某 Access 数据库中的数据采集到 Excel 中。

图 4.15 缺少数据库数据采集功能的提示框

现有某税收征收电子数据（文件名为"税收征收.mdb"，数据表名为"征收表"），表结构见附录 A.5。现把该 Access 数据库中的数据采集到 Excel 文件中。

把 Access 数据库中的数据采集到 Excel 中的操作过程如下：

（1）在 Excel 中，单击"数据"→"获取外部数据"→"新建数据库查询"命令，如图 4.14 所示，弹出"选择数据源"对话框，如图 4.16 所示。

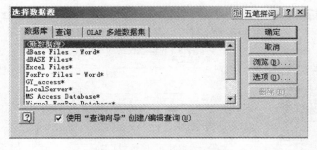

图 4.16 "选择数据源"对话框

（2）在图 4.16 中选择要访问的数据库类型，如指定"MS Access Database ＊ "，然后单击"确定"按钮，会弹出"选择数据库"对话框，如图 4.17 所示。

（3）在图 4.17 中选择文件类型和数据库名，结果如图 4.18 所示，然后单击"确定"按钮，出现如图 4.19 所示的界面。

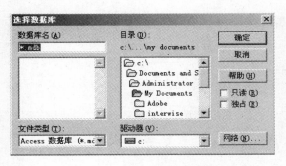

图 4.17 "选择数据库"对话框

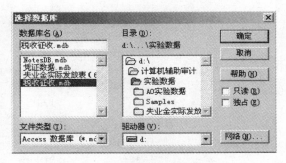

图 4.18 文件类型和数据库名选择界面

（4）在图 4.19 中选择所需的数据表和列，然后单击"下一步"按钮，出现如图 4.20 所示的界面。

（5）在图 4.20 中可以对所选择的数据设置筛选条件，然后单击"下一步"按钮，出现如图 4.21 所示的界面。

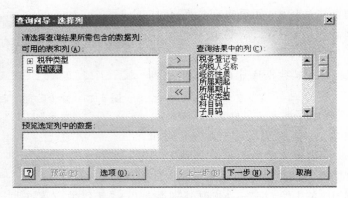

图 4.19 数据表和列选择界面

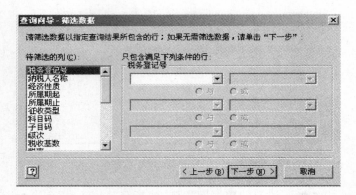

图 4.20 数据筛选条件设置界面

（6）在图 4.21 中选中"将数据返回 Microsoft Excel"单选按钮，然后单击"完成"按钮，即可把所选择的 Access 数据库中的数据采集到 Excel 中来。

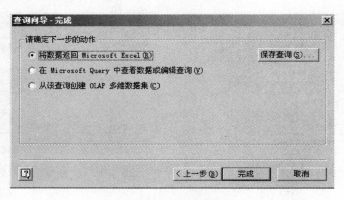

图 4.21 数据查询方式选择界面

2）第二种方法：间接采集 Access 数据库中的数据

如果直接采集 Access 数据库中的数据的方法行不可行，例如，没有安装相关组件，如图 4.15 所示，而又没有所需的安装盘，这时，可采用间接采集 Access 数据库中的数据的方

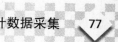

法。间接采集 Access 数据库中的数据的方法有多种,其中的两种方法分别介绍如下:

(1)打开 Access,直接把需要采集的数据表导出为 Excel 文件,如图 4.22 和图 4.23 所示。

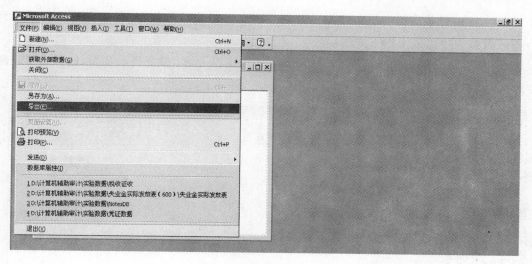

图 4.22　Access 的数据导出功能

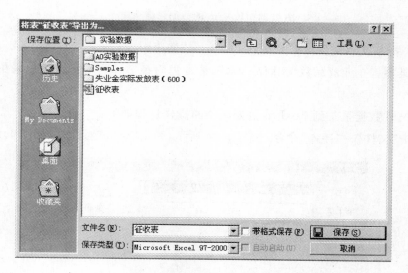

图 4.23　导出为 Excel 文件

(2)打开 Access,先把需要采集的数据表导出为文本文件,然后再在 Excel 中把文本文件采集过来。

4.3.2　采用 FoxPro 采集数据

在完成计算机辅助审计的过程中,审计人员有时会用 FoxPro 来分析被审计单位的电子数据,这时,需要把不同类型的电子数据采集到 FoxPro 数据库中来。本节通过实例介绍如何把常用类型的电子数据采集到 FoxPro 中来。

1. 采集文本文件数据

有时,被审计单位提供给审计人员的是文本文件格式的数据,把该类型的数据采集到 FoxPro 数据库中可采用以下方法:

打开 FoxPro,单击"文件"→"导入"命令,如图 4.24 所示,按照提示步骤,选择需要采集的文本文件数据,即可完成数据采集工作。

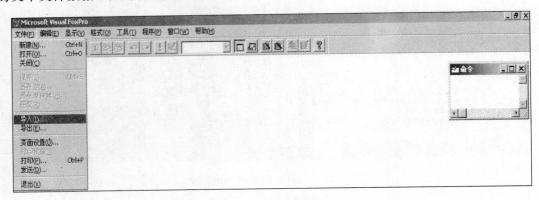

图 4.24　FoxPro 的数据采集功能

例 4.5　把某文本文件数据采集到 FoxPro 数据库中。

现有一某零售企业商品数据"商品.txt",请参见附录 A.5。请将该数据采集到 FoxPro 数据库中。

把文本文件数据采集到 FoxPro 数据库中的操作过程如下:

(1) 单击"文件"→"导入"命令,如图 4.24 所示,弹出"导入"对话框,如图 4.25 所示。

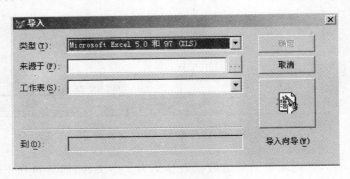

图 4.25　FoxPro 导入向导界面

(2) 在图 4.25 中单击"导入向导"按钮,出现如图 4.26 所示的界面。

(3) 根据"导入向导"的提示,便可把指定的文本文件数据采集到 FoxPro 数据库中,如图 4.27～图 4.33 所示。

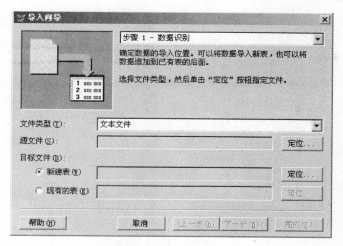

图 4.26　数据设置界面

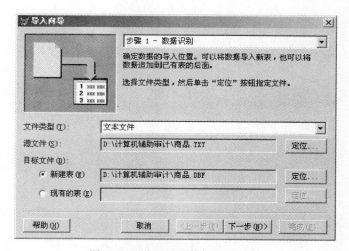

图 4.27　设置后的数据设置界面

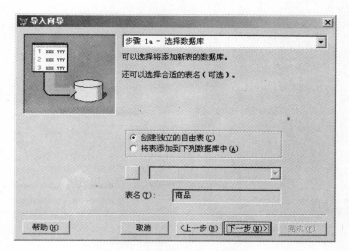

图 4.28　目标数据库设置界面

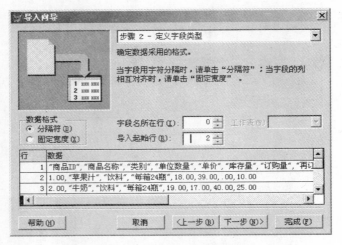

图 4.29　数据导入格式设置界面(1)

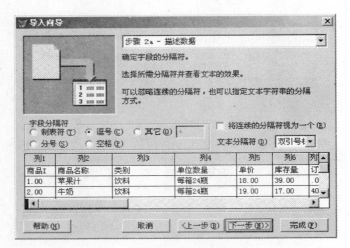

图 4.30　数据导入格式设置界面(2)

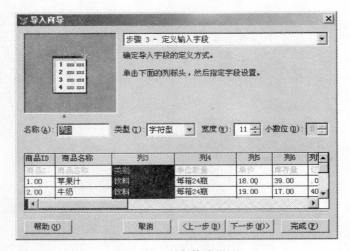

图 4.31　列名修改界面

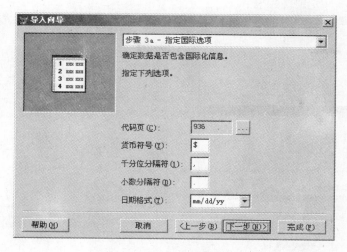

图 4.32 国际选项设置界面

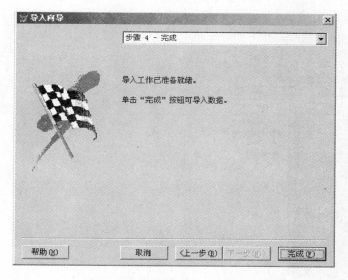

图 4.33 数据导入确认完成界面

2. 采集 Access 数据库中的数据

本节以 Access 2000 数据库为例,介绍如何把 Access 数据库中的数据采集到 FoxPro 中来。

该方法的操作过程如下:

(1) 打开 Access 2000 数据库,把需要导出的数据表导出为文本文件,如图 4.34 和图 4.35 所示。

(2) 然后打开 FoxPro,按照 4.3.2 节介绍的方法把文本文件采集到 FoxPro 中,从而完成把 Access 数据库中的数据采集到 FoxPro 中。

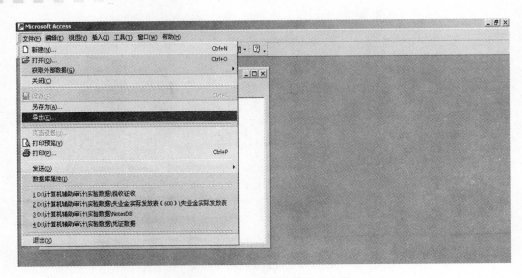

图 4.34　Access 的数据导出功能

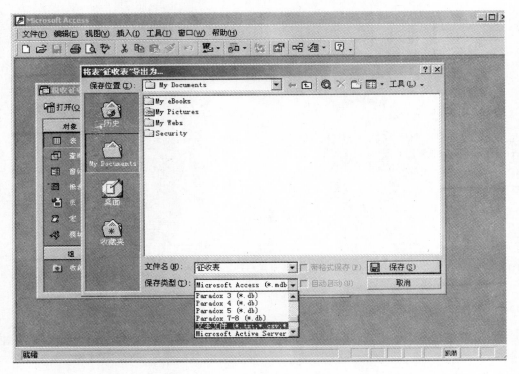

图 4.35　导出为文本文件

4.3.3　采用 Access 采集数据

在完成计算机辅助审计的过程中，审计人员有时会用 Access 来分析被审计单位的电子数据，这时，需要把不同类型的电子数据采集到 Access 数据库中来。本节通过实例介绍如何把常用类型的电子数据采集到 Access 中来。

1. 采集文本文件数据

有时,被审计单位提供给审计人员的是文本文件格式的数据,把该类型的数据采集到 Access 中可采用以下方法:

1) 第一种方法:直接打开文本文件

该方法的操作过程如下:

(1) 打开 Access。

(2) 单击"文件"→"打开"命令,如图 4.36 所示,按照提示步骤,选择需要采集的文本文件数据,即可完成审计数据采集工作。

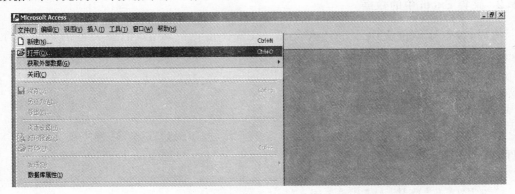

图 4.36 Access 的文件打开功能

2) 第二种方法:导入文本文件

该方法的操作过程如下:

(1) 打开 Access。

(2) 单击"文件"→"获取外部数据"→"导入"命令,如图 4.37 所示,按照提示步骤,选择需要采集的文本文件数据,即可完成审计数据采集工作。

需要指出的是,要注意图 4.37 中"导入"和"链接表"之间的区别。

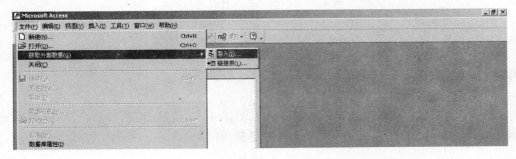

图 4.37 Access 的数据导入功能

3) 第三种方法:采用审计软件来完成

除了上述方法外,一些审计软件也提供了把文本文件数据采集到 Access 中去的数据采集功能,以"数据采集分析 2.0"软件为例,其数据采集过程说明如下:

（1）打开"数据采集分析 2.0"软件。

（2）单击"数据"→"导入文本文件"命令，如图 4.38 所示，按照提示步骤，选择需要采集的文本文件数据，即可完成数据采集工作。

图 4.38　数据采集分析 2.0 的文本文件导入功能

2. 采集 Excel 中的数据

有时，被审计单位提供给审计人员的是 Excel 格式的数据，把该类型的数据采集到 Access 中可采用以下方法。

1）第一种方法：直接打开 Excel 文件

该方法的操作过程如下：

（1）打开 Access。

（2）单击"文件"→"打开"命令，如图 4.39 所示，按照提示步骤，选择需要采集的 Excel 文件，即可完成审计数据采集工作。

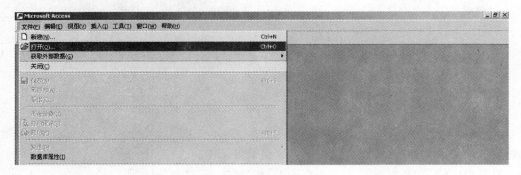

图 4.39　Access 的文件打开功能

2）第二种方法：采用审计软件来完成

除了上述方法外，一些审计软件也提供了把 Excel 中的数据采集到 Access 中去的数据采集功能，以"数据采集分析 2.0"软件为例，其数据采集过程说明如下：

（1）打开"数据采集分析 2.0"软件。

（2）单击"数据"→"导入 Excel 表格"命令，如图 4.40 所示，按照提示步骤，选择需要采集的 Excel 文件，即可把选取的 Excel 文件采集到指定的 Access 数据库中去。

3. 采集 Access 中的数据

有时，被审计单位提供给审计人员的是 Access 格式的数据，若要把该类型的部分数据采集到 Access 中，其操作过程如下：

（1）打开 Access。

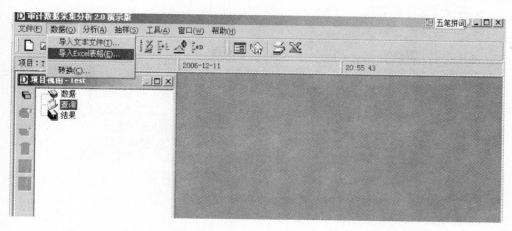

图 4.40　数据采集分析 2.0 的 Excel 数据导入功能

（2）单击"文件"→"获取外部数据"→"导入"命令，如图 4.41 所示，按照提示步骤，选择需要采集的 Access 数据库中的数据表，即可完成审计数据采集工作，如图 4.42 和图 4.43 所示。

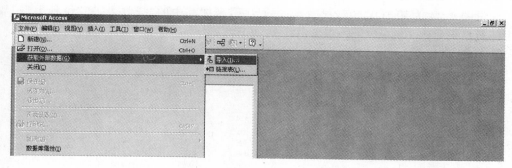

图 4.41　Access 的数据导入功能

图 4.42　选择需要采集的 Access 数据库

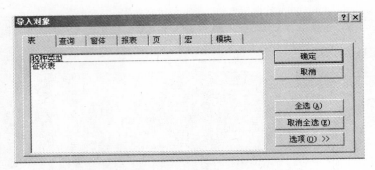

图 4.43　选择需要采集的 Access 数据表

4. 采集 SQL Server 数据库中的数据

有时,被审计单位使用的是 SQL Server 数据库系统,在完成计算机辅助审计的过程中,审计人员有时需要把 SQL Server 数据库中的数据采集到 Access 中去,下面通过一个实例来介绍如何完成这一操作。

例 4.6 采集 SQL Server 数据库中的数据。

假设图 4.44 为某 SQL Server 数据库的界面,现把其中的"征收表"和"税种类型"数据表中的数据采集到 Access 中去,其操作方法如下:

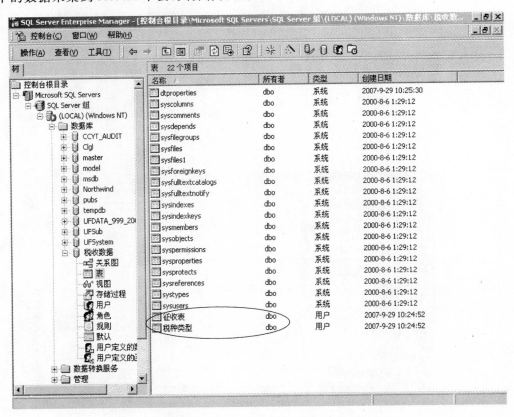

图 4.44　某 SQL Server 数据库的界面

1）第一种方法：直接采集 SQL Server 数据库中的数据

该方法的操作过程如下：

（1）打开 Access。

（2）单击"文件"→"获取外部数据"→"导入"命令，如图 4.45 所示，则出现如图 4.46 所示的界面。

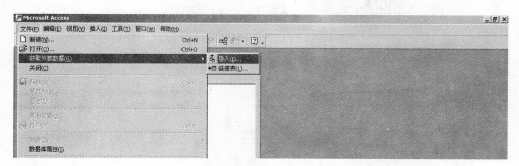

图 4.45　Access 的数据导入功能

图 4.46　导入数据源类型选择界面

（3）在图 4.46 所示的"导入"界面中，文件类型选择 ODBC Databases，弹出"选择数据源"界面，在该界面中选择"机器数据源"选项卡，如图 4.47 所示。

（4）在如图 4.47 所示的"选择数据源"界面中，如果没有所需要的数据源，则单击"新建"按钮，弹出"创建新数据源"界面，如图 4.48 所示。

（5）在如图 4.48 所示的"创建新数据源"界面中，数据源类型选择"用户数据源（只用于当前机器）"选项，单击"下一步"按钮，出现如图 4.49 所示的界面。

（6）在如图 4.49 所示的"创建新数据源"界面中，驱动程序选择 SQL Server 选项，单击"下一步"按钮，如图 4.50 所示。

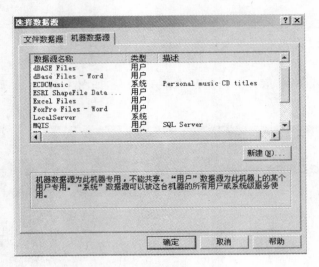

图 4.47 "机器数据源"选项卡

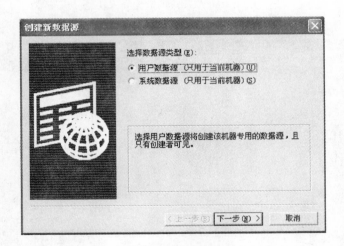

图 4.48 "创建新数据源"界面

图 4.49 驱动程序选择界面

图 4.50　创建新数据源的确认界面

　　(7) 在如图 4.50 所示的"创建新数据源"界面中,单击"完成"按钮,则弹出 SQL Server 新数据源创建的配置向导界面,如图 4.51～图 4.55 所示。

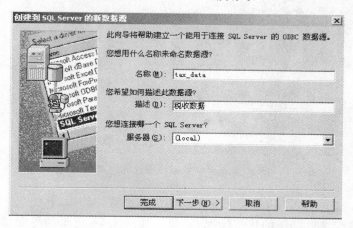

图 4.51　SQL Server 新数据源创建的配置向导界面(1)

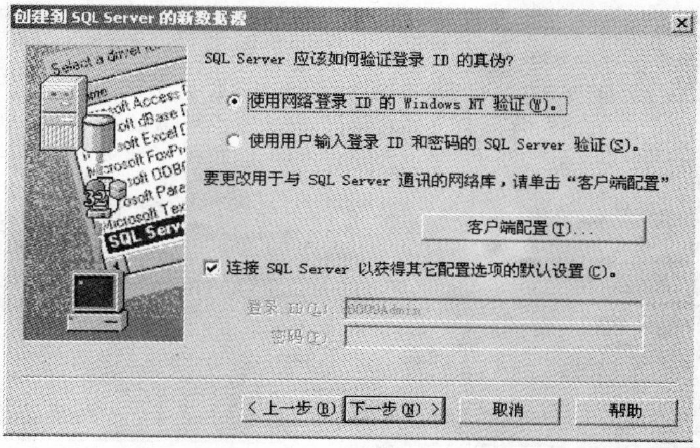

图 4.52　SQL Server 新数据源创建的配置向导界面(2)

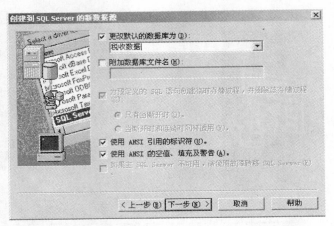

图 4.53　SQL Server 新数据源创建的配置向导界面(3)

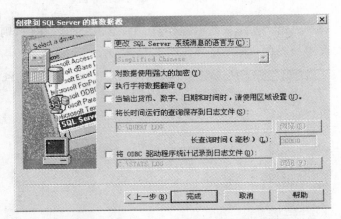

图 4.54　SQL Server 新数据源创建的配置向导界面(4)

(8) 在图 4.51～4.55 中,根据需要完成相应的设置。然后,在图 4.55 中单击"测试数据源"按钮,测试配置数据源的连接情况,若弹出如图 4.56 所示的界面,则表示连接成功;否则,需要重新设置数据源的连接。

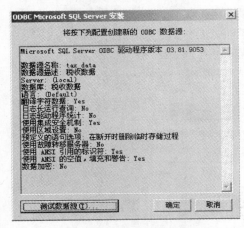

图 4.55　创建 SQL Server 新数据源的确认界面

图 4.56　SQL Server 新数据源的测试界面

（9）若测试成功，单击"确定"按钮，弹出如图 4.57 所示的界面。从图 4.57 中可以看出，所配置的新数据源已显示在界面中。

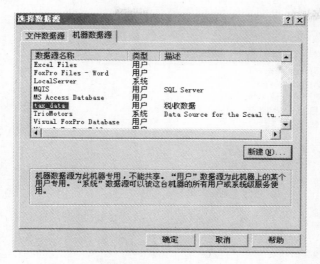

图 4.57 含有创建新数据源的"机器数据源"选项卡

（10）在图 4.57 中，选择所配置的数据源，单击"确定"按钮，则弹出"导入对象"界面，如图 4.58 所示，要连接的数据库中所有的表都显示在该界面中。

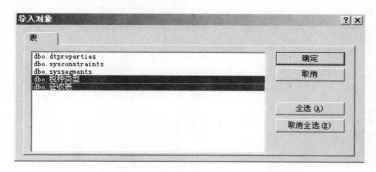

图 4.58 选择需要采集的 SQL Server 数据表

（11）在图 4.58 中，选择需要采集的数据表，然后单击"确定"按钮，则所选择的数据表都被采集到 Access 中去，如图 4.59 所示。

2）第二种方法：间接采集 SQL Server 数据库中的数据

间接采集 SQL Server 数据库中的数据是指采用 SQL Server 的数据导出功能，把 SQL Server 中的数据导出为所需格式的数据。该方法的操作过程为：

（1）调用 SQL Server 的数据导出功能，如图 4.60 所示，则出现如图 4.61 所示的界面。

（2）在图 4.61 中单击"下一步"按钮，进入 DTS 导入/导出向导，如图 4.62 所示。

（3）在图 4.62 中，选择需要导出的数据源。

（4）在图 4.63～图 4.66 中，根据向导的提示，设置目标数据库，即指明需要将此数据导出到何处。

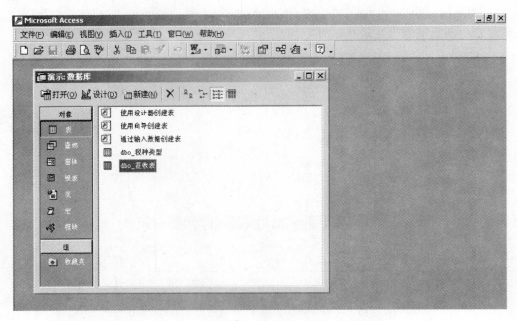

图 4.59　完成数据采集后的 Access 数据库

图 4.60　SQL Server 的数据导出功能

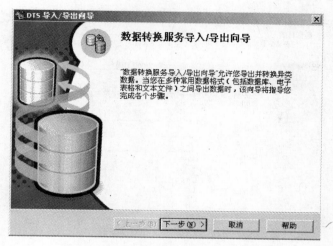

图 4.61　DTS 导入/导出向导说明界面

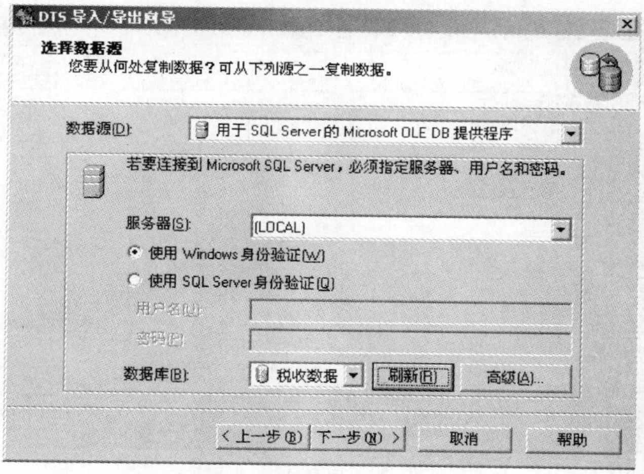

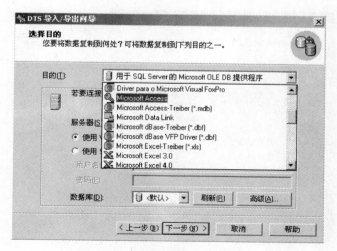

图 4.62　选择需要导出的数据源

图 4.63　选择目标数据库的类型

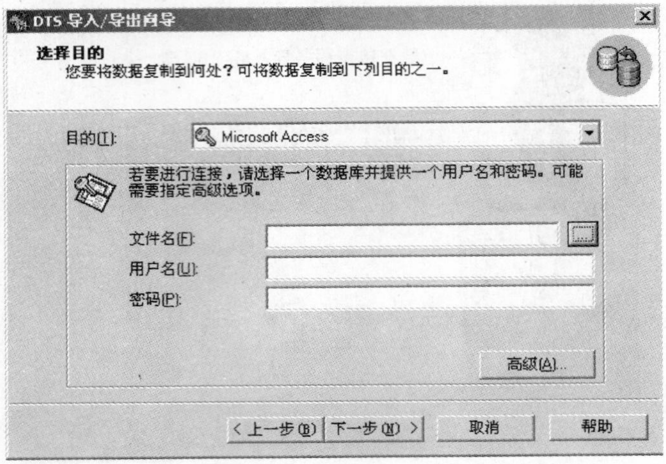

图 4.64　完成目标数据库类型的设置

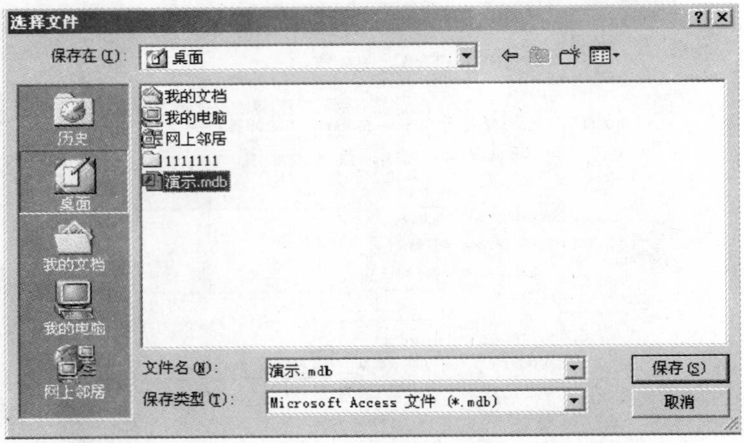

图 4.65　选择目标数据库文件

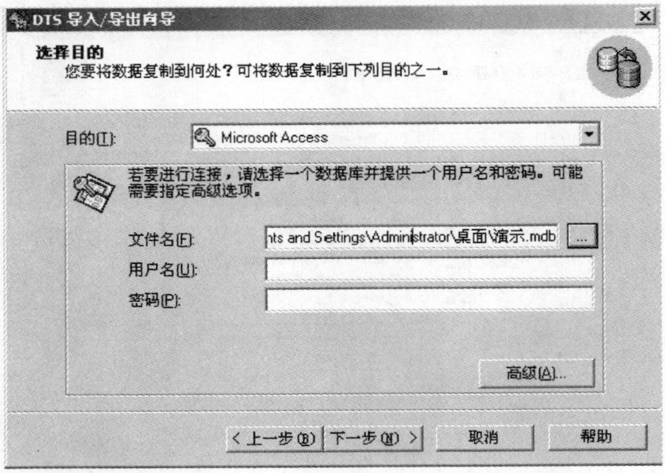

图 4.66　完成目标数据库文件的选择

（5）设置"指定表复制或查询"，即设置要导出的数据的形式是整表复制还是查询选择，如图 4.67 所示。数据采集过程中一般选择整表复制。如果需用指定导出范围，可以选择利用查询指定要采集的数据。

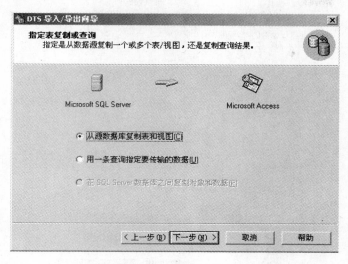

图 4.67 设定数据选择方式

（6）根据向导的提示，完成后续 DTS 的导入/导出，如图 4.68～图 4.70 所示。

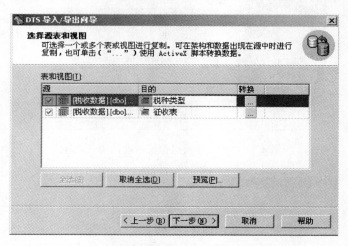

图 4.68 选择源表和视图

（7）完成数据的导出操作，如图 4.71 所示。数据导出成功与否，可以根据"状态"栏的信息进行判断。完成数据导出后的 Access 数据库如图 4.72 所示。

5. 采集 Oracle 数据库中的数据

有时，被审计单位采用的是大型数据库系统，如 Oracle 数据库系统，而审计人员一般对 Oracle 数据库不能熟练地使用，这时，可以把 Oracle 数据库中的数据采集到 Access 中去，下面通过一个实例来介绍如何完成这一操作。

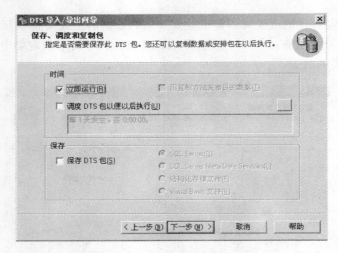

图 4.69　DTS 包的时间和保存设置

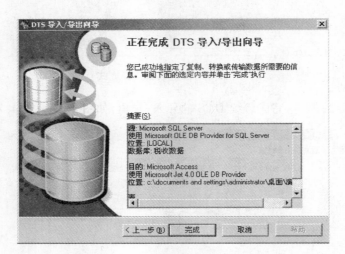

图 4.70　数据导出操作执行前的确认界面

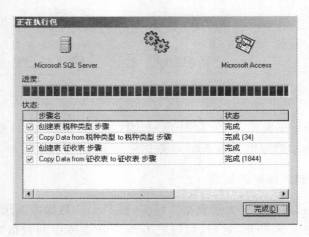

图 4.71　完成数据的导出操作

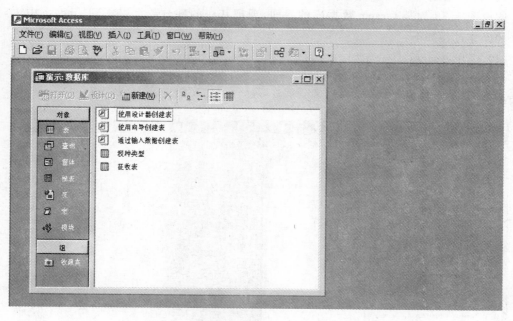

图 4.72　完成数据导出后的 Access 数据库

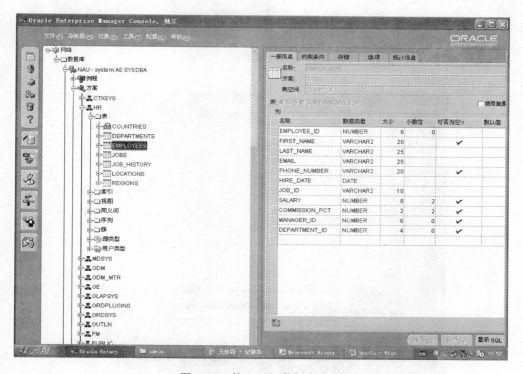

图 4.73　某 Oracle 数据库界面

例 4.7　采集 Oracle 数据库中的数据。

假设图 4.73 为某 Oracle 数据库的界面,现把其中的部分数据采集到 Access 中去,该方法的操作过程如下:

(1) 打开 Access。

(2) 单击"文件"→"获取外部数据"→"导入"命令,如图 4.74 所示,则出现如图 4.75 所示的界面。

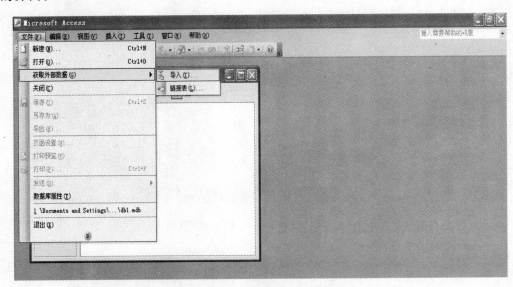

图 4.74　Access 的数据导入功能

图 4.75　导入数据源类型选择界面

（3）在图 4.75 所示的"导入"界面中,文件类型选择 ODBC Databases,弹出"选择数据源"的界面,在该界面中选择"机器数据源"选项卡,如图 4.76 所示。

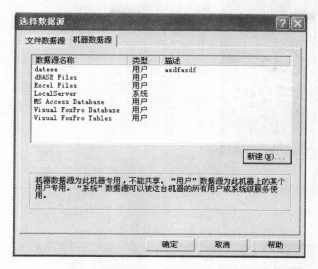

图 4.76　"机器数据源"选项卡

（4）在图 4.76 所示的"选择数据源"界面中,如果没有所需要的数据源,则单击"新建"按钮,弹出"创建新数据源"界面,如图 4.77 所示。

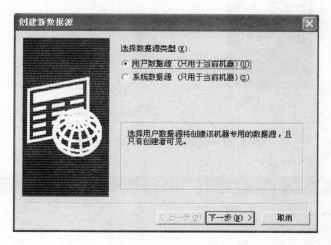

图 4.77　"创建新数据源"界面

（5）在如图 4.77 所示的"创建新数据源"界面中,数据源类型选择"用户数据源(只用于当前机器)"选项,单击"下一步"按钮,出现如图 4.78 所示的界面。

（6）在如图 4.78 所示的"创建新数据源"界面中,驱动程序选择 Oracle in OraHome92 选项,单击"下一步"按钮,如图 4.79 所示。

（7）在如图 4.79 所示的"创建新数据源"界面中,单击"完成"按钮,则弹出一配置界面,如图 4.80 所示。

图 4.78　驱动程序选择界面

图 4.79　创建新数据源的确认界面

图 4.80　Oracle 新数据源创建的配置界面

（8）在图 4.80 中，输入要配置的数据源参数，其中，Data Source Name 为所定义的数据源名称，TNS Service Name 为创建的数据源所要连接的数据库实例名称，User 为登录用户名称，单击 Test Connection 按钮，测试配置数据源的连接情况，则弹出一个测试界面，如图 4.81 所示。

（9）在图 4.81 中，输入各参数，其中，Service Name 为创建的数据源所要连接的数据库实例名称，User Name 为登录用户名称，Password 为登录用户密码，单击 OK 按钮，若弹出如图 4.82 所示的界面，则表示连接成功；否则，重新设置数据源的连接。

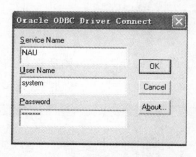

图 4.81　配置数据源连接
情况的测试

图 4.82　配置数据源连接情况的
测试结果界面

（10）若测试成功，单击"确定"按钮，则弹出如图 4.83 所示的界面。从图 4.83 中可以看出，所配置的新数据源已显示在界面中。

（11）在图 4.83 中，选择所配置的数据源，单击"确定"按钮，则弹出一个输入参数的界面，如图 4.84 所示。

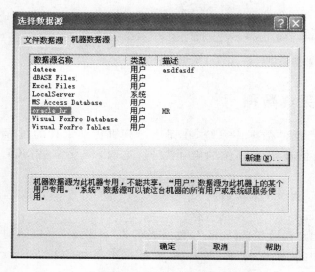

图 4.83　含有新数据源的"机器数据源"选项卡

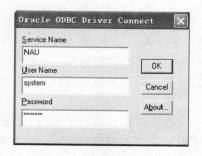

图 4.84　连接 Oracle 数据源的
参数输入界面

（12）在图 4.84 中，输入各参数，单击 OK 按钮，弹出"导入对象"界面，如图 4.85 所示，要连接的数据库实例中所有的表都显示在该界面中。

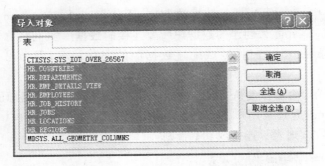

图 4.85　选择需要采集的 Oracle 数据表

(13) 在图 4.85 中,选择需要采集的数据表,然后单击"确定"按钮,则所选择的数据表都被采集到 Access 中去,如图 4.86 所示。

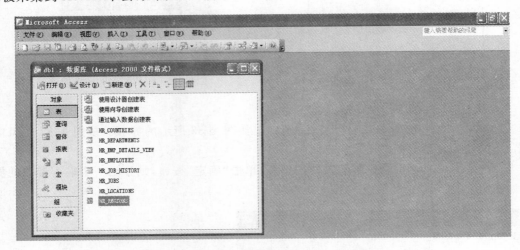

图 4.86　完成数据采集后的 Access 数据库

4.3.4　采用 SQL Server 采集数据

SQL Server 是目前应用范围非常广泛的数据库系统,在完成计算机辅助审计的过程中,审计人员有时用 SQL Server 来分析被审计单位的电子数据,这时,需要掌握 SQL Server 数据库的数据采集功能。

下面以一实例来介绍如何采用 SQL Server 采集数据。

例 4.8　采用 SQL Server 采集 Access 数据库中的数据。

现有某税收征收电子数据(文件名为"税收征收.mdb",数据表名为"征收表"),表结构见附录 A.5。现把"税收征收"数据库中的"征收表"和"税种类型"数据采集到 SQL Server 数据库中去,其操作过程为:

(1) 调用 SQL Server 的数据采集功能,如图 4.87 所示,则出现如图 4.88 所示的界面。

(2) 在图 4.88 中,单击"下一步"按钮,进入"DTS 导入/导出向导"界面。

(3) 在图 4.89~图 4.91 中,根据向导的提示,选择需要采集的 Access 数据库。

(4) 在图 4.92 中,设置目标数据库,即设置将此数据导出为何种格式。

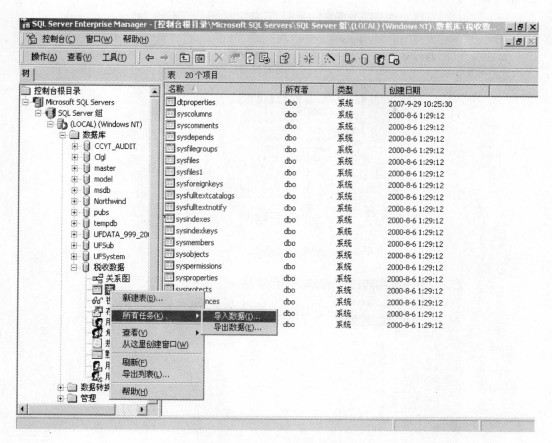

图 4.87 SQL Server 数据采集功能的调用

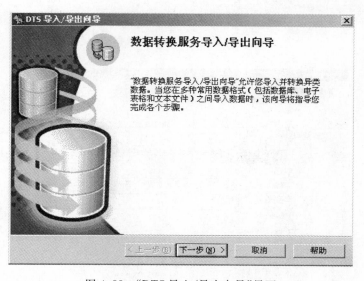

图 4.88 "DTS 导入/导出向导"界面

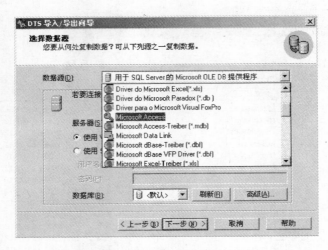

图 4.89　选择所采集数据源的类型

.图 4.90　选择所需采集的数据源

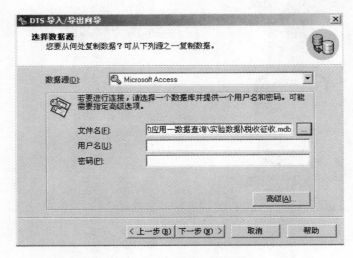

图 4.91　完成所采集数据源的选择

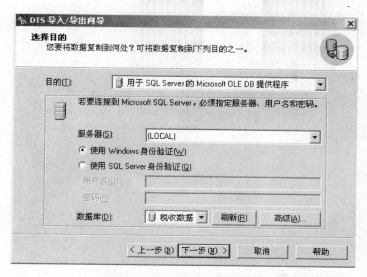

图 4.92 目标数据库的设置界面

（5）设置"指定表复制或查询"，即设置要导出的数据的形式是整表复制还是查询选择，如图 4.93 所示。数据采集过程中一般选择整表复制。如果需用指定导出范围，可以选择利用查询指定要采集的数据。

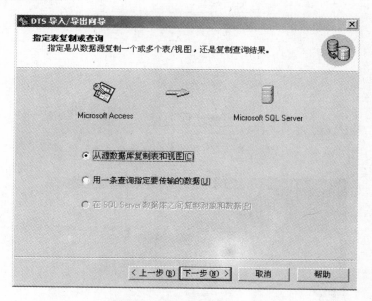

图 4.93 设置数据选择方式

（6）根据向导的提示，完成后续 DTS 的导入/导出，如图 4.94~图 4.96 所示。

（7）完成数据的采集操作，如图 4.97 所示。数据采集成功与否，可以根据"状态"栏的信息进行判断。完成数据采集后的 SQL Server 数据库如图 4.98 所示。

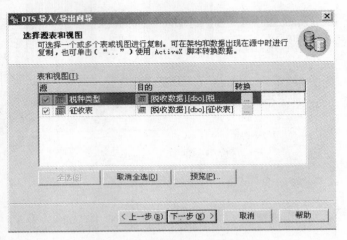

图 4.94　选择源表和视图

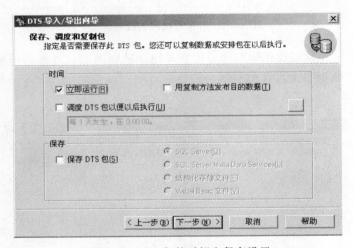

图 4.95　DTS 包的时间和保存设置

图 4.96　数据采集操作执行前的确认界面

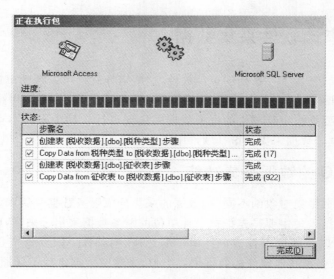

图 4.97　完成数据采集操作

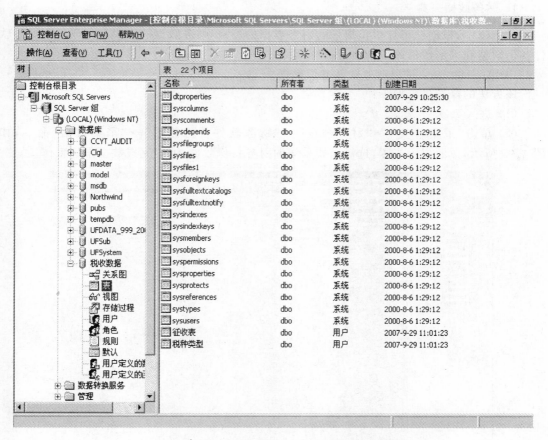

图 4.98　完成数据采集后的 SQL Server 数据库

4.4 采用审计软件采集数据

目前，国内外已开发了一系列的审计软件，这些审计软件可以帮助审计人员很方便地完成计算机辅助审计工作。在面向数据的计算机辅助审计过程中，要采用这些审计软件完成辅助审计，首先需要把被审计单位的电子数据采集到审计软件中来。本节通过实例介绍如何把常用类型的电子数据采集到审计软件中来。

4.4.1 AO 的数据采集功能

在 AO 中，根据采集对象的不同，把数据的采集分成财务数据采集和业务数据采集两部分。其中，财务数据采集主要是先把被审计单位的财务数据采集过来，然后再还原成电子账表，审计人员就可以直观地审查被审计单位的总账、明细账、凭证、资产负债表等财务数据了；而业务数据采集和其他软件的数据采集类似，采集完数据之后不还原成电子账表，而是直接对电子数据进行审计。

1. 财务数据采集

在 AO 中，根据被审计单位提供的财务数据的形式，财务数据的采集又分成采集财务软件备份数据和采集数据库中的财务数据两种方法。

1）第一种方法：采集财务软件备份数据

该方法的操作过程如下：

（1）进入 AO。

（2）单击"采集转换"→"财务数据"→"财务软件备份数据"→"采集数据"命令，如图 4.99 所示，按照提示步骤，选择需要采集的财务备份数据，即可完成数据采集工作。

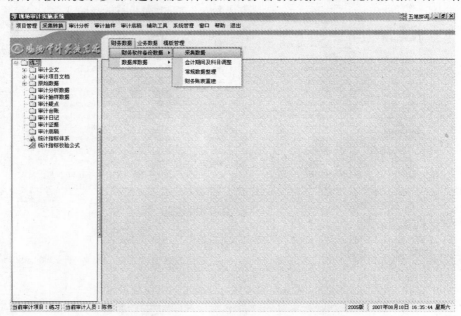

图 4.99　AO 的财务软件备份数据采集功能

例 4.9 采用 AO 采集财务备份数据。

把某财务备份数据采集到 AO 中的操作过程如下：

（1）单击"采集转换"→"财务数据"→"财务软件备份数据"→"采集数据"命令，如图 4.99 所示，出现如图 4.100 所示的界面。

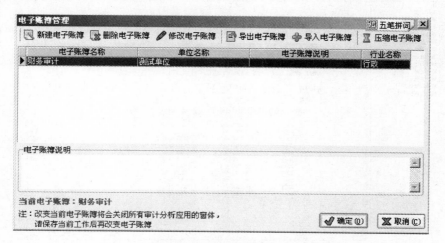

图 4.100　电子账簿设置界面

（2）在图 4.100 中设置存放采集数据的电子账簿，然后单击"确定"按钮，出现如图 4.101 所示的界面。

（3）在图 4.101 中设置相应的采集参数，如图 4.102 所示。

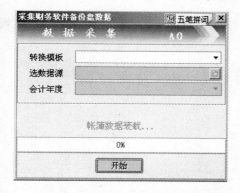

图 4.101　数据采集模板设置窗体

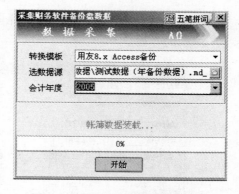

图 4.102　设置后的数据采集窗体

（4）在图 4.102 中单击"开始"按钮，出现如图 4.103 所示的界面。

（5）在完成数据导入之后，出现如图 4.104 所示的界面。

图 4.103　数据采集运行界面

图 4.104　数据导入之后的提示界面

(6) 在图 4.104 中单击"确定"按钮,出现如图 4.105 所示的界面。

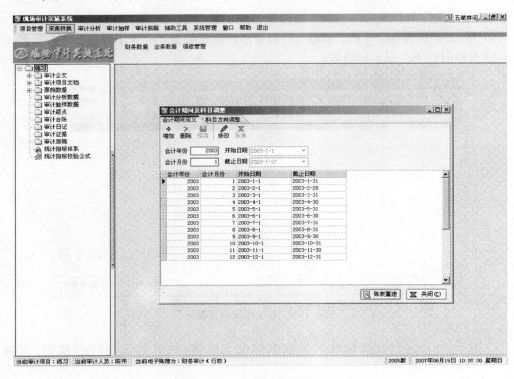

图 4.105　会计期间和科目方向调整界面

(7) 在图 4.105 中完成会计期间和科目方向调整之后,单击"账表重建"按钮,出现如图 4.106 所示的界面。

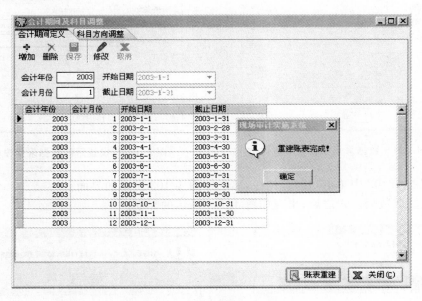

图 4.106　进行账表重建窗体

通过以上过程,便可完成财务备份数据的采集。

2) 第二种方法：采集数据库中的财务数据

该方法的操作过程如下：

(1) 进入 AO。

(2) 单击"采集转换"→"财务数据"→"数据库数据"→"采集数据"命令,如图 4.107 所示,按照提示步骤,选择需要采集的财务数据,即可完成数据采集工作。

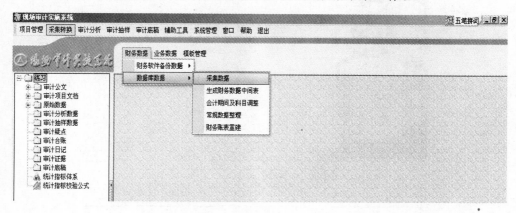

图 4.107　AO 的数据库数据采集功能

2. 业务数据采集

该方法的操作过程如下：

(1) 进入 AO。

(2) 单击"采集转换"→"业务数据"→"采集数据"命令,如图 4.108 所示,按照提示步骤,选择需要采集的业务数据,即可完成数据的采集工作。

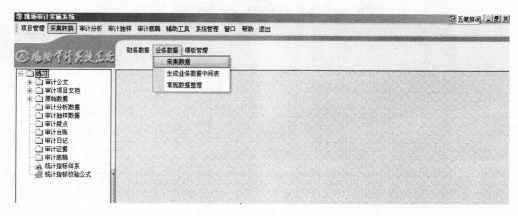

图 4.108　AO 的业务数据采集功能

例 4.10　采用 AO 采集业务数据。

现有一某零售企业商品数据"商品.txt",请参见附录 A.5。请将该数据采集到 AO 中,要求不导入订购量和再订购量。

　　把商品数据采集到 AO 中的操作过程如下：

　　(1) 单击"采集转换"→"业务数据"→"采集数据"命令，如图 4.108 所示，出现如图 4.109 所示的界面。

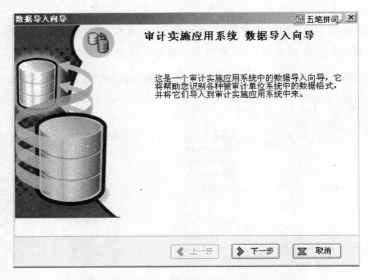

图 4.109　AO 的数据采集向导说明界面

　　(2) 在图 4.109 中，单击"下一步"按钮，出现如图 4.110 所示的界面。

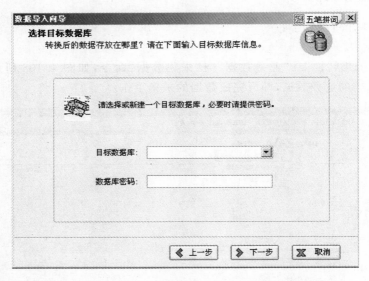

图 4.110　AO 的数据采集向导——目标数据库设置界面

　　(3) 在图 4.110 中，完成目标数据库的设置，如图 4.111 所示。

　　(4) 在图 4.111 中，单击"下一步"按钮，出现如图 4.112 所示的界面。

　　(5) 在图 4.112 中，选择(或者新建)采集的数据将要保存的位置，然后单击"确定"按钮，则出现如图 4.113 所示的界面。

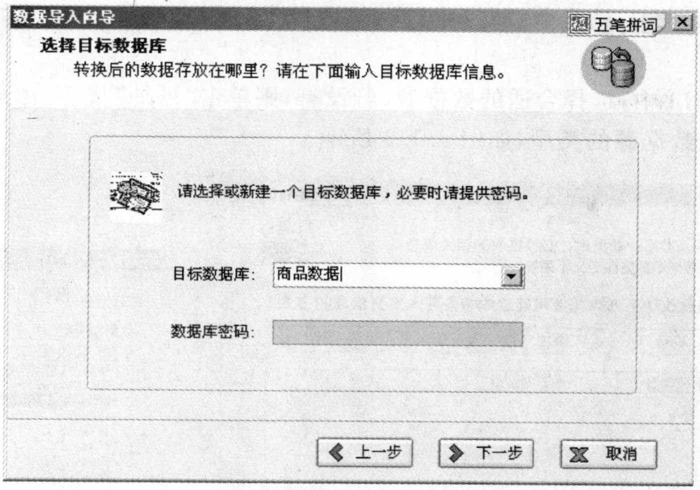

图 4.111 目标数据库的设置结果

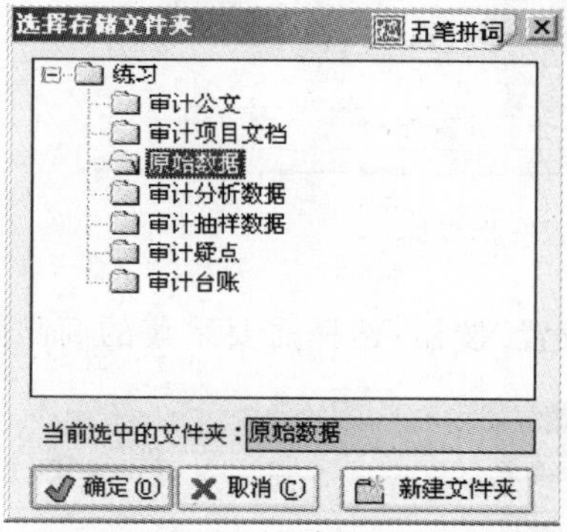

图 4.112 存储文件夹选择界面

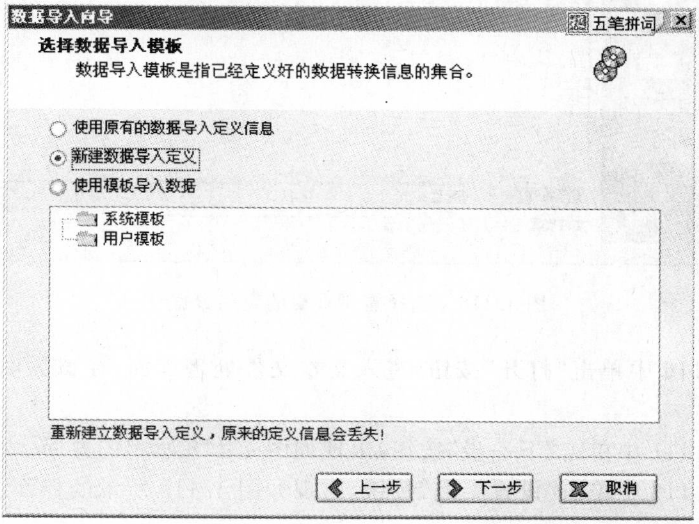

图 4.113 数据导入方式选择界面

（6）在图 4.113 中，选择数据导入方式，然后单击"下一步"按钮，出现如图 4.114 所示的界面。

（7）在图 4.114 中，选择合适的数据源，若没有，则单击"添加"按钮，出现如图 4.115 所示的界面，并选取数据源的类型，如图 4.115 所示。

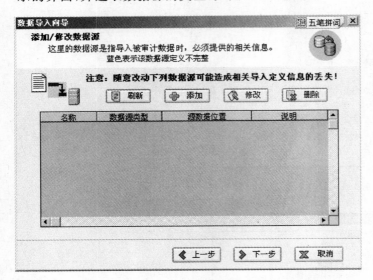

图 4.114　数据源选择界面　　　　　　　　　图 4.115　数据源定义界面

（8）在图 4.115 中单击"设置"按钮，选择需要采集的商品数据，如图 4.116 所示。

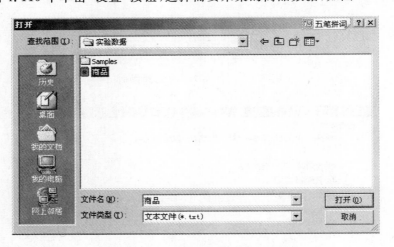

图 4.116　选择需要采集的商品数据

（9）在图 4.116 中单击"打开"按钮，进入文本文件处理界面，在该界面中进行设置，如图 4.117 所示。

（10）在图 4.117 中单击"下一步"按钮，出现如图 4.118 所示的界面。

（11）在图 4.118 中单击"设置字段"按钮，出现如图 4.119 所示的界面。

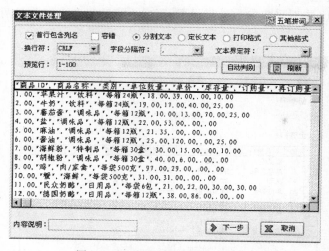

图 4.117　商品文本数据格式设置

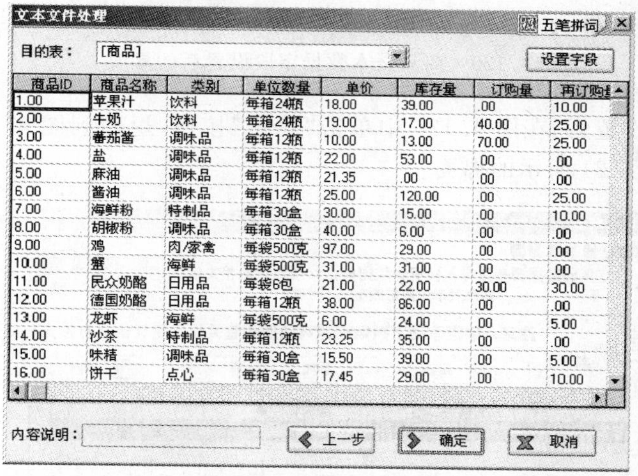

图 4.118　按设置格式转换后的商品文本数据

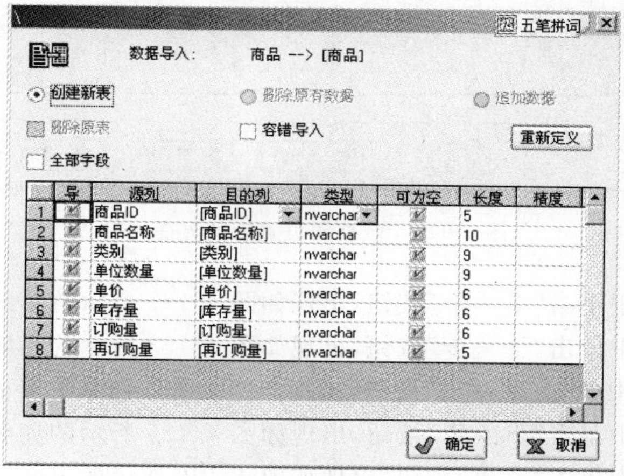

图 4.119　商品文本数据字段设置界面

(12) 在图 4.119 中对采集参数进行设置,不导入订购量和再订购量两字段,如图 4.120 所示。

图 4.120　商品文本数据字段设置后的界面

(13) 完成字段设置后,在图 4.120 中单击"确定"按钮,返回到图 4.118,然后单击"确定"按钮,出现如图 4.121 所示的界面。

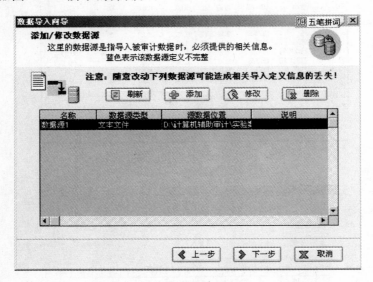

图 4.121　数据源设置后的界面

(14) 在图 4.121 中单击"下一步"按钮,出现如图 4.122 所示的界面。

(15) 在图 4.122 中单击"下一步"按钮,出现如图 4.123 所示的界面。

(16) 在图 4.123 中单击"下一步"按钮,出现如图 4.124 所示的界面。

(17) 在图 4.124 中单击"下一步"按钮,出现如图 4.125 所示的界面。

(18) 在图 4.125 中单击"完成"按钮,出现如图 4.126 所示的界面。

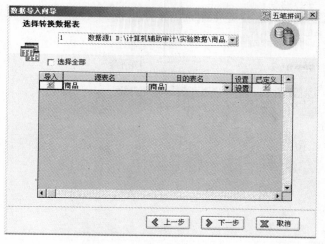

图 4.122 数据导入设置界面

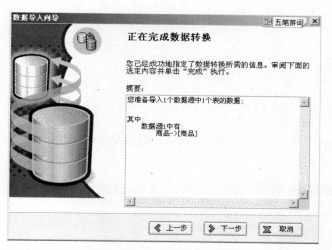

图 4.123 数据导入信息确认界面

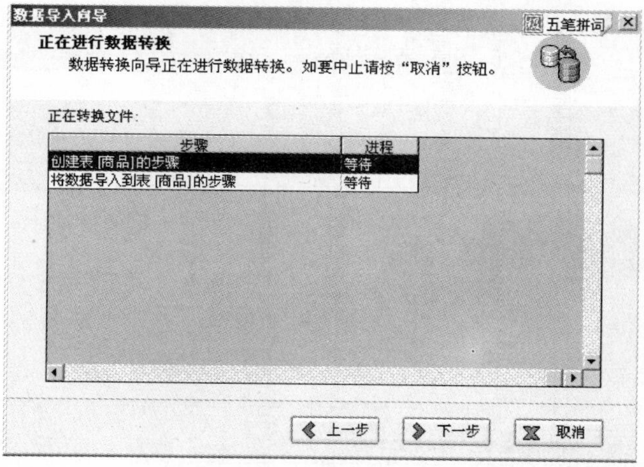

图 4.124 数据导入状况界面

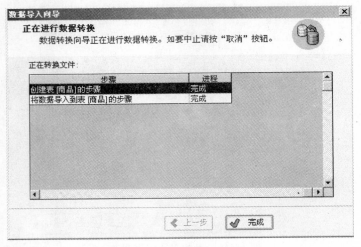

图 4.125　数据导入完成后的界面

图 4.126　是否生成数据中间表的提示界面

（19）在图 4.126 中单击"确定"按钮,则完成数据的采集。采集到的数据如图 4.127 所示的界面。

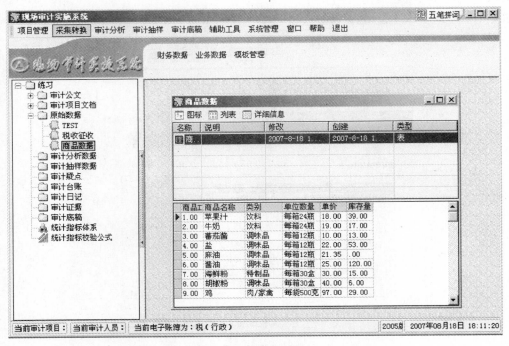

图 4.127　商品数据被采集到 AO 之后的界面

以上演示了如何把文本文件数据采集到 AO 中去,对于其他类型的被审计数据,如 Excel、Access、Foxpro 等格式的数据,在进行数据采集时,只需在图 4.128 中选择合适的数据源类型,然后按照向导提示的步骤,便可轻松完成数据采集工作。

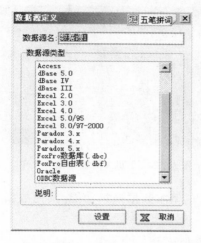

图 4.128 数据源定义界面

4.4.2 IDEA 的数据采集功能

第 3 章简单介绍了 IDEA 软件。IDEA 审计软件提供了简单、易用的数据采集工具——数据输入助理,其界面如图 4.129 所示,通过数据输入助理,可以自动识别所要采集的数据源的数据类型。另外,数据输入助理还提供了通过 ODBC 以及使用 RDE(Record Definition Edit,记录定义编辑器)工具采集数据的功能。

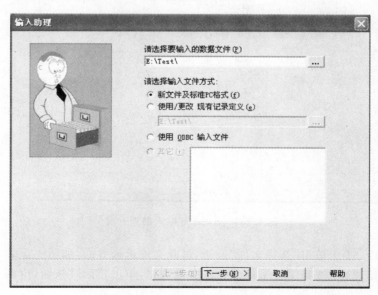

图 4.129 IDEA 的数据输入助理界面

打开 IDEA 输入助理的操作如下:

(1) 进入 IDEA。

(2) 单击"文件"→"输入助理"命令,如图 4.130 所示。

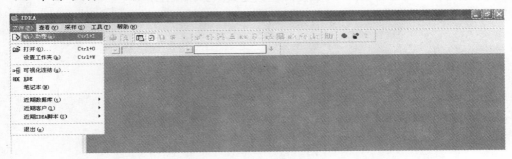

图 4.130 IDEA 的输入助理菜单

本节通过实例介绍 IDEA 的基本数据采集功能,其他数据采集功能详见 IDEA 的相关帮助文件或用户指南。

例 4.11 采集文本文件数据。

现有一某零售企业商品数据"商品.txt",请参见附录 A.5。请将该数据采集到 IDEA 中。

把商品数据采集到 IDEA 中的操作过程如下:

(1) 打开 IDEA 的输入助理,如图 4.131 所示。

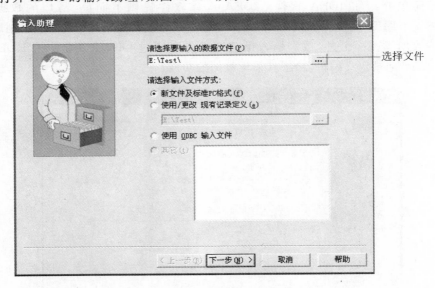

图 4.131 IDEA 的输入助理界面

(2) 在图 4.131 中单击"选择文件"按钮,打开文件选择界面,如图 4.132 所示。

(3) 在图 4.132 中选择需要采集的文本文件数据,单击"打开"按钮,出现如图 4.133 所示的界面。

(4) 在图 4.133 中单击"下一步"按钮,出现如图 4.134 所示的界面。

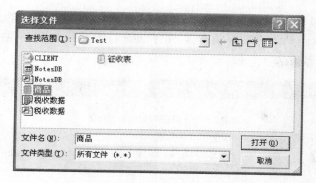

图 4.132　文件选择界面

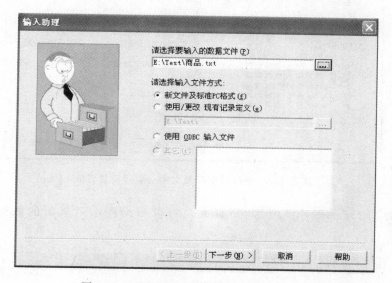

图 4.133　设置好采集数据的输入助理界面

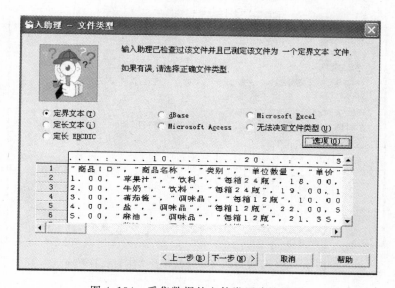

图 4.134　采集数据的文件类型确认界面

(5) 在图 4.134 中,IDEA 数据输入助理自动判断所采集的数据的类型,并在界面中显示出来,如果审计人员认为自动判断有误,可手工进行调整。然后,单击"下一步"按钮,出现如图 4.135 所示的界面。

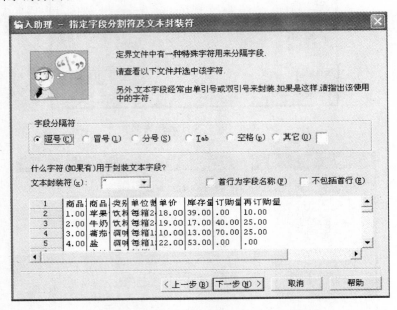

图 4.135　字段分割符及文本封装符设置界面

(6) 在图 4.136～图 4.139 中,审计人员可以根据提示对采集的数据进行调整和设置。

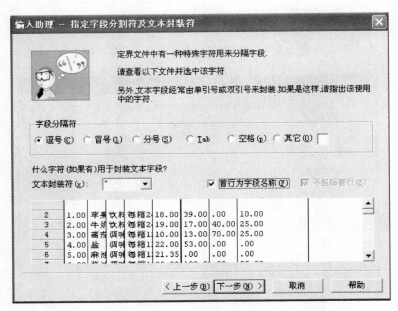

图 4.136　设置后的字段分割符及文本封装符界面

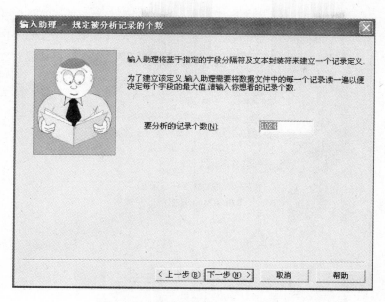

图 4.137 被分析记录个数设置界面

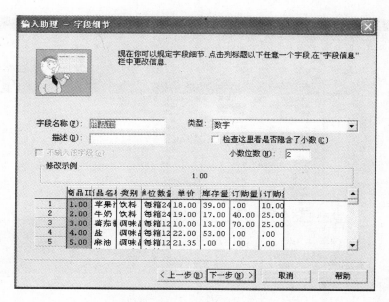

图 4.138 字段细节设置界面

（7）最后，在图 4.139 中单击"完成"按钮，便可完成商品文本文件数据的采集，如图 4.140 所示。

例 4.12 采集 Excel 中的数据。

现有一某税收征收数据"征收表.xls"，请参见附录 A.5。请将该 Excel 数据采集到 IDEA 中。

把 Excel 格式的税收征收数据采集到 IDEA 中的操作过程如下：

（1）在图 4.141 中单击"选择文件"按钮，打开选择文件界面，如图 4.142 所示。

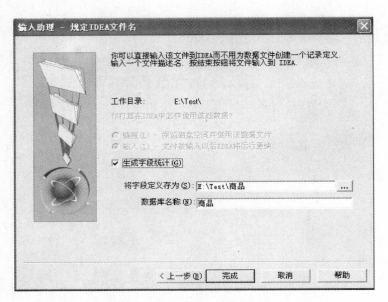

图 4.139　IDEA 文件名设置界面

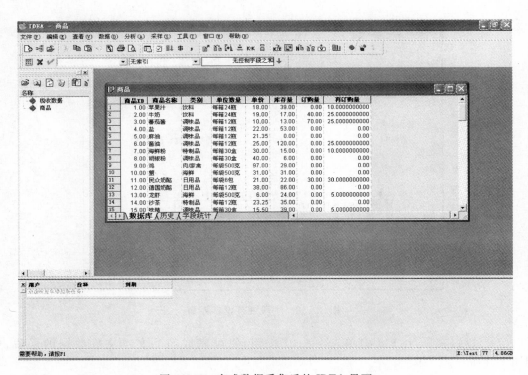

图 4.140　完成数据采集后的 IDEA 界面

(2) 在图 4.142 中选择需要采集的 Excel 格式数据,单击"打开"按钮,出现如图 4.143 所示的界面。

(3) 在图 4.143 中单击"下一步"按钮,出现如图 4.144 所示的界面。

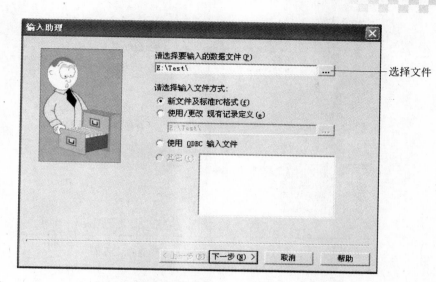

图 4.141　IDEA 的输入助理界面

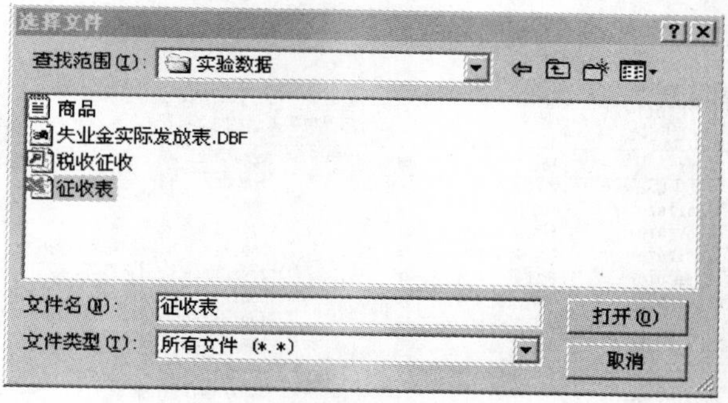

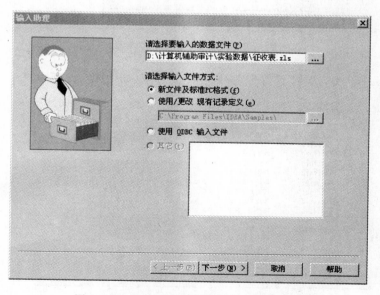

图 4.142　文件选择界面

图 4.143　设置好采集数据的输入助理界面

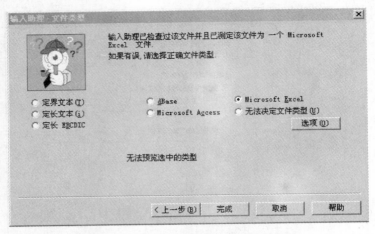

图 4.144　采集数据的文件类型确认界面

（4）在图 4.144 中，IDEA 数据输入助理自动判断所采集的数据的类型，并在界面中显示出来，如果审计人员认为自动判断有误，可手工进行调整。然后，单击"完成"按钮，出现如图 4.145 所示的界面。

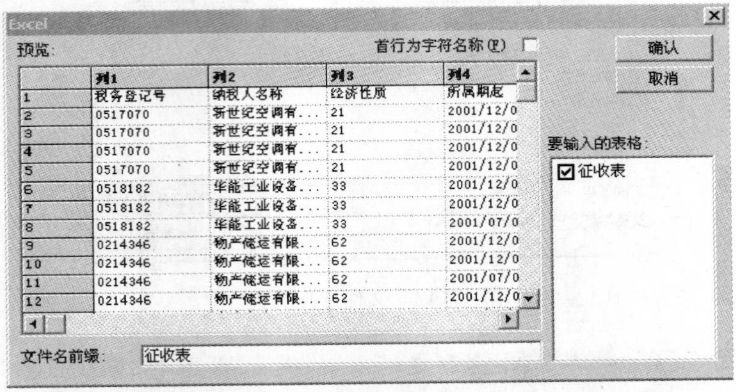

图 4.145　采集数据的预览界面

（5）在图 4.145 中，选中"首行为字符名称"复选框，如图 4.146 所示。

图 4.146　"首行为字符名称"设置后的界面

（6）最后，在图 4.146 中单击"确认"按钮，便可完成 Excel 格式数据的采集，如图 4.147 所示。

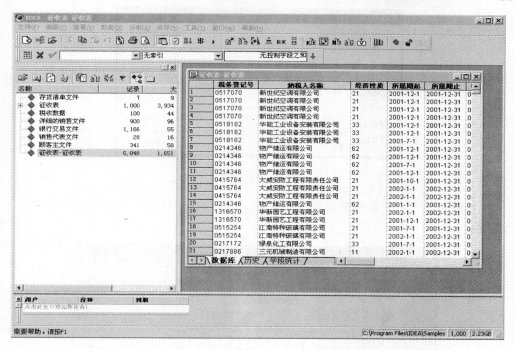

图 4.147 完成数据采集后的 IDEA 界面

例 4.13 采集 Access 数据库中的数据。

现有某税收征收电子数据（文件名为"税收征收.mdb"，数据表名为"征收表"），表结构见附录 A.5。请将该 Access 数据库"征收表"中的数据采集到 IDEA 中。

把 Access 格式的税收征收数据采集到 IDEA 中的操作过程如下：

（1）打开 IDEA 的输入助理，如图 4.148 所示。

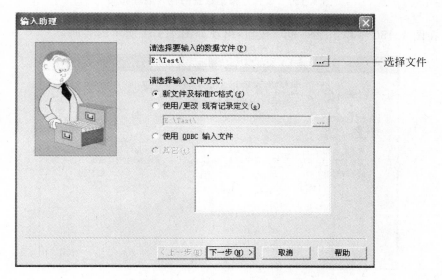

图 4.148 IDEA 的输入助理界面

(2) 在图 4.148 中单击"选择文件"按钮,打开选择文件界面,如图 4.149 所示。

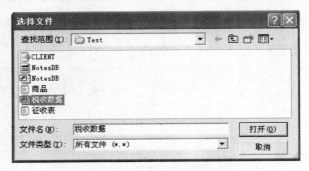

图 4.149   文件选择界面

(3) 在图 4.149 中选择需要采集的 Access 数据,单击"打开"按钮,出现如图 4.150 所示的界面。

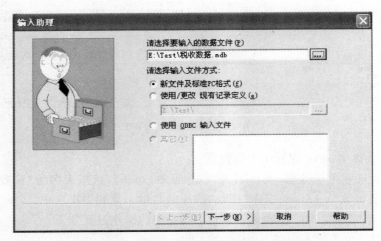

图 4.150   设置好采集数据的输入助理界面

(4) 在图 4.150 中单击"下一步"按钮,出现如图 4.151 所示的界面。

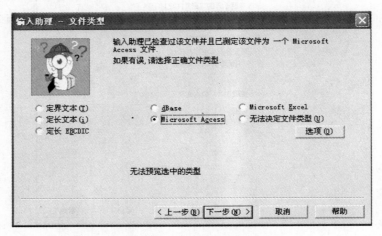

图 4.151   采集数据的文件类型确认界面

(5) 在图 4.151 中,IDEA 数据输入助理自动判断所采集的数据的类型,并在界面中显示出来,如果审计人员认为自动判断有误,可手工进行调整。单击"下一步"按钮,出现如图 4.152 所示的界面。

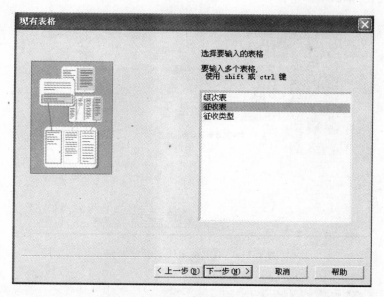

图 4.152　要采集的数据表选择界面

(6) 在图 4.152～图 4.154 中,审计人员可以根据提示对采集的数据进行选择和设置。

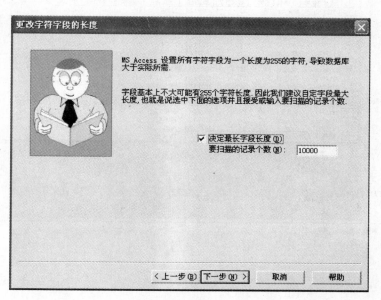

图 4.153　字段及记录设置界面

(7) 在图 4.154 中单击"完成"按钮,便可完成 Access 格式的税收征收数据的采集,如图 4.155 所示。

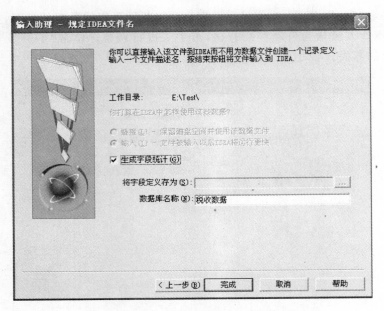

图 4.154   IDEA 文件名设置界面

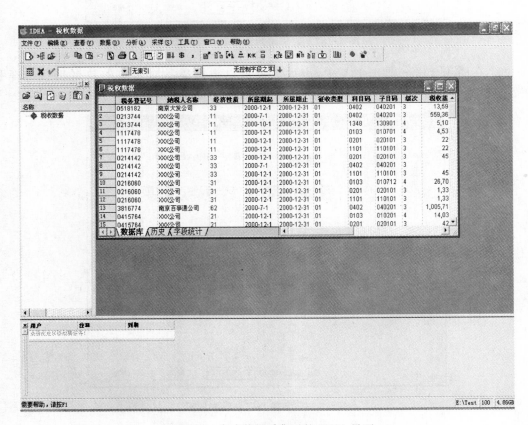

图 4.155   完成数据采集后的 IDEA 界面

例 4.14　采集 Foxpro 数据库中的数据。

现有某劳动局失业保险数据，文件名为"失业金实际发放表.dbf"，数据类型为 Foxpro 自由表，其数据表结构见附录 A.5。要求通过 ODBC 接口将该数据采集到 IDEA 中。

把失业金实际发放数据通过 ODBC 接口采集到 IDEA 中的操作过程如下：

（1）打开 IDEA 的输入助理，并选中"使用 ODBC 输入文件"单选按钮，如图 4.156 所示。

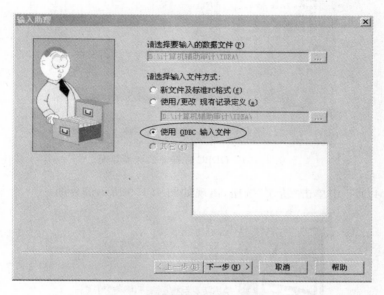

图 4.156　IDEA 的输入助理界面

（2）在图 4.156 中单击"下一步"按钮，打开 ODBC 数据源选择界面，如图 4.157 所示。

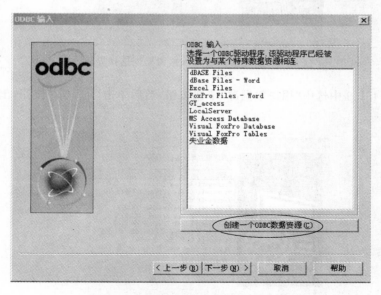

图 4.157　IDEA 的 ODBC 数据源选择界面

(3) 在图 4.157 中,如果没有所需的 ODBC 数据源,则单击"创建一个 ODBC 数据源"按钮,出现如图 4.158 所示的界面。

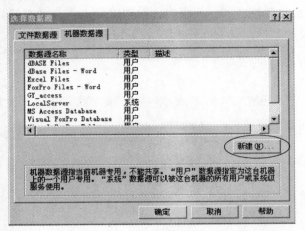

图 4.158　ODBC 数据源的选择界面

(4) 在图 4.158 中单击"新建"按钮,出现如图 4.159 所示的界面。

图 4.159　要创建新数据源类型选择界面

(5) 在图 4.159 中选中"用户数据源"单选按钮,然后单击"下一步"按钮,出现如图 4.160 所示的界面。

图 4.160　要创建新数据源的驱动程序选择界面

（6）在图4.160中选择所需的驱动程序，然后单击"下一步"按钮，出现如图4.161所示的界面。

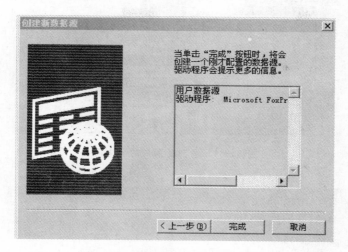

图4.161 创建新数据源的确认界面

（7）在图4.161中单击"完成"按钮，出现如图4.162所示的界面。

图4.162 被采集数据源的设置界面

（8）在图4.162～图4.168中，审计人员根据提示完成对所新建数据源的设置。

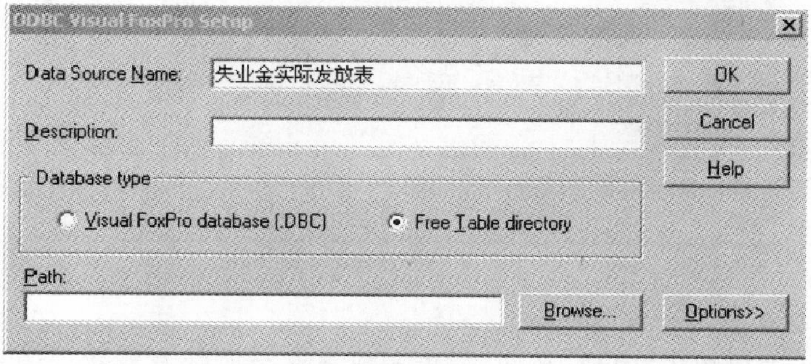

图4.163 设置被采集数据源的数据库类型

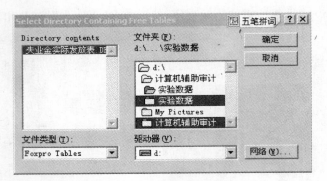

图 4.164　选择要采集的数据源

图 4.165　设置好的被采集数据源界面

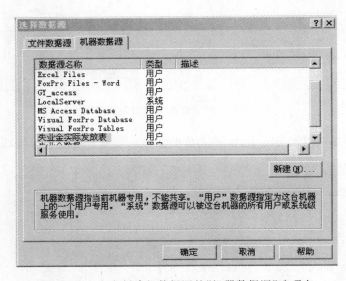

图 4.166　含有创建新数据源的"机器数据源"选项卡

（9）在图 4.168 中单击"完成"按钮，便可完成失业金实际发放数据的采集，如图 4.169 所示。

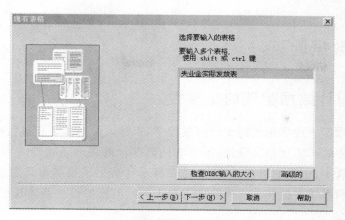

图 4.167 要采集的数据表选择界面

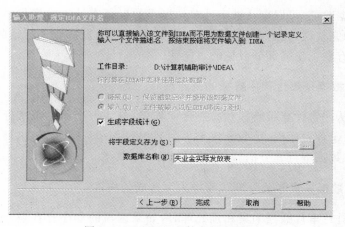

图 4.168 IDEA 文件名设置界面

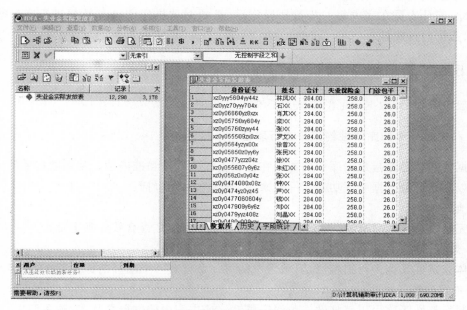

图 4.169 完成数据采集后的 IDEA 界面

4.5 审计数据验证

4.5.1 审计数据验证的重要性

在开展面向数据的计算机辅助审计的过程中，审计人员必须不断进行审计数据验证，以保证审计数据采集的真实性和完整性，以及审计数据预处理的正确性。审计数据验证不仅是确保电子数据真实、正确的重要手段，也是提高审计数据采集和审计数据预处理质量，降低审计数据采集和审计数据预处理风险的重要工具。其重要性主要体现在以下几个方面。

1. 确认所采集数据的真实性、正确性和完整性

通过审计数据验证，可以确认被审计单位提供的以及审计人员采集的原始电子数据的真实性、正确性和完整性，验证电子数据对被审计单位实际经济业务活动的真实反映程度，排除被审计单位有意识隐瞒部分数据的可能性。

2. 确认审计数据采集过程中数据的完整性

当电子数据从一台计算机转移到另一台计算机，或从一个信息系统迁移到另一个信息系统的过程中，由于种种原因，可能导致采集的数据发生遗漏。所以，审计人员完成审计数据采集后，必须对数据进行充分的验证，确认数据的完整性。

3. 减少审计数据采集和预处理过程中人为造成的失误

审计人员在进行审计数据采集和预处理时，如果编写的程序存在逻辑错误或对数据的操作不规范，都可能导致部分数据遗漏或丢失，使得随后进行的审计数据分析结果发生错误。因此，审计人员在完成每一步数据操作后，必须对被操作的电子数据进行审计数据验证，确保数据的正确性。

4.5.2 审计数据验证的方法

一般来说，审计数据验证的方法主要有以下几种。

1. 利用数据库的完整性约束来进行验证

数据的完整性是指数据库中的数据在逻辑上的一致性和准确性。利用数据库的完整性约束可以实现部分数据验证功能。一般来说，数据完整性包括：

1）域完整性

域完整性又称列完整性，指定一个数据集对某一个列是否有效并确定是否允许为空值。

2）实体完整性

实体完整性又称为行完整性，要求表中的每一个行有一个唯一的标识符（关键字）。

3）参照完整性

参照完整性又称引用完整性。参照完整性保证主表中的数据与从表（被参照表）中数据

的一致性。

2．利用数据总量和主要变量的统计指标进行验证

利用数据总量和主要变量的统计指标进行验证是一种常用的方法,内容如下:

1) 核对总记录数

审计人员在完成审计数据采集之后,首先要将采集到的电子数据的记录数与被审计单位信息系统中反映的记录数核对(有打印纸制凭证的,还要与纸制凭证数进行核对),以验证其完整性。在完成审计数据预处理和审计数据分析之后,也可以根据需要应用这一方法。

2) 核对主要变量的统计指标

审计人员在完成审计数据采集、审计数据预处理和审计数据分析之后,可以通过核对主要变量的统计指标,例如核对总金额等方法来验证数据的完整性。

3．利用业务规则进行验证

业务规则是一个系统正常处理业务活动所必须满足的一系列约束的集合。这些约束有来自系统外部的,例如国家政策和法律法规;有来自系统内部的,例如借贷记账法要求的借贷平衡,账务处理系统中各种账户之间的钩稽关系;有些约束还作为系统的控制手段,例如凭证号的连续性约束。利用这些约束可以对采集到的数据实施一定程度的验证。常用的方法如下:

1) 检查借贷是否平衡

检查借贷是否平衡是审计人员常用的一种简单有效的审计数据验证方法,它与核对总金额方法相辅相成。

2) 凭证号断号和重号验证

凭证表(交易文件)是由原始凭证向其他会计账簿、报表传递会计信息的最基础的会计数据表,所以在利用电子数据开展计算机辅助审计的过程中,必须注意保证凭证表数据的完整性。在会计信息系统中,凭证号是典型的顺序码,凭证号每月按凭证类型连续编制,不同的凭证使用不同的凭证号,凭证号中间不能有断号、空号或重号出现。因此,分析凭证表中凭证号是否连续是验证审计人员所用数据与被审计单位会计数据的一致性的一种重要核对方法。审计人员可以根据实际情况,通过编写 SQL 语句来进行凭证号断号、重号的验证工作,也可以借助一些审计软件的断号、重号分析功能来完成凭证号断号、重号的验证工作。

3) 钩稽关系

在业务和会计数据中,存在着许多钩稽关系。这些钩稽关系是进行审计数据验证的重要依据。例如在审计人员采集到的被审计单位固定资产数据表中,关于固定资产价值方面的数据一般都包括资产原值、累计折旧、资产净值字段内容,而且这 3 个字段之间存在的钩稽关系如下:

资产原值 − 累计折旧 = 资产净值

因此,审计人员在使用被审计单位的固定资产数据表之前,有必要对上述钩稽关系进行

验证。例如,可以采用以下 SQL 语句来实现验证:

```
SELECT *
FROM 固定资产表
WHERE (资产原值 - 累计折旧) < > 资产净值;
```

4．利用抽样方法进行验证

审计数据验证的另一类方法就是利用抽样的方法来完成。当数据量巨大或者前文所述的审计数据验证方法无法使用时,可以考虑利用抽样的方法。利用抽样的方法进行验证一般分为以下两种:

(1) 从被审计单位提供的纸质资料中按照抽样的规则抽取一些样本,在采集后的数据中进行匹配和验证。

(2) 从被审计单位的系统中按照抽样的规则抽取一些样本,在采集后的数据中进行匹配和验证。

4.5.3　审计数据采集阶段的审计数据验证

在审计数据采集阶段,审计数据验证主要是检查被审计单位提供的数据的真实性和完整性,保证审计数据采集工作准确有效地进行,同时对采集到的数据进行确认,排除遗漏和失误。审计数据采集阶段的审计数据验证可分成审计数据采集之前的验证和审计数据采集之后的验证两个阶段进行。

1．审计数据采集之前的验证

这一阶段审计数据验证的目的主要是确保审计所需数据的真实性、完整性,保证审计数据采集工作准确有效。在条件许可的情况下,一般进行如下验证:

(1) 验证数据库的创建日期。

(2) 验证总数据量。

(3) 验证数据内容。

(4) 验证审计数据采集接口的正确性和有效性。

(5) 记录审计数据采集前的相关参数。

2．审计数据采集之后的验证

这一阶段的审计数据验证主要是对采集到的审计数据进行确认,排除遗漏和失误,所采取的方法有两类:

1) 技术性验证

技术性验证,例如核对总记录数、核对主要变量统计指标等。

2) 业务性验证

业务性验证,例如检查借贷是否平衡、凭证号断号和重号验证等。另外,还可以从所采集数据的经济含义出发进行业务性验证,例如:

(1) 与数据采集前记录的参数进行核对。

（2）利用已有的统计指标和纸质凭证、报表进行核对分析。

（3）检查有无异常数据。

思考题

1. 什么是审计数据采集？

2. 为什么要进行审计数据验证？

3. 如何把 Oracle、SQL Server 数据库中的数据采集到审计软件 AO 中去？

第5章

审计数据预处理

5.1 概述

审计数据预处理是面向数据的计算机辅助审计中的重要一环。目前,在审计数据采集过程中常常会遇到以下问题:

(1) 审计不可能采集被审计单位的所有数据,需要整理和筛选,可能需要原始的真实的数据,也可能需要加工合成后的数据。

(2) 在采集数据时,往往来不及对被审计信息系统做详细的了解与分析,因此并不知道哪些数据重要,哪些数据不重要。通常是确定一个范围后把数据全部采集过来,再想办法加工整理。

(3) 考虑到数据的全面和丰富,以及数据采集的风险,在采集数据时一般都宁多勿缺,所以采集到的审计数据往往会有许多重复,且数据量巨大。

(4) 有些数据属性的值不确定,在采集数据时,无法得到该数据属性的值,从而造成数据不完整。

由以上内容可以看出,由于被审计单位数据来源种类繁杂,采集来的数据存在一些数据质量问题,不能满足后面审计数据分析的需要。另外,这些问题的存在将直接影响后续审计工作所得出的审计结论的准确性。因此,完成审计数据采集后,审计人员必须对从被审计单位获得的原始电子数据进行预处理,从而使其满足后面审计数据分析的需要。

5.2 审计数据预处理理论分析

5.2.1 数据质量

1. 数据质量的概念

为了更好地理解审计数据预处理的必要性,本节首先介绍数据质量的相关概念。

目前,数据质量问题已引起广泛的关注。什么是数据质量呢? 数据质量问题并不仅仅是指数据错误。有的文献把数据质量定义为数据的一致性(consistency)、正确性(correctness)、完整性(completeness)和最小性(minimality)这 4 个指标在信息系统中得到满足的程度,有的文献则把"适合使用"作为衡量数据质量的初步标准。

2. 数据质量评价指标

一般说来,评价数据质量最主要的几个指标是:

1) 准确性(Accuracy)

准确性是指数据源中实际数据值与假定正确数据值的一致程度。

2) 完整性(Completeness)

完整性是指数据源中需要数值的字段中无值缺失的程度。

3) 一致性(Consistency)

一致性是指数据源中数据对一组约束的满足程度。

4) 唯一性(Uniqueness)

唯一性是指数据源中数据记录以及编码是否唯一。

5) 适时性(Timeliness)

适时性是指在所要求的或指定的时间提供一个或多个数据项的程度。

6) 有效性(Validity)

有效性是指维护的数据足够严格以满足分类准则的接受要求。

3. 可能存在的数据质量问题

当建立一个信息系统的时候,即使进行了良好的设计和规划,也不能保证在所有情况下信息系统中数据的质量都能满足用户的要求。用户录入错误、企业合并以及企业环境随着时间的推移而改变,这些都会影响所存放数据的质量。信息系统中可能存在的数据质量问题有很多种,总结起来主要有以下几种:

1) 重复的数据

重复的数据是指在一个数据源中存在表示现实世界同一个实体的重复信息,或在多个数据源中存在现实世界同一个实体的重复信息。

2) 不完整的数据

由于录入错误等原因,字段值或记录未被记入数据库,造成信息系统数据源中应该有的字段或记录缺失。

3) 不正确的数据

由于录入错误,数据源中的数据未及时更新,或不正确的计算等,导致数据源中数据过时,或者一些数据与现实实体中字段的值不相符。

4) 无法理解的数据值

无法理解的数据值是指由于某些原因,导致数据源中的一些数据难以解释或无法解释,如伪值、多用途域、古怪的格式、密码数据等。

5) 不一致的数据

数据不一致包括了多种问题,例如,从不同数据源获得的数据很容易发生不一致;同一数据源的数据也会因位置、单位以及时间不同产生不一致。

在以上这些问题中,前3种问题在数据源中出现得最多。根据数据质量问题产生的原因,数据质量问题可分成单数据源问题和多数据源问题两个方面,其分类如图5.1所示。

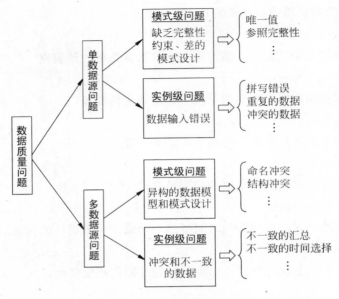

图 5.1   数据质量问题的分类

5.2.2   单数据源数据质量问题

单数据源数据质量问题可以分成模式级和实例级两类问题进行分析,如图5.1所示。一个数据源的数据质量很大程度上取决于控制这些数据的模式和完整性约束的等级。没有模式的数据源,例如文本文件数据,它对数据的输入和保存没有约束,于是出现错误和不一致的可能性就很大。因此,出现模式相关的数据质量问题是因为缺少合适的特定数据模型和特定的完整性约束,例如差的模式设计,或者因为仅定义了很少一些约束来进行完整性控制。特定实例问题相关错误和不一致,例如拼写错误,不能在模式级预防。另外,不唯一的模式级特定约束不能防止重复的实例,例如关于同一现实实体的记录可能会以不同的字段值输入两次。无论是模式级问题还是实例级问题,可以分成字段、记录、记录类型和数据源4种不同的问题范围,分别说明如下:

(1)字段——这类错误仅仅局限于单个字段的值。

(2)记录——这类错误表现在同一条记录中不同字段值之间出现的不一致。

(3)记录类型——这类错误表现在同一个数据源中不同记录之间的不一致关系。

(4)数据源——这类错误表现在数据源中的某些字段值和其他数据源中相关值的不一致关系。

4种不同情况的例子如表5.1和表5.2所示。

表 5.1 单数据源中模式级的数据质量问题

范围	问题	脏 数 据	原 因
字段	不合法值	出生日期 = 1970.13.12	值超出了域范围
记录	违反属性依赖	年龄 = 22,出生日期 = 1970.12.12	年龄 = 现在年 - 出生年
记录类型	违反唯一性	供应商 1：Name = "新疆轴承总厂"，No = "G02002"	供应商编号不唯一
		供应商 2：Name = "西安汽车修配厂"，No = "G02002"	
数据源	违反引用完整性	供应商：Name = "新疆轴承总厂"，City = "102"	编号为 102 的城市不存在

表 5.2 单数据源中实例级的数据质量问题

范围	问题	脏 数 据	原 因
字段	空值	电话号码 = (9999)999999	该值为默认值,可能数值未输入或已丢失
	拼写错误	City = "书州"	一般是数据录入错误
	含义模糊的值或缩写词	职位 = "DBProg."	不知道 "DBProg." 的意思
	多值嵌入	Name = "西安汽车修配厂 710082 西安"	一个字段中输入了多个字段的值
	字段值错位	City = "江苏"	某个字段的值输入到另一个字段中
记录	违反属性依赖	City = "南京"，Zip = 650093	城市和邮政编码之间不一致
记录类型	重复的记录	供应商 1：（"西安汽车修配厂"，"西安"，…）	由于数据输入错误,同一个供应商输入了两次
		供应商 2：（"陕西省西安市汽车修配厂"，"西安"，…）	
	冲突的值	供应商 1：（"新疆轴承总厂"，"4"，…）	同一个供应商被不同的值表示
		供应商 2：（"新疆轴承总厂"，"3"，…）	
数据源	引用错误	供应商：Name = "新疆轴承总厂"，City = "12"	编号为 12 的城市存在,但该供应商不在这个城市

5.2.3 多数据源集成时数据质量问题

当多个数据源集成时,发生在单数据源中的这些问题会更加严重。这是因为每个数据源都是为了特定应用,单独开发、部署和维护的,这就很大程度上导致数据管理系统、数据模型、模式设计和实际数据的不同。每个数据源都可能含有脏数据,多数据源中的数据可能会出现不同表示、重复、冲突等现象。

在模式级,模式设计的主要问题是命名冲突和结构冲突。命名冲突主要表现为不同的对象可能使用同一个命名,而同一对象可能使用不同的命名；结构冲突存在很多种不同的情况,一般是指在不同数据源中同一对象有不同表示,例如不同的组成结构、不同的数据类型、不同的完整性约束等。

除了模式级的冲突,很多冲突仅出现在实例级上,即数据冲突。由于不同数据源中数据的表示可能会不同,单数据源中的所有问题都可能会出现,例如重复的记录、冲突的记录等。此外,在整个数据源中,尽管有时不同的数据源中有相同的字段名和类型,仍可能存在不同的数值表示,例如对性别的描述,一个数据源中可能用"0/1"来描述,另一个数据源中可能会用"F/M"来描述,或者对一些数值的不同表示,例如一个数据源中度量单位制可能用美元,另一个数据源中可能会用欧元。此外,不同数据源中的信息可能表示在不同的聚集级别上,例如一个数据源中信息可能指的是每种产品的销售量,而另一个数据源中信息可能指的是每组产品的销售量。

5.2.4　审计数据质量问题实例

为了便于理解审计数据的数据质量问题,以采集来的某税收征收电子数据(文件名为"税收征收.mdb",数据表名为"征收表",表结构见附录 A.5)为例,其可能存在的部分数据质量问题分析如下。

1. 不完整数据

在图 5.2 中,"实纳税额"字段中存在部分空值;在图 5.3 中,最后几条记录为空记录。空值并不等同于"0",因而在进行数据分析时,不能参加如查询、筛选、汇总等数据分析,在数据分析过程中会被遗漏,所以必须对"征收表"中的空值进行处理。

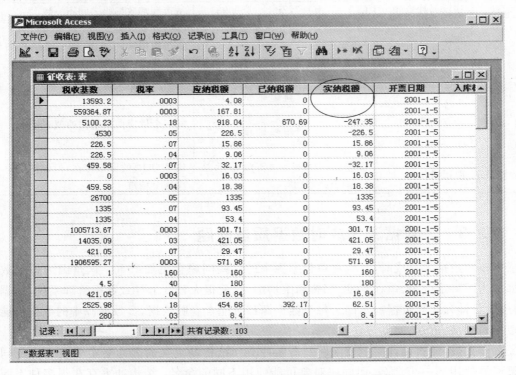

图 5.2　字段存在空值数据质量问题的税收征收数据

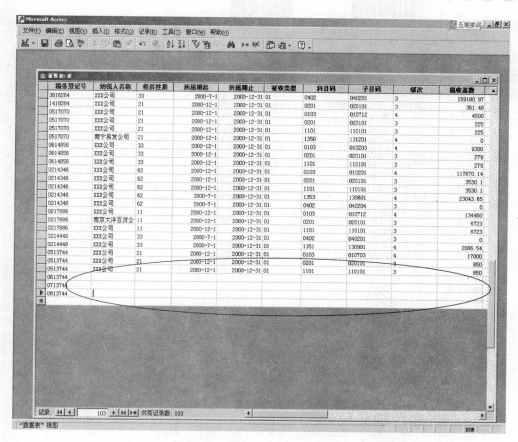

图 5.3 记录存在空值数据质量问题的税收征收数据

2. 不一致的数据

在图 5.4 中,"级次"字段中存在不一致的数据,即该字段中有的数据值为代码,有的数据值为实际的值,为方便后面的审计数据分析,需要转化成统一的格式来表示。

3. 不正确的数据

在图 5.5 中,"实纳税额"字段中有的数据值为负值,这些数据可能为错误的数值,为方便后面的审计数据分析,需要审计人员对该值进行确认,并对错误的数据值进行处理。

4. 重复的数据

在图 5.6 中,"税务登记号"为"0517070"数据存在多条,这些数据可能为重复的数据,为了保证审计数据分析结果的准确性,需要审计人员对这些重复的数据进行确认,找出造成数据重复的原因,并对重复的数据进行处理。

所属期起	所属期止	征收类型	科目码	子目码	级次	税收基数
2000-12-1	2000-12-31	01	0402	040201	3	13593.2
2000-7-1	2000-12-31	01	0402	040201	3	559364.87
2000-10-1	2000-12-31	01	1348	130901	区级	5100.23
2000-12-1	2000-12-31	01	0103	010701	区级	4530
2000-12-1	2000-12-31	01	0201	020101	3	226.5
2000-12-1	2000-12-31	01	1101	110101	3	226.5
2000-12-1	2000-12-31	01	0201	020101	3	459.58
2000-7-1	2000-12-31	01	0402	040201	3	0
2000-12-1	2000-12-31	01	1101	110101	3	459.58
2000-12-1	2000-12-31	01	0103	010712	区级	26700
2000-12-1	2000-12-31	01	0201	020101	3	1335
2000-12-1	2000-12-31	01	1101	110101	3	1335
2000-7-1	2000-12-31	01	0402	040201	3	1005713.67
2000-12-1	2000-12-31	01	0103	010201	4	14035.09
2000-12-1	2000-12-31	01	0201	020101	3	421.05
2000-7-1	2000-12-31	01	0402	040201	3	1906595.27
2001-1-1	2001-12-31	01	0701	070102	3	1
2001-1-1	2001-12-31	01	0701	070105	3	4.5
2000-12-1	2000-12-31	01	1101	110101	3	421.05
2000-10-1	2000-12-31	01	1350	130601	4	2525.98
2000-12-1	2000-12-31	01	0103	010201	4	280
2000-12-1	2000-12-31	01	0201	020101	3	8.4

图 5.4　存在不一致数据质量问题的税收征收数据

税收基数	税率	应纳税额	已纳税额	实纳税额	开
13593.2	.0003	4.08	0	4.08	
559364.87	.0003	167.81	0	167.81	
5100.23	.18	918.04	670.69	-247.35	
4530	.05	226.5	0	-226.5	
226.5	.07	15.86	0	15.86	
226.5	.04	9.06	0	9.06	
459.58	.07	32.17	0	-32.17	
0	.0003	16.03	0	16.03	
459.58	.04	18.38	0	18.38	
26700	.05	1335	0	1335	
1335	.07	93.45	0	93.45	
1335	.04	53.4	0	53.4	
1005713.67	.0003	301.71	0	301.71	
14035.09	.03	421.05	0	421.05	
421.05	.07	29.47	0	29.47	
1906595.27	.0003	571.98	0	571.98	
1	160	160	0	160	
4.5	40	180	0	180	
421.05	.04	16.84	0	16.84	

记录: 8　共有记录数: 103

"数据表" 视图

图 5.5　存在不正确数据质量问题的税收征收数据

图 5.6　存在重复数据质量问题的税收征收数据

5.2.5　审计数据预处理的意义

由以上分析可知,正是由于采集来的被审计数据中存在上述数据质量问题,所以需要对采集来的电子数据进行预处理,处理有数据质量问题的数据,为后续的审计数据分析打下基础。概括起来,进行审计数据预处理的意义如下。

1. 为下一步的审计数据分析提供准备

采集来的被审计数据不一定能完全满足审计数据分析的需要,因此,通过对有质量问题的被审计数据进行预处理,从而为后续的审计数据分析做好准备。

2. 帮助发现隐含的审计线索

通过对被审计数据进行数据预处理,可以有效地发现被审计数据中不符合数据质量的数据,但是,审计人员不能简单地把有质量问题的数据删除掉,因为这些存在质量问题的数据中可能隐藏着审计线索。需要做的是:对发现的审计数据质量问题进行分析,找出造成质量问题的原因,发现隐藏的审计线索。

3. 降低审计风险

有质量问题的被审计数据会影响审计数据分析结果的正确性,造成一定的审计风险。因此,通过对有质量问题的审计数据进行审计数据预处理,从而降低了审计风险。

5.2.6　审计数据预处理的内容

根据审计工作的实际,审计数据预处理可简单地分成数据转换和数据清理两部分内容。

1. 数据转换

简单地讲,数据转换就是把具有相同或相近意义的各种不同格式的数据转换成审计人员所需的格式相对统一的数据,或把采集到的原始数据转换成审计人员容易识别的数据格式和容易理解的名称。如名称转换、数据类型转换、代码转换等。

2. 数据清理

数据清理也称数据清洗(data cleaning,data cleansing or scrubbing),简单地讲,数据清理就是利用有关技术如数理统计、数据挖掘或预定义的清理规则等,从数据中检测和消除错误数据、不完整数据和重复数据等,从而提高数据的质量。数据清理的原理可总结为如图5.7所示。

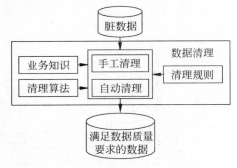

图 5.7　数据清理原理

5.3　审计数据预处理应用实例

目前,根据一般审计人员的技术能力和审计工作中的具体要求,并考虑到审计数据预处理方法的经济性和可操作性,一般进行的审计数据预处理内容包括名称转换、数据类型转换、代码转换、横向合并、纵向合并、空值处理等。例如,通过名称转换这一审计数据预处理操作,可以把采集来的数据表以及字段名称转换成直观的名称,便于审计人员的审计数据分析;同样,其他审计数据预处理也是便于审计人员的审计数据分析。虽然目前一般审计软件都提供这些审计数据预处理功能,但常用的一些数据库产品也可以完成这些功能。本节通过实例介绍如何采用通用软件 Access 以及专用审计软件 AO 来完成审计数据预处理。

5.3.1　采用 Access

本节以名称转换和空值处理为例,来介绍如何采用 Access 来完成审计数据预处理。

1. 名称转换

在多数情况下,采集来的被审计数据的命名并不直观,为了便于审计人员的数据分析,需要对数据表和字段的名称进行调整。例如,采集来的数据表名称和字段名称有时采用拼音缩写表示,这时如果将其转换成汉字表示,则便于审计人员进行审计数据分析。采用 Access 完成数据表和字段名称转换的操作如图5.8和图5.9所示。

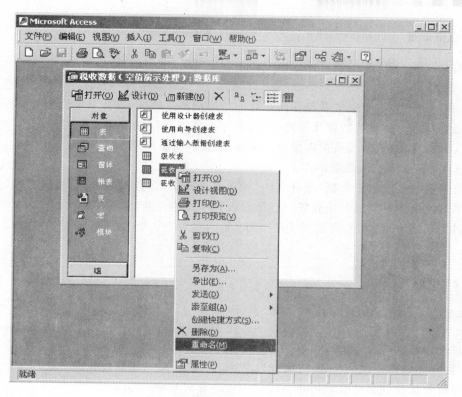

图 5.8 数据表名称转换操作实例

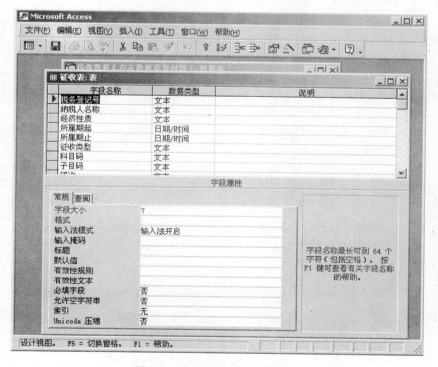

图 5.9 字段名称转换操作实例

2．空值处理

如前文所述，采集来的被审计数据中经常会出现一些"空值"，"空值"是字段的一种特殊状态，在数据库中用一个特殊的值 NULL 来表示，意味着该字段不包含任何数据，它不同于零值(0)和"空格"。由于空值参与任何运算的结果都是空值，所以会对审计数据分析带来一些不便之处，因此，在审计数据预处理阶段，审计人员需要根据实际情况对空值数据进行处理。在实际操作中，审计人员可以采用 Access 来完成空值处理。

例 5.1 某税收征收数据的空值处理。

现有某税收征收电子数据(文件名为"税收征收.mdb"，数据表名为"征收表")，表结构见附录 A.5。要求对其进行预处理，把"征收表"中"实纳税额"字段中的空值变成"0"。

通过对税收征收电子数据的分析，对"实纳税额"字段进行空值处理的 SQL 语句如下：

```
UPDATE 征收表
SET 实纳税额 = 0
WHERE 实纳税额 Is Null;
```

通过运行以上 SQL 语句，可以很容易地把"征收表"中"实纳税额"字段中的空值变成"0"。下面介绍如何采用 Access 来执行以上 SQL 语句，来完成空值处理。

假设税收征收数据已被采集到 Access 中，如图 5.10 所示。

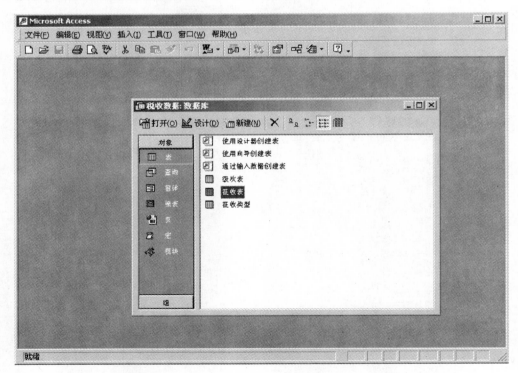

图 5.10　含有税收征收数据的 Access 数据库

完成税收征收数据中"实纳税额"字段空值处理的操作过程如下：

（1）切换到"查询"对象中，如图 5.11 所示。

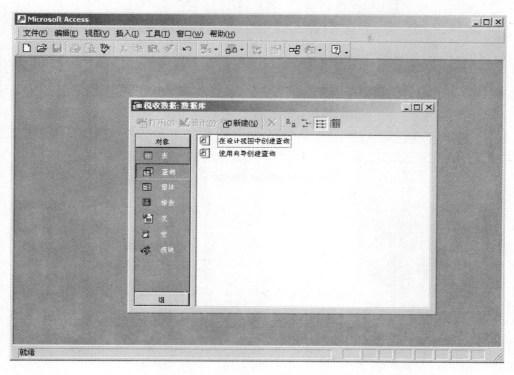

图 5.11　Access 的"查询"对象视图

（2）在图 5.11 中单击"新建"按钮，出现如图 5.12 所示的界面。

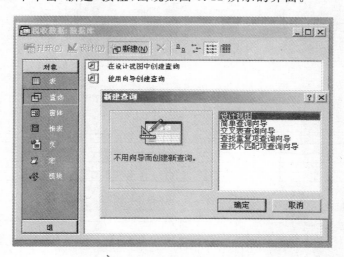

图 5.12　选择新建查询的类型

（3）在图 5.12 中选择"设计视图"选项，然后单击"确定"按钮，出现如图 5.13 所示的界面。

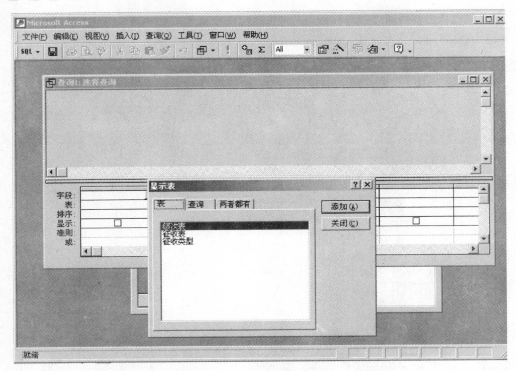

图 5.13　选择查询的对象

（4）在图 5.13 中单击"关闭"按钮，出现如图 5.14 所示的界面。

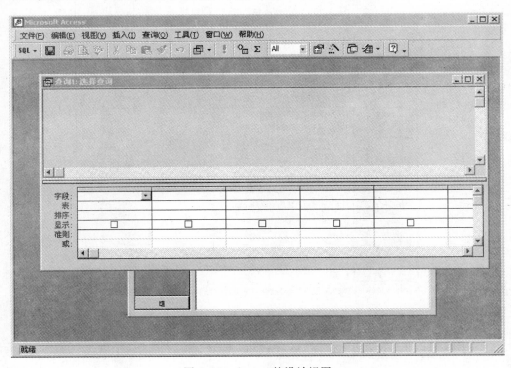

图 5.14　Access 的设计视图

（5）按图 5.15 进行操作，切换到"SQL 视图"。

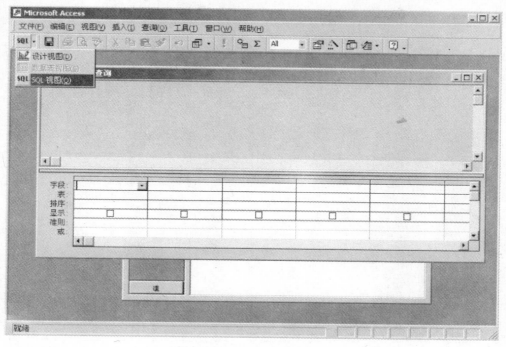

图 5.15　SQL 视图切换菜单

（6）在图 5.16 中输入相应的 SQL 语句。

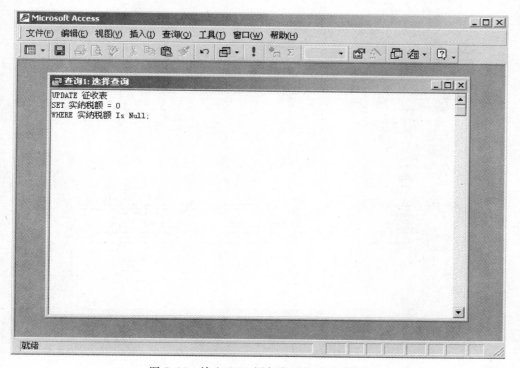

图 5.16　输入 SQL 语句之后的 SQL 视图

（7）在图 5.16 中单击运行按钮（ ），"实纳税额"字段中空值处理的结果如图 5.17 所示。

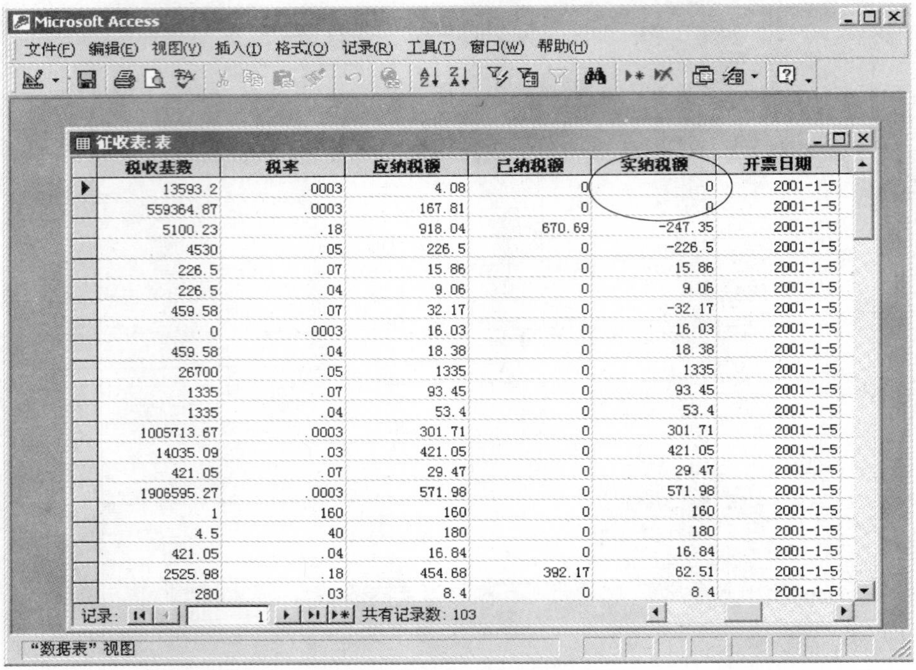

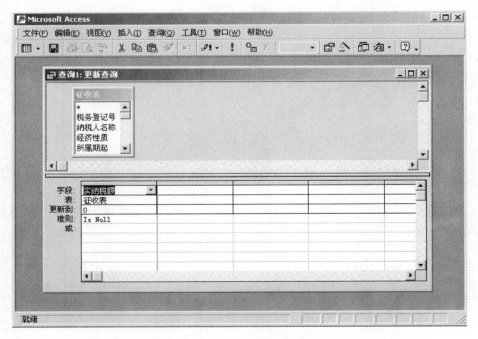

图 5.17　空值处理结果界面

如果审计人员对 SQL 语句不熟练的话，也可以在"设计视图"中选择、输入相关参数，完成空值处理，如图 5.18 所示。

图 5.18　在设计视图中设置处理条件

同理,采用 SQL 语句或数据库产品中的其他工具也可以完成其他审计数据预处理工作。

5.3.2 采用 AO

AO 中审计数据预处理有两种方式。

1. 借助生成数据中间表

借助生成数据中间表的过程来完成,其关键操作如下:

单击“采集转换”→“业务数据”→“生成业务数据中间表”命令,如图 5.19 所示,然后根据提示完成需要的数据预处理操作,如图 5.20~5.26 所示。

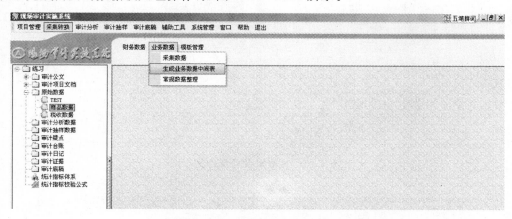

图 5.19 生成业务数据中间表的操作菜单

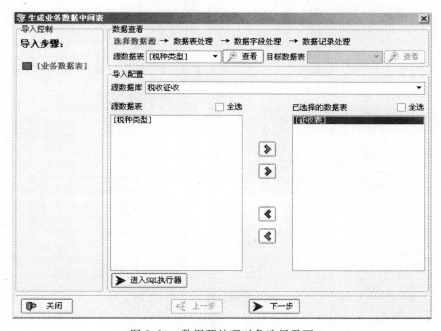

图 5.20 数据预处理对象选择界面

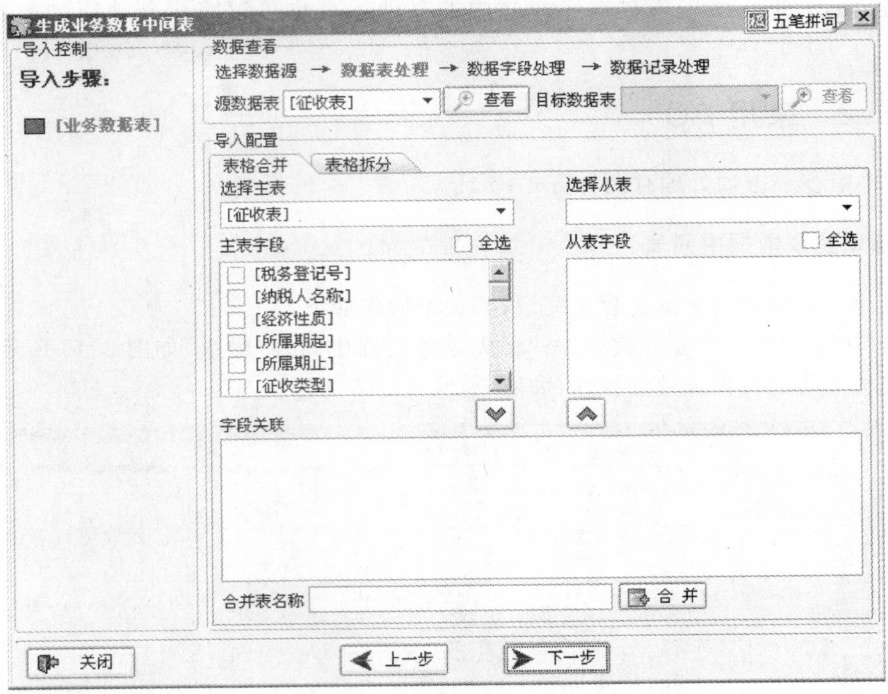

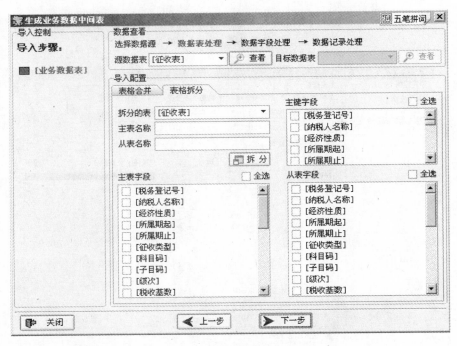

图 5.21　数据表合并操作示意图

图 5.22　数据表拆分操作示意图

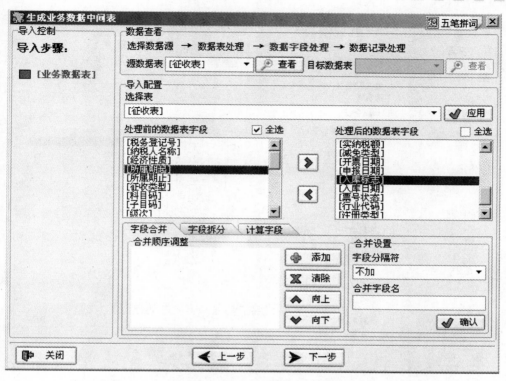

图 5.23 字段合并操作示意图

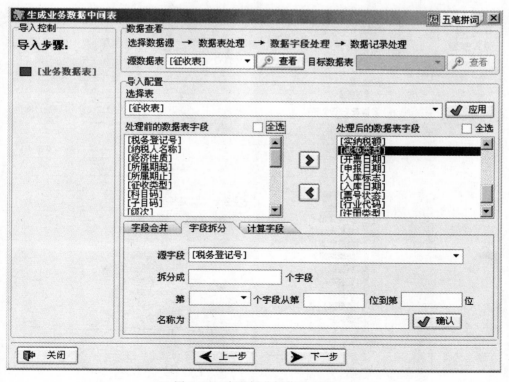

图 5.24 字段拆分操作示意图

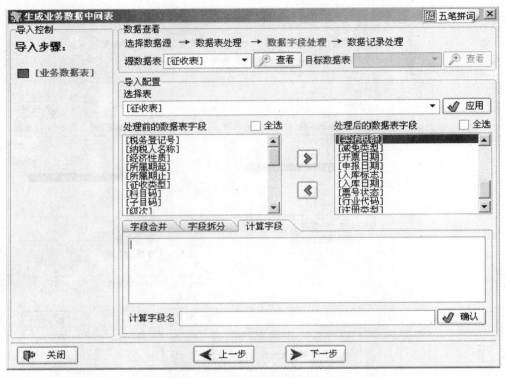

图 5.25 计算字段生成操作示意图

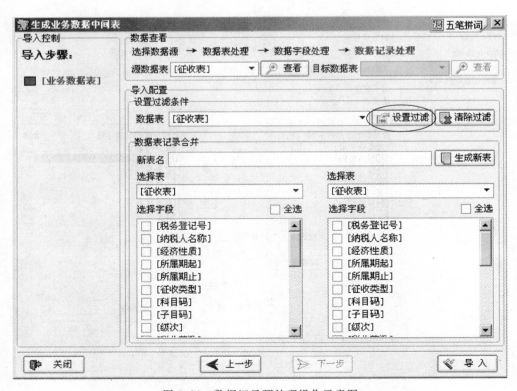

图 5.26 数据记录预处理操作示意图

在图 5.26 中单击"设置过滤"按钮,可以设置过滤条件,如图 5.27 所示。

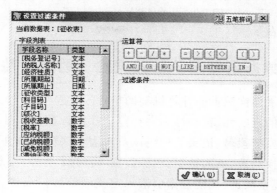

图 5.27 过滤条件设置界面

2. 采用 AO 中的常规数据整理功能

采用 AO 中的常规数据整理功能来完成,其关键操作如下:

(1) 单击"采集转换"→"业务数据"→"常规数据整理"命令,如图 5.28 所示,打开常规数据整理功能界面,如图 5.29 所示。

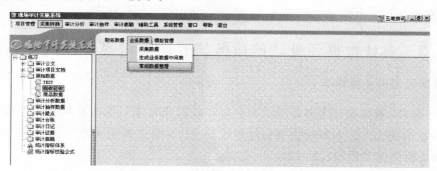

图 5.28 常规数据整理功能的操作菜单

(2) 在图 5.29 中审计人员可以按照需要对审计数据进行处理操作。

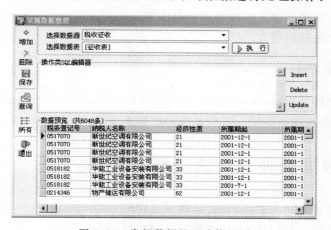

图 5.29 常规数据整理功能界面

5.4 审计数据预处理阶段的数据验证

5.4.1 审计数据预处理阶段数据验证的重要性

如前文所述,在开展面向数据的计算机辅助审计的过程中,审计人员必须不断进行数据验证,以保证电子数据的真实性、正确性和完整性。在审计数据预处理过程中,审计人员会将原始电子数据中表名、字段名、记录值代码以及表表关联的经济含义明确标识出来,这需要进行大量的查询、替换修改、插入数据、删除数据等操作;另外,要对电子数据进行修改错误值、替换空值、消除冗余数据、保证数据值落入定义域等数据操作,以提高数据质量,为下一步的审计数据分析做好准备。在审计数据预处理过程中可能存在以下问题:

(1) 目标数据模式设计不合理。

(2) 审计数据预处理方法不当。

(3) 审计数据预处理工具使用不合适。

(4) 审计数据预处理过程不规范,没有日志记录。

根据以上分析,每一步预处理工作都有可能影响到数据的完整性和正确性,所以在这一阶段进行数据验证也是很必要的。

5.4.2 审计数据预处理阶段数据验证的内容和方法

1. 数据验证的主要内容

在这一阶段,数据验证主要是确认上述审计数据预处理工作没有损害数据整体的完整性,保证数据的正确性。对审计数据预处理过程进行验证主要包含两方面内容:

1) 确认数据预处理的目标实现

为了确认审计数据预处理的目标得以实现,必须针对转换前存在的数据质量问题和转换要求逐一进行核对。

2) 确认审计数据预处理工作没有损害数据的完整性和正确性

要确认审计数据预处理工作没有损害数据的完整性和正确性,就必须确认审计数据预处理过程中没有带来新的错误。

2. 数据验证的方法

在审计数据预处理阶段,审计人员可以根据实际情况,采用核对总金额、保持借贷平衡、钩稽关系、审计抽样等数据验证方法来完成审计数据验证。

5.5 其他数据预处理方法介绍

面对海量的需要清理的审计数据,一些文献研究了一些高效自动的数据清理方法,本节对此进行简单的介绍,以供进行审计数据预处理操作时参考。

5.5.1　不完整数据清理

在采集数据时,由于无法得到一些数据属性的值,从而造成数据的不完整。为了满足审计数据分析的需要,要对数据源中的不完整数据进行清理,不完整数据清理的原理如图 5.30 所示。

不完整数据清理的主要步骤说明如下。

1. 不完整数据检测

要清理数据源中的不完整数据,首先要做的就是把数据源中的不完整数据检测出来,以便于下一步的处理,不完整数据检测就是完成这一工作。

2. 数据可用性检测

数据可用性检测是不完整数据清理过程中的一个重要步骤。如果一条记录属性值丢失得太多,或者剩余的属性值中根本就不包含关键信息,就没有必要花费精力去补全该记录。因此,要解决数据的不完整问题,判断记录的可用性非常重要。判断记录的可用性就是根据每一条记录的不完整程度以及其他因素,来决定这些记录是保留还是删除。对于记录的可用性检测,一般采用的方法是:先评估一条记录的不完整程度,也就是先计算一条数据记录中丢失属性值的字段的百分比,再考虑其他因素,例如数据记录剩余的属性值中关键信息是否存在,然后决定记录的取舍。由于当一条记录某属性取值为默认值时,意味着该属性值已丢失,所以,一般把属性值为默认值的也作为丢失值来处理。评估一条记录不完整程度的方法如下。

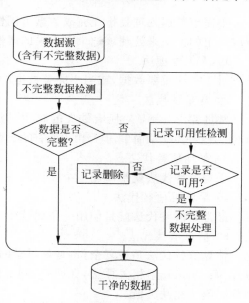

图 5.30　不完整数据清理的原理

假设一条记录可表示成:

$$R = \{a_1, a_2, \cdots, a_n\}$$

$a_1, a_2, \cdots, a_n$ 表示记录 R 的 n 个属性,$R_i(a_j)$ 表示记录 R_i 第 j 个属性 a_j 的值,$a_j(\text{default})$ 表示记录第 j 个属性 a_j 的默认值,m 表示记录 R 中属性值丢失的数目(包括属性值取默认值的字段),AMR 表示记录 R 中属性值丢失的比率,ℓ 为记录 R 中属性值丢失比率的阈值,如果:

$$\text{AMR} = \frac{m}{n} < \ell, \quad \ell \in [0, 1]$$

则表示该记录比较完整,应保留记录 R;否则,删除记录 R。

在进行不完整数据清理时,ℓ 的值由域专家根据对具体数据源的分析来确定其取值,并定义在规则库中,供系统调用。数据表中各个属性 a_j 的默认值 $a_j(\text{default})$ 也定义在规则库中,供系统计算 m 值时调用。

此外,在决定记录取舍时,除了评估每一条记录的不完整程度外,有时还需要考虑该记录中关键的属性值是否存在,关键属性要由域专家根据对具体数据源的分析来确定。如果不完整数据中关键属性值存在,即使 AMR>ℓ,也应该保留记录。需要指出的是,在删除数据时一定要慎重。

3. 不完整数据处理

不完整数据处理是指在完成数据可用性检测之后,对那些要保留的不完整数据记录,要采取一定的方法来处理该记录中丢失的属性值,一般采取以下几种处理方法:

1)人工处理法

对于一些重要数据,或当不完整数据的数据量不大时应该采用这种方法。

2)常量替代法

常量替代法就是对所有缺失的属性值用同一个常量来填充,例如用"Unknown"或"Miss Value",这种方法最简单,但是由于所有的缺失值都被当成同一个值,容易导致错误的分析结果。

3)平均值替代法

平均值替代法就是使用一个属性的平均值来填充该属性的所有缺失的值。

4)最常见值替代法

最常见值替代法就是使用一个属性中出现最多的那个值来填充该属性的所有缺失值。

5)估算值替代法

估算值替代法是最复杂,也是最科学的一种处理方法,采用这种方法处理缺失属性值的过程为:首先采用相关算法,如回归、判定树归纳等算法预测该属性缺失值的可能值,然后用预测值填充缺失值。

以上给出了常用的几种处理记录中丢失属性值的方法,至于在执行不完整数据的清理过程中采用什么样的处理方法,要根据具体的被审计数据源来确定。

5.5.2 相似重复记录清理

1. 相似重复记录清理的原理

为了减少采集到的电子数据中的冗余信息,相似重复记录清理是一项重要任务。相似重复记录是指那些客观上表示现实世界同一实体,但由于在格式、拼写上有些差异而导致数据库系统不能正确识别的记录。相似重复记录清理的原理如图 5.31 所示。

相似重复记录清理的过程可描述如下:

首先,把数据源中需要清理的数据调入到系统中来;然后,执行数据清理,记录排序模块从算法库中调用排序算法,执行记录之间的排序。在记录已排序的基础上,记录相似检测模块从算法库中调用相似检测算法,作邻近范围内记录间的相似检测,从而计算出记录间的相似度,并根据预定义的重复识别规则,来判定是否为相似重复记录。为了能检测到更多的重复记录,一次排序不够,要采用多轮排序,进行多轮比较,每轮排序采用不同的键,然后把检测到的所有相似重复记录聚类到一起,从而完

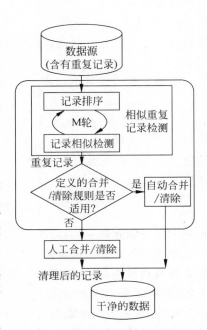

图 5.31　相似重复记录清理的原理

成相似重复记录的检测；最后，对所检测出的每一组相似重复记录根据预定义的合并/清除规则，完成相似重复记录的合并处理。

2. 相似重复记录清理的关键步骤

由图 5.31 可以看出，相似重复记录清理的关键步骤可总结为：记录排序→记录相似检测→相似重复记录合并/清除，其作用分别说明如下：

1）记录排序

为了能查找到数据源中所有的重复记录，必须比较每一个可能的记录对，如此一来，检测相似重复记录是一个很昂贵的操作。当采集的电子数据的量很大时，这会导致是一个无效和不可行的方案。为了减少记录之间的比较次数，提高检测效率，常用的方法是仅比较相互距离在一定范围的记录，即先对数据表中的记录排序，然后对邻近记录进行比较。

2）记录相似检测

记录相似检测是相似重复记录清理过程中的一个重要步骤，通过记录相似检测，可以判断两条记录是不是相似重复记录。

3）相似重复记录合并/清除

当完成相似重复记录的检测之后，对检测出的重复记录要进行处理。对于一组相似重复记录，一般有两种处理方法：

（1）把一组相似重复记录中的一条记录看成是正确的，其他记录看成是含有错误信息的重复记录。于是，任务就是删除数据库中的重复记录。在这种情况下，一些常用的处理规则是：

- 人工规则。

人工规则是指由人工从一组相似重复记录中选出一条最准确的记录保留，并把其他重复记录从数据库中删除掉，这种方法最简单。

- 随机规则。

随机规则是指从一组相似重复记录中随机地选出一条记录保留，并把其他重复记录从数据库中删除掉。

- 最新规则。

在很多情况下，最新的记录能更好地代表一组相似重复记录。例如，越接近当前日期的信息准确性可能越高，经常使用账户上的地址要比退休账户上的地址权威一些。基于这种分析，最新规则是指选择每一组相似重复记录中最新的一条记录保留，并把其他重复记录从数据库中删除掉。

- 完整规则。

完整规则是指从一组相似重复记录中选择最完整的一条记录保留，并把其他重复记录从数据库中删除掉。

- 实用规则。

因为重复率越高的信息可能越准确一些，例如，如果 3 条记录中两个供应商的电话号码是相同的，那么重复的电话号码可能是正确的。基于这种分析，实用规则是指从一组相似重复记录中选择与其他记录匹配次数最多的一条记录保留，并把其他重复记录从数据库中删除掉。

（2）把每一条相似重复记录看成是信息源的一部分。于是，目的就是合并一组重复记录，产生一个具有更完整信息的新记录。该方法一般要由人工进行处理。

思考题

1. 为什么要对被审计数据进行审计数据预处理？
2. 什么是数据质量？
3. 常见的审计数据质量问题有哪些？

第6章

审计数据分析

6.1 概述

前面介绍了审计数据采集和审计数据预处理,审计数据采集和审计数据预处理的目的是为审计数据分析做准备,通过审计数据分析,发现审计线索,获得审计证据,形成审计结论才是审计的最终目的。因此,审计的过程实质上就是不断收集、鉴定和综合运用审计证据的过程。要实现审计目标,必须收集和评价审计证据。注重选择审计证据对做好审计工作起着举足轻重的作用。

综上所述,审计数据分析的目的是为了通过对采集来的电子数据进行分析,从而获取审计证据。因此,如何对采集来的数据进行分析是审计人员面临的重要问题,本章介绍常用的审计数据分析技术。

6.2 审计证据及审计取证

6.2.1 审计证据

为了更好地理解审计数据分析的目的,现对审计证据的概念分析如下:

审计证据是指审计机关和审计人员获取的用以说明审计事项真相,形成审计结论基础的证明材料。

一般来说,审计证据有下列几种:

(1) 以书面形式存在并证明审计事项的书面证据。

(2) 以实物形式存在并证明审计事项的实物证据。

(3) 以录音录像或者计算机储存、处理的证明审计事项的视听或者电子数据资料,即电子审计证据。

(4) 与审计事项有关人员提供的口头证据。

(5) 专门机构或者专门人员的鉴定结论和勘验笔录。

(6) 其他证据。

6.2.2　电子审计证据

电子审计证据(Electronic Audit Evidence,EAE)是指任何生成的、传递的、经过处理的、记录的以及(或者)是以电子形式保存的用来支持审计报告内容的信息。这些信息仅能通过使用合适的设备和技术(例如计算机、软件、打印机、扫描仪、传感器或磁质媒体等)来获得。电子审计证据包括会计记录、原始文档、日记账和总账、支持性文件和其他任何以电子形式存在的可为审计使用的数据或信息。和传统的审计证据相比,电子审计证据具有以下特点:

(1) 电子审计证据是一种以数字形式存在,逻辑结构与信息本身相分离的信息。

(2) 信息的来源、目的地、发出和接收的日期都没有与电子文档或其他信息格式集成在一起,因此,电子审计证据的来源更加难以被确定,相关授权人员的批准以及签名本身的真实性也更加难以被确定。

纸质审计证据和电子审计证据的比较如表 6.1 所示(Lavigne 和 Émond,2002)。

表 6.1　纸质审计证据和电子审计证据的比较

	纸质审计证据	电子审计证据
原始性	证据的原始性很容易确定	仅检查电子信息很难确定其原始性
变更和修改	纸质证据的修改很容易被检查出来	仅通过检查电子信息很难发现信息的修改,信息的完整性取决于可靠的控制和安全技术
批准	纸质文档很容易确认授权人员的批准信息	仅通过检查电子信息很难确认授权人员的批准情况,需要通过使用控制和安全技术来确定
完全性	一笔交易所有相关的内容一般包含在同一个文档中	相关的内容常常包含在数据库系统的多个数据文件之中
查阅	不需要什么设备	需要各种各样的技术和设备
格式	文档的格式是完整的	电子审计证据的格式是从数据中分离的,很容易被改变
可用性和易访问性	在审计过程中,纸质审计证据在可用性和易访问性方面通常没有限制	电子数据的审计轨迹在审计的时候可能不能利用,访问数据可能很困难
签名	在纸质文档上签名和查看签名很容易	发布和查看一个可靠的电子签名需要合适的技术

为了评估收集来的、用来支持审计报告的电子审计证据的充分性和合适性,审计人员应该考虑使用这些证据所带来的特定风险。评估这些风险不能像传统环境下评估纸质文档一样,审计人员应该确保生成、处理、传输和维护电子信息的控制和技术是充分的,能够保证电子信息的可靠性。一般来说,用来评估电子信息作为审计证据是否可靠的指标如表 6.2 所示。每个指标的重要性取决于电子信息的本质和来源,以及期望使用的目的。除了评估电子审计证据的可靠性之外,审计人员还要考虑电子审计证据作为审计证据的可用性。

表 6.2   电子信息作为审计证据的可靠性评估指标

评 估 指 标	说　　明
可证明性(Authentication)	创建信息的人或物的一致性能被确认
完整性(Integrity)	完整性是确保信息被生成、处理、传输、维护和存档时,没有被故意地或意外地更改或破坏
是否授权(Authorization)	信息的准备、处理、修改、更正、发送、接收和访问等操作是由被授权的人或相关负责人来完成的
认可性(Nonrepudiation)	发送或接收一个信息的部门、个人或实体不能否认参与了信息内容的交换和批准。根据是否有电子信息的原始的、收据的、内容的不能反驳的证据,可以分成原始的认可、收据认可,或内容认可

6.2.3 审计取证

传统环境下,审计人员可以采用审阅法、复算法、盘存法、函证法、鉴定法等收集审计证据。各种审计证据可用来实现各种不同的审计目标,审计人员形成任何审计结论和意见,都必须以合理、充分的审计证据为基础。由此可见,审计证据对审计人员而言事关重大,它贯穿独立审计的全过程,是形成审计意见的依据。因此,审计人员必须注重选择审计证据,保证审计质量,以降低审计风险。

信息化环境下,审计证据的获取多是通过采用信息技术对被审计电子数据的分析来完成的,也就是说,通过对被审计数据的分析,发现可疑数据,并通过对可疑数据的审计判断,最终获取审计证据。

对于审计取证,一般可以分成以下两类:

1) 直接取证

如果审计数据分析的结果能直接发现和核实问题,审计人员可以利用有关电子数据直接取证。这就要求审计人员将被审计单位提供的原始电子数据、分析处理过程中产生的数据等妥善保存,以便作为审计资料和审计证据归档。在编制审计工作底稿时,应记录所使用的电子数据的数据库系统名称、电子数据的具体数据表名称,数据分析的详细过程等内容(使用的基础数据表名称、分析过程的描述、使用的程序语句等)。在审计底稿中还应记录问题的总体及详细情况。

由于在审计数据的采集、预处理和分析过程中难免出现人为处理错误等情况,所以,在可能的情况下,最好应先将审计数据分析的明细结果交给被审计单位,征求意见,最后经双方认定的结果确定后,便可以将分析结果具体化为纸质资料,由被审计单位签字确认,作为审计取证资料。

2) 延伸取证

如果审计数据分析的结果仅仅是揭示出了问题的线索,但不能直接发现和核实问题,则应根据线索进行延伸审计,获取审计证明材料。在延伸取证的情况下,审计组可以采取集中分析,分散调查的方式进行审计过程的组织,提高审计的广度、深度和效率。

6.3　常用审计数据分析方法

传统环境下,审计人员常用的审计方法分析如下:

1) 审阅法

审阅法主要用于对各种书面资料的检查。通过审阅法,可以对各种相关的书面资料(包括会计资料,以及其他经济信息资料及相关资料)进行审阅,从而来发现问题数据。

2) 复算法

复算法亦称验算法,是指通过对有关数据指标进行重新计算,以验证其是否正确可靠的审计技术。

3) 盘存法

盘存法是通过对财产物资的清点和计量,证实账面反映的财物是否存在,来验证有关数据是否真实的审计确认方法。

4) 函证法

函证法是审计人员根据审计的具体需要,设计出一定格式的函件寄给有关单位和人员,以证实某些问题的一种审计确认方法。

5) 鉴定法

鉴定法是指对某些审计事项检查需要的技能超出了审计人员的正常业务范围,聘请专门人员运用专门方法进行检测以获取审计证据的一种审计技术。鉴定法是一种证实问题的方法,不是审计的专门技术,却是必不可缺少的技术。鉴定法通常多用于一些涉及较多专门技术问题的领域,以及难于判别真实情况的一般审计事项。应用鉴定法的目的主要有两个:

(1) 当验证审计事项所需的证据材料超出了审计人员的职责范围时,运用鉴定技术可以取得更有效的、说服力更强的证据。

(2) 当验证审计事项需要的证据材料超出一般审计人员在正常情况下应具备的取证能力时,运用鉴定技术可以弥补审计人员的不足,获取更有效的证据。

在信息化环境下,审计的对象是电子数据,因此,审计证据的获取多是通过采用信息技术对被审计数据的分析来完成的。一般来说常用的审计数据分析方法主要包括账表分析、数据查询、审计抽样、统计分析、数值分析等,其中,数据查询的应用最为普遍。通过采用这些方法对被审计数据进行分析,可以发现审计线索,获得审计证据。本节结合实际应用的审计软件,介绍这些信息化环境下常用的审计数据分析方法。

6.3.1　账表分析

账表分析是指通过审计软件把采集来的财务备份数据还原成电子账表,然后直观地审查被审计单位的总账、明细账、凭证、资产负债表等财务数据,从而达到审计数据分析的目的。利用账表分析功能可以简单方便地审查被审计单位的记账凭证、会计账簿和报表。这样,审计人员就可以像翻看纸质账簿一样来查阅电子账。这种方法的最大好处是比较直观,审计人员不必要关心电子数据的数据结构等技术细节,而只需要按照传统的查账法进行审计就可以了,对审计人员的技术水平要求相对较低。目前,审计软件现场审计实施系统(Auditor Office,AO)中就采用了这种审计数据分析方法。以该软件为例,账表分析方法的使用如下:

(1) 进入 AO,假设财务数据已被采集到 AO 中。

(2) 单击"审计分析"→"账表分析"命令,如图 6.1 所示,选择账表分析的具体功能,便可进入如图 6.2~图 6.5 所示的科目明细账审查功能、会计科目审查功能、现金日记账审查功能、资产负债表审查功能,审计人员可对其进行直观的审查,就像翻看纸质账簿一样。

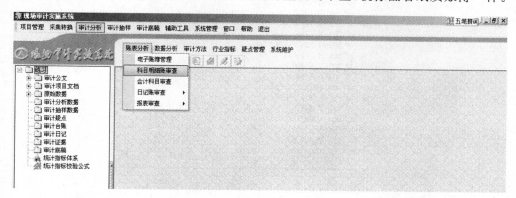

图 6.1 账表分析功能

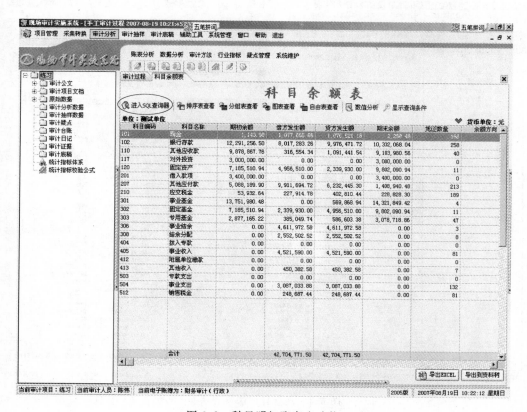

图 6.2 科目明细账审查功能

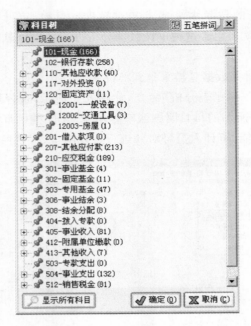

图 6.3   会计科目审查功能

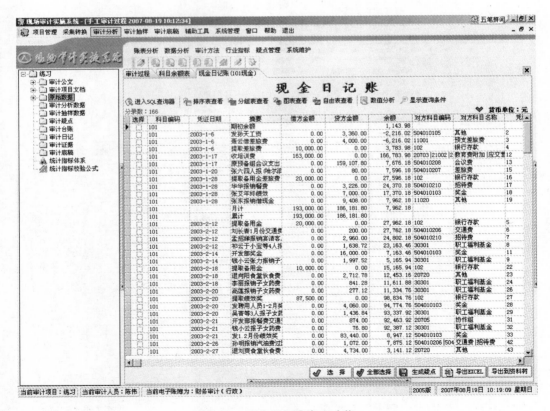

图 6.4   现金日记账审查功能

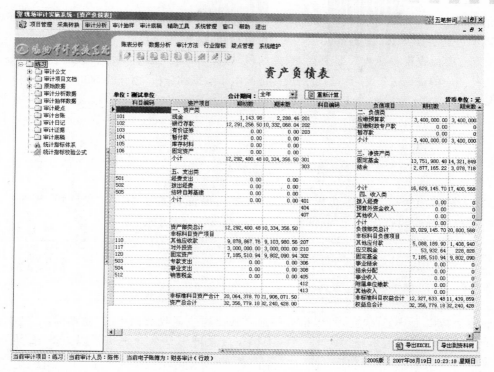

图 6.5 资产负债表审查功能

在账表分析方法中,审计人员除了直接审查电子账表外,还可以采用其他的审计数据分析方法对电子账表进行分析处理,从而更加快速地发现审计线索。特别是对于大数据量的财务数据。例如,在图 6.2 的科目明细账审查功能中,审计人员可以单击"进入 SQL 查询器"图标,借助 SQL 语句完成所需的查询。

6.3.2 数据查询

1. 数据查询方法原理

数据查询是目前面向数据的计算机辅助审计中最常用的审计数据分析方法。数据查询是指审计人员针对实际的被审计对象,根据自己的经验,按照一定的审计分析模型,在通用软件(如 MS Access)中采用 SQL 语句来分析采集来的电子数据,或采用一些审计软件通过运行各种各样的查询命令以某些预定义的格式来检测被审计单位的电子数据。这种方法既提高了审计的正确性与准确性,也使审计人员从冗长乏味的计算工作中解放出来,告别以前手工翻账的作业模式。另外,运用 SQL 语句的强大查询功能,通过构建一些复杂的 SQL 语句,可以完成模糊查询以及多表之间的交叉查询等功能,从而可以完成复杂的审计数据分析功能。

目前,多数审计软件都提供了这种审计数据分析方法。国内的审计软件有审计数据采集分析 2.0、现场审计实施系统等;国外的审计软件有 ACL、IDEA 等。

2. 数据查询方法实例:在税收征收数据分析中的应用

例 6.1 数据查询方法在税收征收数据分析中的应用。

现有某税收征收电子数据(文件名为"税收征收.mdb",数据表名为"征收表"),表结构见附录 A.5。假定所有纳税人税款滞纳天数超过 10 天均属超期滞纳,请对提供的税收征收电子数据进行分析处理,检查征收表中有无"负纳税"数据和"超期滞纳"数据。

　　分析:要检查税收征收数据中有无"负纳税"数据和"超期滞纳"数据,只需在某一分析工具中执行相应的查询语句即可。通过对税收征收电子数据的分析,相应的 SQL 语句分别如下:

　　检查税收征收数据中有无"负纳税"数据,其 SQL 语句如下:

```
SELECT      *
FROM      征收表
WHERE     实纳税额 < 0;
```

　　通过运行以上 SQL 语句,可以很容易地查找出税收征收数据中的"负纳税"数据。

　　检查税收征收数据中有无"超期滞纳"数据,其 SQL 语句如下:

```
SELECT    *
FROM     征收表
WHERE    滞纳天数 > 10;
```

　　通过运行以上 SQL 语句,可以很容易地查找出税收征收数据中的"超期滞纳"数据。

　　下面分别介绍如何采用 Access、AO、IDEA 这 3 种工具来分别执行以上 SQL 语句,获得相应的查询结果。

　　1) 方法一:采用 Access 作为分析工具

　　假设税收征收数据已被采集到 Access 中,查找出税收征收数据中"负纳税"数据的操作过程为:

　　(1) 采用第 5 章介绍的方法,切换到 Access 的"SQL 视图",在"SQL 视图"中输入相应的 SQL 语句,如图 6.6 所示。

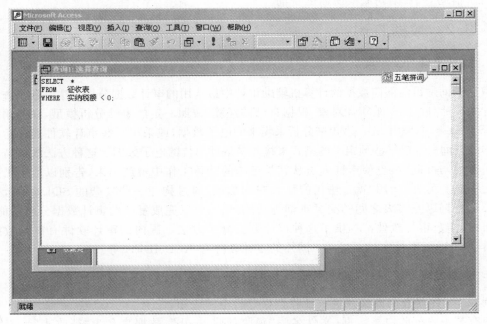

图 6.6　输入 SQL 语句之后的 SQL 视图

（2）在图 6.6 中单击运行按钮（ ），便可得到审计人员所要查找的"负纳税"数据，其查询结果如图 6.7 所示。

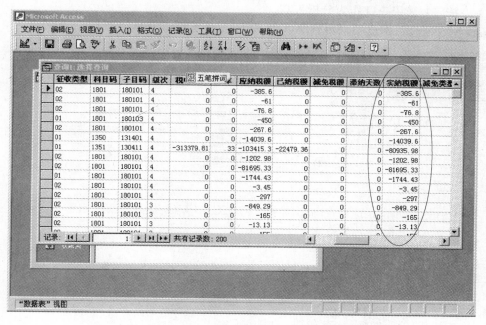

图 6.7 负纳税数据查询结果界面

如果审计人员对 SQL 语句的使用不够熟练，也可以在"设计视图"中选择、输入相关参数，完成空值处理，如图 6.8 所示。

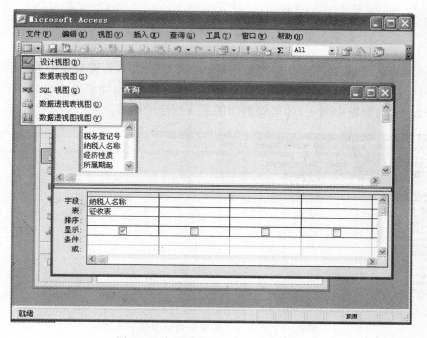

图 6.8 在设计视图中输入查询条件

同理,在如图 6.6 所示的界面中输入相应的 SQL 语句,即可查找出税收征收数据中的"超期滞纳"数据。

2) 方法二:采用 AO 作为分析工具

假设税收征收数据已被采集到 AO 中,如图 6.9 所示。

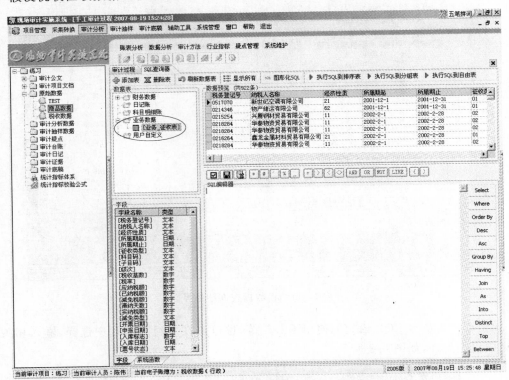

图 6.9　含有税收征收数据的 AO 界面

需要指出的是,如果在图 6.9 中没有出现"业务_征收表",则需要先生成数据中间表,即单击"采集转换"→"业务数据"→"生成业务数据中间表"命令,如图 6.10 所示,然后根据提示生成"征收表"的数据中间表,即可得到如图 6.9 所示的结果。

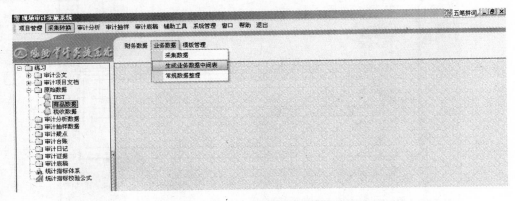

图 6.10　AO 的生成业务数据中间表功能

查找出税收征收数据中"负纳税"数据的操作过程为：

（1）在 SQL 查询器中输入相应的 SQL 语句，如图 6.11 所示。

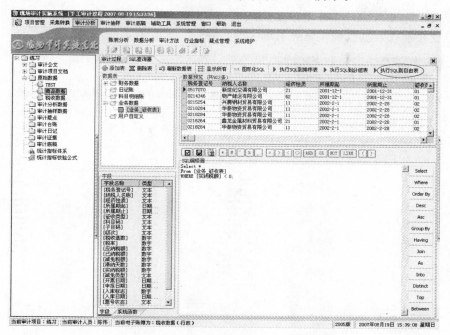

图 6.11 输入 SQL 语句之后的 AO 界面

（2）在图 6.11 中单击"执行 SQL 到自由表"选项，则"负纳税"数据的查询结果如图 6.12 所示。

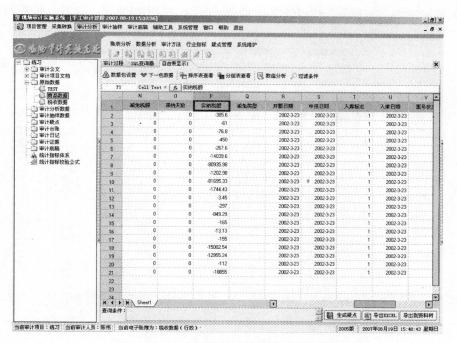

图 6.12 AO 中"负纳税"数据的查询结果

同理,在图 6.11 中输入相应的 SQL 语句,即可查找出税收征收数据中的"超期滞纳"数据。

3)方法三:采用 IDEA 作为分析工具

假设税收征收数据已被采集到 IDEA 中,如图 6.13 所示。

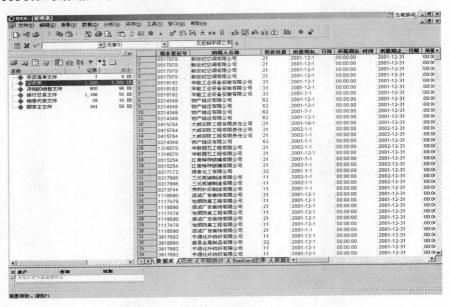

图 6.13　含有税收征收数据的 IDEA 主界面

查找出税收征收数据中"负纳税"数据的操作过程为:

(1) 单击"数据"→"提取"→"直接提取"命令,如图 6.14 所示,则出现如图 6.15 所示的界面。

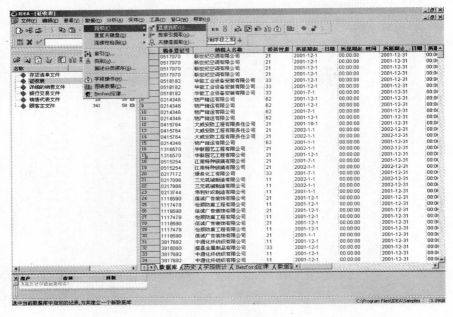

图 6.14　选择直接提取菜单

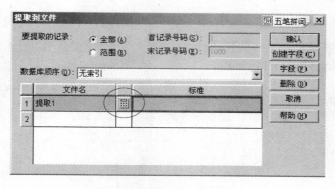

图 6.15　提取功能设置界面

（2）在图 6.15 中单击▦按钮，则打开"公式编辑器"界面，如图 6.16 所示。

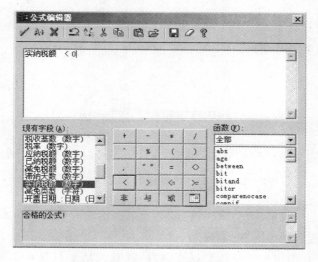

图 6.16　IDEA 的公式编辑器窗体

（3）在"公式编辑器"界面中直接输入或选择输入"实纳税额 ＜ 0"，单击✍按钮（表示"确认公式"），测验输入内容的有效性，若提示"合格的公式！"，则单击✎按钮（表示"确认并退出"），出现如图 6.17 所示的界面。

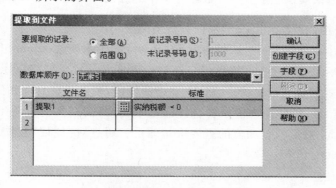

图 6.17　设置后的提取功能界面

(4) 在图 6.17 中单击"确认"按钮,结果如图 6.18 所示。

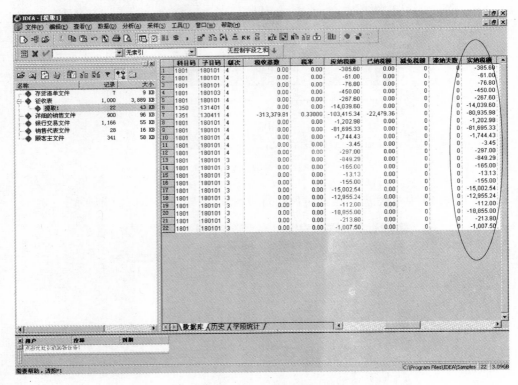

图 6.18　IDEA 中"负纳税"数据的查询结果

同理,在如图 6.16 所示的"公式编辑器"界面中直接输入或选择输入"滞纳天数 > 10",即可查找出税收征收数据中的"超期滞纳"数据。

需要指出的是,在 IDEA 中执行数据查询时,其查询结果只显示不重复的数据,即类似于在 SQL 查询语句中加入了 DISTINCT 关键词。

前面以一个简单的例子介绍了数据查询功能的使用。通过构建一些复杂的 SQL 语句,可以完成一些复杂的查询。下面给出另外两个实例来介绍数据查询方法的应用。

3. 数据查询方法实例:在"凭证"数据分析中的应用

例 6.2　数据查询方法在"凭证"数据分析中的应用。

现有某单位 1998 年 1 至 12 月凭证数据(文件名为"凭证数据.mdb",数据表名为"凭证",数据库类型为 Access),表结构见附录 A.5。审计人员发现借贷合计不平衡,怀疑部分数据已经被篡改,现需要查找出借贷合计不平衡的原因,列出凭证日期和凭证号。

分析:要检查"凭证"数据表中借贷合计的不平衡,只需在某一分析工具中首先构造相应的 SQL 查询语句,然后执行相应的查询语句即可。通过对"凭证"数据表的分析,可以采用两种方法构造 SQL 语句。

1) 方法一:构造一个 SQL 语句

其 SQL 语句如下:

```
SELECT 日期,凭证号
FROM 凭证
GROUP BY 日期,凭证号
HAVING (Round(Sum([借方]),2) - Round(Sum([贷方]),2))< >0;
```

注意：Round——返回按指定位数进行四舍五入的数值。

通过运行以上 SQL 语句，可以很容易地查找出"凭证"表中的"错误凭证"数据。

下面分别介绍如何采用 Access、AO 这两种工具来分别执行方法一的 SQL 语句，获得相应的查询结果。

• 采用 Access 作为分析工具。

假设税收征收数据已被采集到 Access 中，查找"凭证"表中"错误凭证"数据的操作过程如下：

（1）打开 Access，按第 5 章介绍的方法，切换到"SQL 视图"，出现如图 6.19 所示的界面，在图 6.19 中输入相应的 SQL 语句。

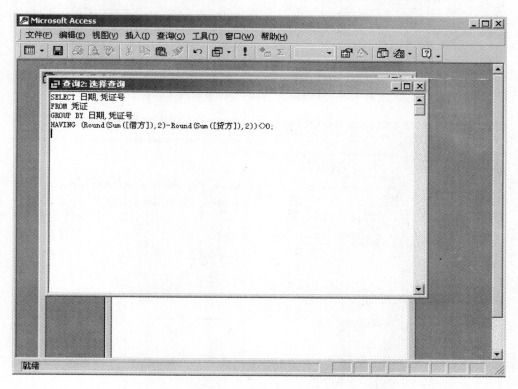

图 6.19　输入 SQL 语句

（2）在图 6.19 中单击运行按钮（ ），其查询结果如图 6.20 所示。

• 采用 AO 作为分析工具。

假设税收征收数据已被采集到 AO 中，查找"凭证"表中"错误凭证"数据的操作过程如下：

（1）在 SQL 查询器中输入相应的 SQL 语句，如图 6.21 所示。

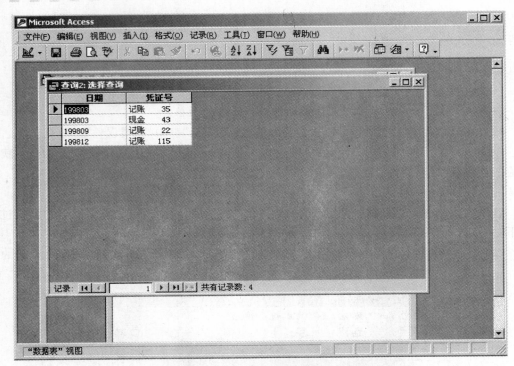

图 6.20　Access 中"错误凭证"数据查询结果

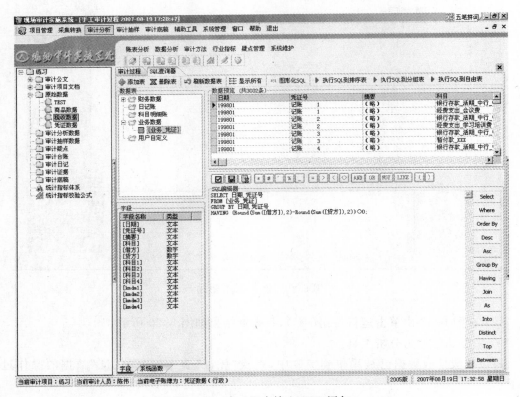

图 6.21　在 AO 中输入 SQL 语句

（2）在图 6.21 中单击"执行 SQL 到自由表"选项，则"错误凭证"数据的查询结果如图 6.22 所示。

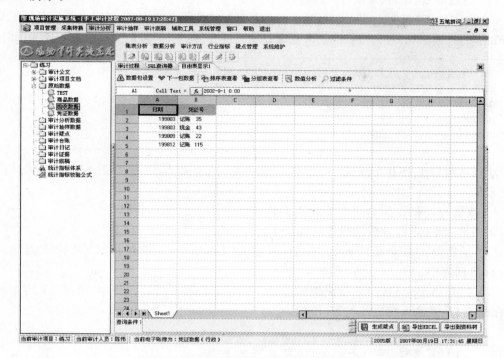

图 6.22　AO 中"错误凭证"数据查询结果

2）方法二：分两步来完成这一查询

（1）查询 1：按日期和凭证号汇总凭证借方和贷方金额。

其 SQL 语句如下：

```
SELECT 日期, 凭证号, Sum(借方) AS 借方之 Sum, Sum(贷方) AS 贷方之 Sum
FROM 凭证
GROUP BY 日期, 凭证号;
```

（2）查询 2：查找不一致的凭证。

其 SQL 语句如下：

```
SELECT 查询 1.日期, 查询 1.凭证号
FROM 查询 1
WHERE Round([查询 1].[借方之 Sum],2) - Round([查询 1].[贷方之 Sum],2) < > 0;
```

通过运行以上 SQL 语句，可以很容易地查找出"凭证"表中的"错误凭证"数据。

4. 数据查询方法实例：在失业金发放数据分析中的应用

例 6.3　数据查询方法在失业金发放数据分析中的应用。

现有某劳动局失业保险数据，文件名为"失业金实际发放表.dbf"，数据类型为 Foxpro

自由表,其数据表结构见附录 A.5。现需要查找同月重复发放失业金的人员,查找结果包括如下内容:身份证号、姓名、发放月份、同月发放次数、发放金额合计、按同月发放次数降序排列。

分析:要检查"失业金实际发放表"中同月重复发放失业金的人员,只需在某一分析工具中执行相应的查询语句即可。通过对"失业金实际发放表"的分析,需要构建的 SQL 语句如下:

```
SELECT 身份证号, 姓名, 发放月份, count( * ) AS 同月发放次数, sum([合计]) AS 发放合计
FROM 失业金实际发放表
GROUP BY 身份证号, 姓名, 发放月份
HAVING count( * )> = 2
ORDER BY count( * ) DESC;
```

通过运行以上 SQL 语句,可以很容易地查找出失业金实际发放表中同月重复发放失业金的人员。

1) 方法一:采用 Access 作为分析工具

采用 Access 进行分析的操作过程如下:

(1) 采用第 4 章介绍的方法(例如,通过 ODBC 接口,或其他方法)把该数据导入到 Access 数据库中。

(2) 打开 Access,按第 5 章介绍的方法,切换到"SQL 视图",出现如图 6.23 所示的界面,在图 6.23 中输入相应的 SQL 语句。

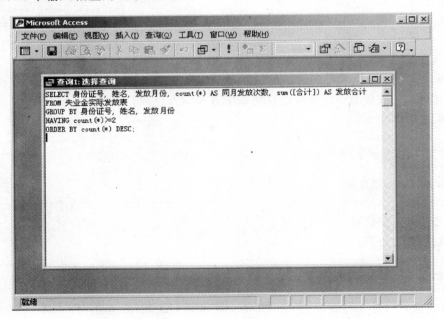

图 6.23 SQL 语句输入界面

(3) 在图 6.23 中单击运行按钮 ! ,其查询结果如图 6.24 所示。

2) 方法二:采用 AO 作为分析工具

假设失业金实际发放数据已被采集到 AO 中,查找同月重复发放失业金人员的操作过程如下:

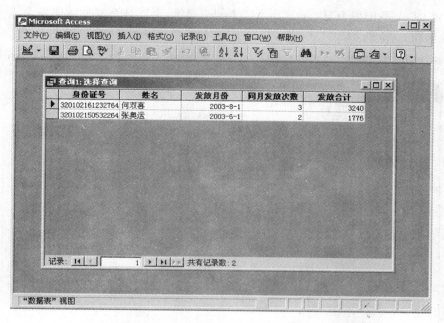

图 6.24 查询结果显示界面

（1）在 SQL 查询器中输入相应的 SQL 语句，如图 6.25 所示。

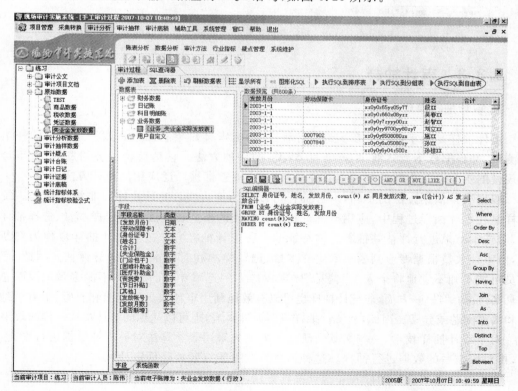

图 6.25 在 AO 中输入 SQL 语句

（2）在图 6.25 中单击"执行 SQL 到自由表"选项,则同月重复发放失业金人员数据的查询结果如图 6.26 所示。

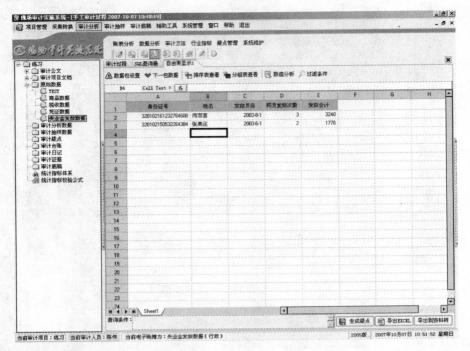

图 6.26　AO 中重复发放失业金人员数据的查询结果

6.3.3　审计抽样

1. 审计抽样原理

审计抽样是指审计人员在实施审计程序时,从审计对象总体中选取一定数量的样本进行测试,并根据样本测试结果,推断总体特征的一种方法。它是随着经济的发展、被审计单位规模的扩大以及内部控制的不断健全与完善,而逐渐被广泛应用的审计方法。

根据决策依据方法的不同,审计抽样可以分为两大类:统计抽样和非统计抽样。统计抽样是在审计抽样过程中,应用概率论和数据统计的模型和方法来确定样本量、选择抽样方法、对样本结果进行评估并推断总体特征的一种审计抽样方法。非统计抽样也称为判断抽样,由审计人员根据专业判断来确定样本量、选取样本和对样本结果进行评估。因此,审计人员可能不知不觉地将个人的"偏见"体现在样本的选取中,而使样本不能客观地反映总体的真实情况;但另一方面,非统计抽样也可以有效地利用审计人员的经验和直觉,更有效地发现和揭露问题或异常。因此,非统计抽样只要设计得当,也可以达到同统计抽样一样的效果。

对于审计抽样技术,一些文献则研究了如何先采用聚类算法对被审计数据进行聚类,然后,再对聚类后的数据进行抽样。这种抽样方式更能有效地降低审计风险。

在审计中应用统计抽样和非统计抽样方法一般包括如下 4 个步骤:

（1）根据具体审计目标确定审计对象总体。

（2）确定样本量。

（3）选取样本并审查。

（4）评价抽样结果。

目前，很多审计软件中都开发了审计抽样模块，如现场审计实施系统（AO）、审计数据采集分析 2.0、IDEA 等，这使得以前烦琐的数学计算、随机数生成等工作可以轻松实现，并可以保证抽样工作的准确性和合法性。审计人员只要按照抽样向导的提示，输入相应的参数即可。从而为审计人员规避审计风险，提高审计工作质量起到了很大的作用。下面将以 AO 和 IDEA 为例，来介绍审计抽样方法。

2．审计抽样实例：AO 中的审计抽样功能

在 AO 中，审计抽样模块如图 6.27 和图 6.28 所示，采用 AO 可以方便地完成所需要的审计抽样工作。

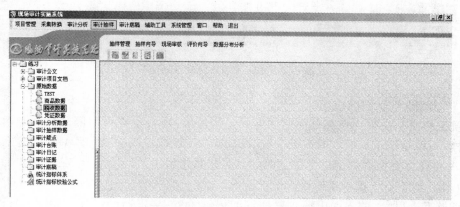

图 6.27　AO 的审计抽样功能菜单

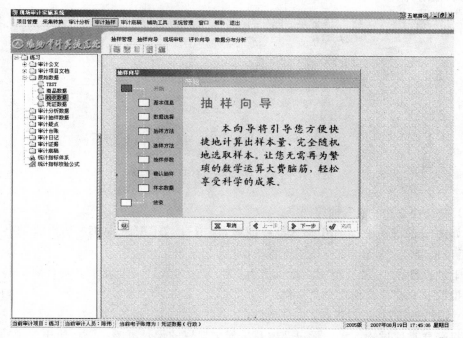

图 6.28　AO 的审计抽样向导

3．审计抽样实例：IDEA 中审计抽样功能

审计抽样功能在 IDEA 中被称为审计采样，包括系统采样、随机采样和分类随机记录采样，如图 6.29 所示。下面以税收征收数据为例，来分析如何在 IDEA 中应用审计抽样功能。

图 6.29　IDEA 的审计抽样功能

1）"系统采样"功能的应用

系统采样是从文件中按相等的间隔提取一些记录，通常也称做间隔采样。有两种方法确定采样，一种是输入要抽取的记录个数，IDEA 将计算抽样间隔量；另一种是输入抽样间隔，IDEA 将计算要抽取的记录个数。两种方法分别介绍如下：

（1）第一种方法：输入要抽取的记录个数。

在如图 6.30 所示的界面中输入要抽取的记录个数，单击"计算"按钮，IDEA 将计算抽样间隔量，然后，单击"确定"按钮，即可完成所需的抽样。

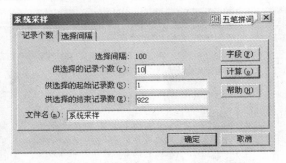

图 6.30　"记录个数"选项卡的参数设置界面

（2）第二种方法：输入抽样间隔。

在如图 6.31 所示的界面中输入抽样间隔，单击"计算"按钮，IDEA 将计算抽样记录个数，然后单击"确定"按钮，即可完成所需的抽样。

以上抽样操作中，抽样范围的默认值为从第一个到最后一个记录的个数，但是，如果需要可以提取一个记录范围之内的采样。

2）"随机采样"功能的应用

随机采样是通过输入采样量以及要从采样中提取的记录范围，然后，使用一个随机数种

子,IDEA 将生成一系列随机数并选取同这些数相关的适当记录。采样方法是:在如图 6.32 所示的界面中输入要抽取的记录个数、随机数种子(可任意)、抽样的范围,然后单击"确认"按钮,即可完成所需的抽样。

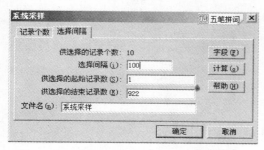

图 6.31 "选择间隔"选项卡的参数设置界面

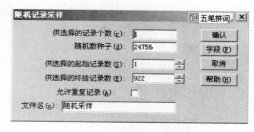

图 6.32 随机采样的参数设置界面

3)"分类随机记录采样"功能的应用

分类随机记录采样用于对分层后的每层数据进行随机采样,提取指定个数的记录。该选项要求先将数据库按类分成按数值、字符及日期的层。显示每层记录个数的表格将呈现在用户面前,并且要求输入每层中要随机提取的采样记录数。

例 6.4 审计抽样方法在税收征收数据分析中的应用。

现有某税收征收电子数据(文件名为"税收征收.mdb",数据表名为"征收表"),表结构见附录 A.5。请将该数据导入到 IDEA 中(若 IDEA 中已有该数据,则不执行该步骤),利用"分类随机记录采样"功能进行抽样。要求:

根据"实纳税额"进行分层,然后抽取 15 条记录,其中,"实纳税额<0"的抽取 1 条,"0≤实纳税额<1000"的抽取 5 条,"1000≤实纳税额<2000"的抽取 2 条,"2000≤实纳税额<3000"的抽取 1 条,"3000≤实纳税额<4000"的抽取 1 条,"4000≤实纳税额<5000"的抽取 1 条,"5000≤实纳税额<6000"的抽取 1 条,"6000≤实纳税额"的抽取 3 条。

假设数据已被采集到 IDEA 中,进行"分类随机记录采样"操作的关键步骤如下:

(1) 在图 6.33 中,单击"采样"→"按类别随机的采样"命令,出现如图 6.34 所示的界面。

图 6.33 随机采样功能菜单界面

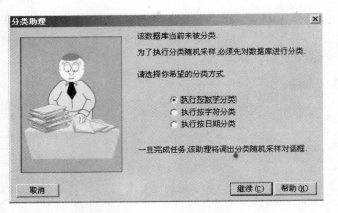

图 6.34　分类方式选择界面

（2）单击"继续"按钮，出现如图 6.35 所示的界面。

图 6.35　分层界面

（3）在图 6.35 中进行设置，如图 6.36 所示。

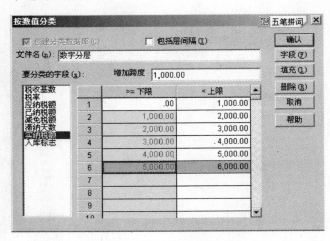

图 6.36　分层后的界面

(4) 在图 6.36 中,单击“确认”按钮,出现如图 6.37 和图 6.38 所示的界面。

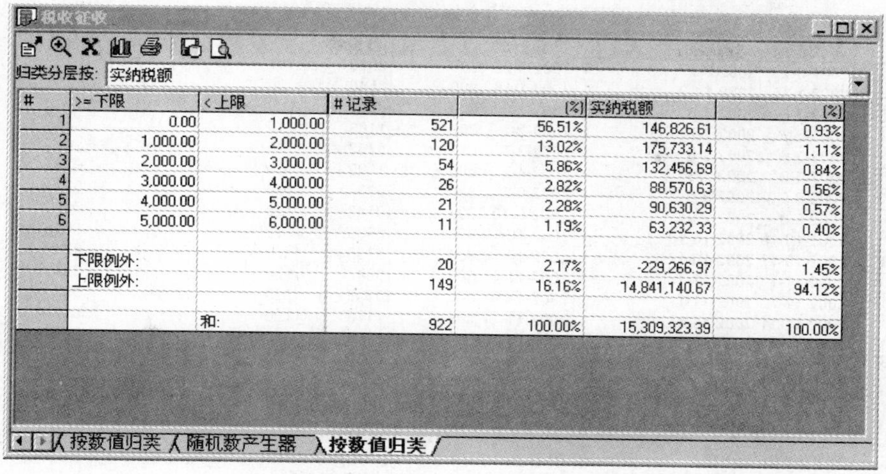
税收征收
归类分层按: 实纳税额
| >= 下限 | < 上限 | # 记录 | [%] | 实纳税额 | [%]
1 | 0.00 | 1,000.00 | 521 | 56.51% | 146,826.61 | 0.93%
2 | 1,000.00 | 2,000.00 | 120 | 13.02% | 175,733.14 | 1.11%
3 | 2,000.00 | 3,000.00 | 54 | 5.86% | 132,456.69 | 0.84%
4 | 3,000.00 | 4,000.00 | 26 | 2.82% | 88,570.63 | 0.56%
5 | 4,000.00 | 5,000.00 | 21 | 2.28% | 90,630.29 | 0.57%
6 | 5,000.00 | 6,000.00 | 11 | 1.19% | 63,232.33 | 0.40%
下限例外: | 20 | 2.17% | -229,266.97 | 1.45%
上限例外: | 149 | 16.16% | 14,841,140.67 | 94.12%
和: | 922 | 100.00% | 15,309,323.39 | 100.00%
按数值归类
随机数产生器
按数值归类

图 6.37 分层结果图

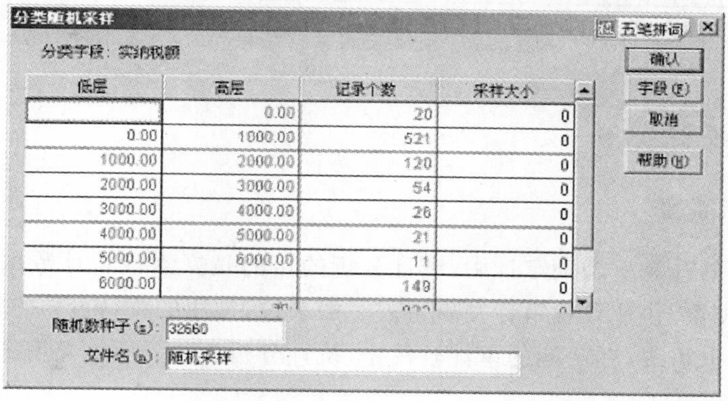
分类随机采样
五笔拼词
分类字段: 实纳税额
确认
字段(F)
取消
帮助(H)
低层 | 高层 | 记录个数 | 采样大小
 | 0.00 | 20 | 0
0.00 | 1000.00 | 521 | 0
1000.00 | 2000.00 | 120 | 0
2000.00 | 3000.00 | 54 | 0
3000.00 | 4000.00 | 26 | 0
4000.00 | 5000.00 | 21 | 0
5000.00 | 6000.00 | 11 | 0
6000.00 | | 149 | 0
随机数种子(S): 32660
文件名(N): 随机采样

图 6.38 分层后的抽样数设置界面

(5) 在图 6.38 中进行设置,其设置结果如图 6.39 所示。

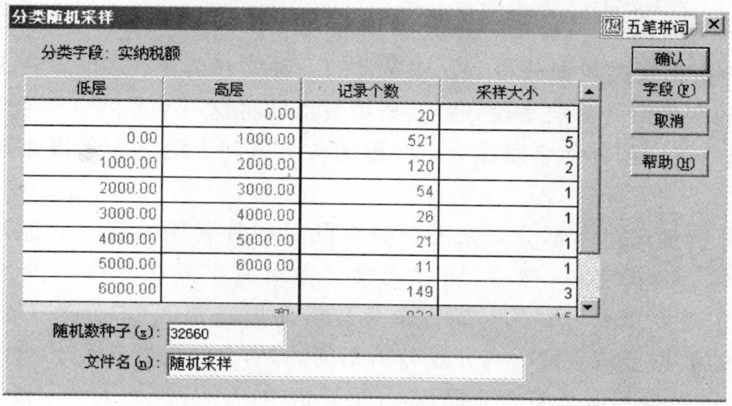
分类随机采样
五笔拼词
分类字段: 实纳税额
确认
字段(F)
取消
帮助(H)
低层 | 高层 | 记录个数 | 采样大小
 | 0.00 | 20 | 1
0.00 | 1000.00 | 521 | 5
1000.00 | 2000.00 | 120 | 2
2000.00 | 3000.00 | 54 | 1
3000.00 | 4000.00 | 26 | 1
4000.00 | 5000.00 | 21 | 1
5000.00 | 6000.00 | 11 | 1
6000.00 | | 149 | 3
随机数种子(S): 32660
文件名(N): 随机采样

图 6.39 分层后设置好的抽样数界面

(6) 在图 6.39 中单击"确认"按钮,出现如图 6.40 所示的界面,完成所需的抽样。

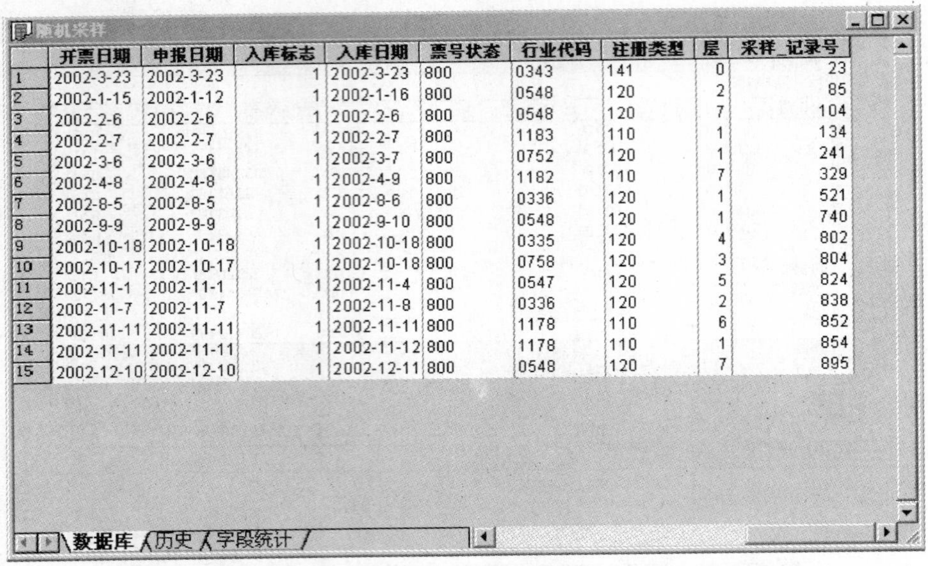

	开票日期	申报日期	入库标志	入库日期	票号状态	行业代码	注册类型	层	采样_记录号
1	2002-3-23	2002-3-23	1	2002-3-23	800	0343	141	0	23
2	2002-1-15	2002-1-12	1	2002-1-16	800	0548	120	2	85
3	2002-2-6	2002-2-6	1	2002-2-6	800	0548	120	7	104
4	2002-2-7	2002-2-7	1	2002-2-7	800	1183	110	1	134
5	2002-3-6	2002-3-6	1	2002-3-7	800	0752	120	1	241
6	2002-4-8	2002-4-8	1	2002-4-9	800	1182	110	7	329
7	2002-8-5	2002-8-5	1	2002-8-6	800	0336	120	1	521
8	2002-9-9	2002-9-9	1	2002-9-10	800	0548	120	1	740
9	2002-10-18	2002-10-18	1	2002-10-18	800	0335	120	4	802
10	2002-10-17	2002-10-17	1	2002-10-18	800	0758	120	3	804
11	2002-11-1	2002-11-1	1	2002-11-4	800	0547	120	5	824
12	2002-11-7	2002-11-7	1	2002-11-8	800	0336	120	2	838
13	2002-11-11	2002-11-11	1	2002-11-11	800	1178	110	6	852
14	2002-11-11	2002-11-11	1	2002-11-12	800	1178	110	1	854
15	2002-12-10	2002-12-10	1	2002-12-11	800	0548	120	7	895

数据库 历史 字段统计

图 6.40　分类随机抽样结果界面

6.3.4　统计分析

1. 统计分析原理

在面向数据的计算机辅助审计中,统计分析的目的是探索被审计数据内在的数量规律性,以发现异常现象,快速寻找审计突破口。一般来说,常用的统计分析方法包括一般统计、分层分析和分类分析等,在不同的审计软件中,统计分析方法的叫法略有不同。常用的统计分析方法介绍如下:

(1) 一般统计常用于具体分析之前,以对数据有一个大致的了解,它能够快速地发现异常现象,为后续的分析工作确定目标。一般统计对数值字段提供下列统计信息:全部字段以及正值字段、负值字段和零值字段的个数,某类数据的平均值,绝对值以及最大或最小的若干个值等。

(2) 分层分析是通过数据分布来发现异常的一种常用方法。其原理一般为:首先选取一个数值类型的字段作为分层字段,然后,根据其值域将这一字段划分为若干个相等或不等的区间,通过观察对应的其他字段在分层字段的各个区间上的分布情况来确定需要重点考察的范围。

(3) 分类分析是通过数据分布来发现异常的另一种常用方法。其原理一般为:首先选择某一字段作为分类字段,然后,通过观察其他对应字段在分类字段各个取值点上的分布情况来确定需要重点考察的对象。分类分析的思路类似于"分类汇总",它是一种简单而非常常用的数据分析手段。与分层分析不同的是,分类分析中用作分类的某一字段不一定是数值型,可以是其他类型的数据,而分层分析中用作分层的某一字段则一定是数值型数据。

对于统计分析,很多审计软件都具有这一功能,如审计数据采集分析 2.0、现场审计实施系统(AO)、IDEA 等审计软件。统计分析一般和其他审计数据分析方法配合使用。下面将以 AO 和 IDEA 为例,来介绍统计分析方法。

2. 统计分析实例:AO 中统计分析功能

具体来说,AO 的统计分析功能包括数值统计、分类分析和分层分析。以税收征收数据为例,来简要介绍 AO 的统计分析功能。

(1) AO 中数值统计的作用类似于一般统计,其一个分析结果如图 6.41 所示。

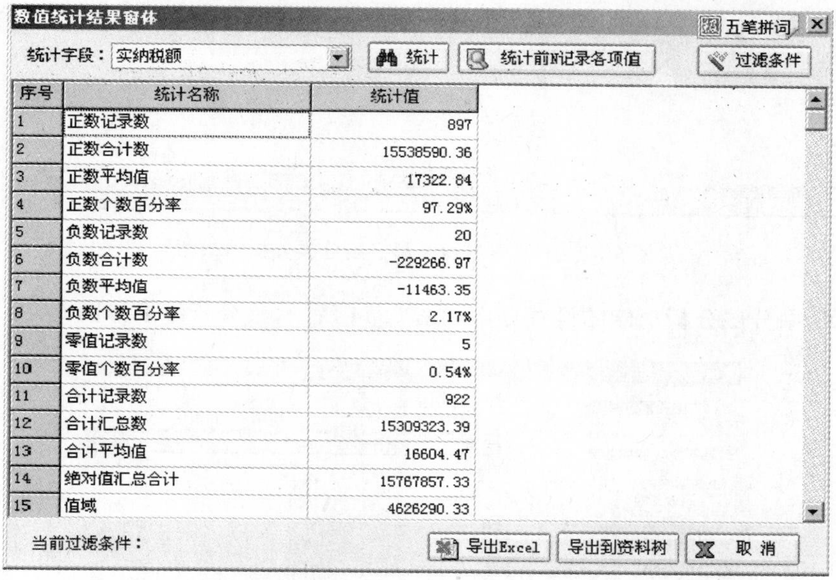

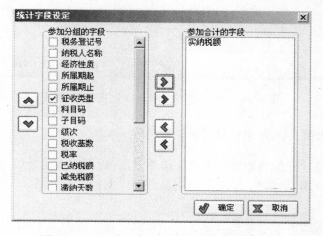

图 6.41 AO 的数值统计功能

(2) AO 中分类分析功能的设置界面如图 6.42 所示,其分析结果如图 6.43 所示。

图 6.42 AO 中实纳税额字段分类分析设置图

图 6.43　AO 中实纳税额字段分类分析结果图

(3) AO 中分层分析功能的设置界面如图 6.44 所示,其分析结果如图 6.45 所示。

图 6.44　AO 中实纳税额字段分层分析设置图

3. 统计分析实例: IDEA 中统计分析功能

在 IDEA 中,统计分析功能被称为文件按类分层,包括按数值分层、按关键字段分层、按字符分层、按日期分层,如图 6.46 所示。下面分别以实例进行介绍。

1) 按数值分层

在 IDEA 中,按数值分层就是通过对某一数值字段划分若干个区间,察看该字段在所划分区间上的分布情况(分层区间内的选定字段值及记录个数之和)。

序号	税收基数的上限	税收基数的下限	实纳税额总数	实纳税额总数百分数	实纳税额总和	实纳税额总和百分数
1	负无穷	0	1	0.11%	-80935.98	-0.53%
2	0	1000	209	22.67%	1350848.6	8.82%
3	1000	2000	61	6.62%	5533.03	0.04%
4	2000	3000	28	3.04%	4495.33	0.03%
5	3000	4000	32	3.47%	181814.53	1.19%
6	4000	5000	28	3.04%	7319.92	0.05%
7	5000	6000	29	3.15%	11148.7	0.07%
8	6000	7000	27	2.93%	9924.85	0.06%
9	7000	8000	25	2.71%	10757.01	0.07%
10	8000	9000	11	1.19%	6226.53	0.04%
11	9000	10000	13	1.41%	6968.72	0.05%
12	10000	正无穷	458	49.67%	13795222.15	90.11%
13						
14		总和计：	922	100%	15309323.39	100%

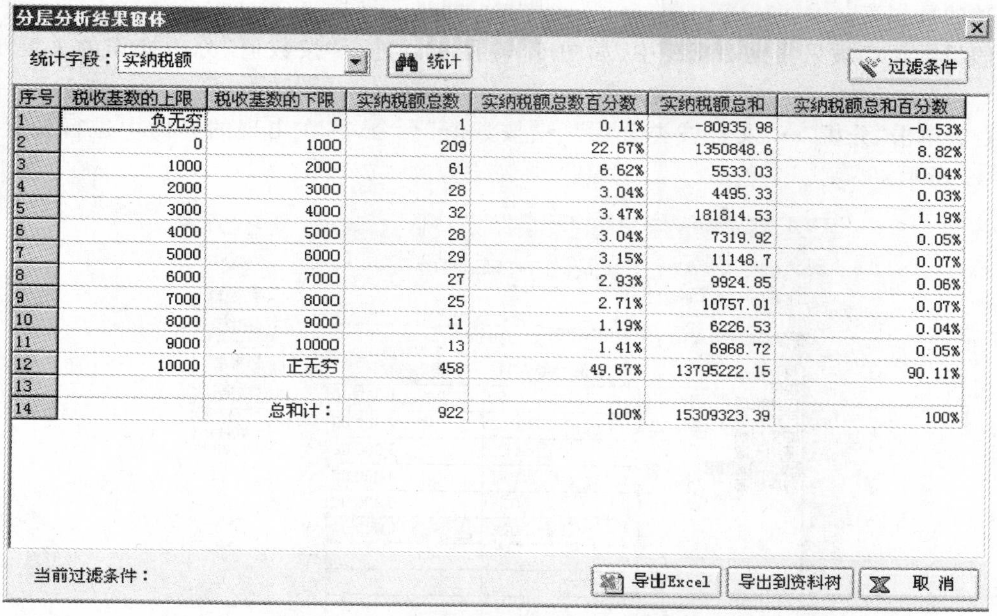

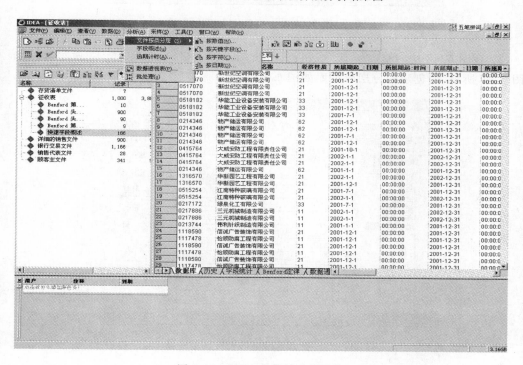

图 6.45　AO 中实纳税额字段分层分析结果图

图 6.46　IDEA 的统计分析功能

例 6.5　按数值分层方法在税收征收数据分析中的应用。

现有某税收征收电子数据(文件名为“税收征收.mdb”,数据表名为“征收表”),表结构见附录 A.5。要求利用“按数值”分析对“实纳税额”字段进行分层分析,且把分析的结果生成单独的数据表。

假设数据已被采集到 IDEA 中,如图 6.46 所示。进行"按数值"分析操作的关键步骤如下:

(1)单击"分析"→"文件按类分层"→"按数值"命令,并在出现的界面中进行设置,如图 6.47 所示。

图 6.47　IDEA 中按数值分层设置图

(2)在图 6.47 中,单击"确认"按钮,其分析结果的表格显示如图 6.48 所示,图形显示如图 6.49 所示,所创建的分层数据库如图 6.50 所示。

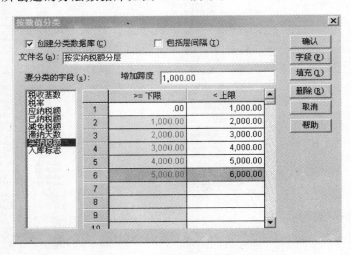

图 6.48　按数值分层的表格显示结果

在创建的分层数据库结果图中,要注意理解图中"层"的"含义"。

2)按关键字段分层

在 IDEA 中,按关键字段分层就是在按数值分层的基础上,根据审计人员指定的不同的关键量按数值分层的结果。

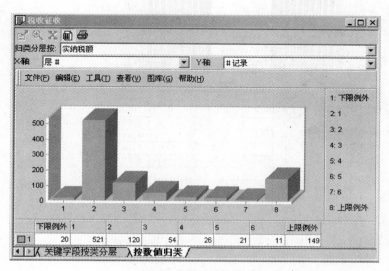

图 6.49 按数值分层的图形显示结果

按实纳税额分层

	税务登记号	纳税人名称	实纳税额	层
91	0415560	五星城休闲娱乐中心有限公司	1,968.47	2
92	3816264	飞腾集团股份有限公司	0.00	1
93	0618488	村田纺机有限公司	519.93	1
94	1313744	广电公交广告有限公司	1,982.55	2
95	0514448	佳顺化纤织造有限公司	19,147.00	7
96	3816570	协盛电机有限公司	1,228.54	2
97	0715764	三江标准件阀门有限公司	1,012.50	2
98	0415764	大威安防工程有限责任公司	2,554.57	3
99	1313744	广电公交广告有限公司	1,675.00	2
100	3817682	中源化纤纺织有限公司	8,906.30	7
101	0714856	五羊贸易有限公司	242.80	1
102	1416774	林宏贸易有限公司乐余上海华联超	4,200.00	5
103	0215050	金百汇百货有限公司	350.00	1
104	0314244	金富房地产公司	108,406.92	7
105	0314244	金富房地产公司	1,628.90	2
106	0314244	金富房地产公司	238.13	1
107	0314244	金富房地产公司	303.91	1
108	0314244	金富房地产公司	638.51	1
109	0314244	金富房地产公司	331.29	1
110	0314244	金富房地产公司	25,116.70	7
111	0314244	金富房地产公司	1,859.94	2

数据库 历史 字段统计

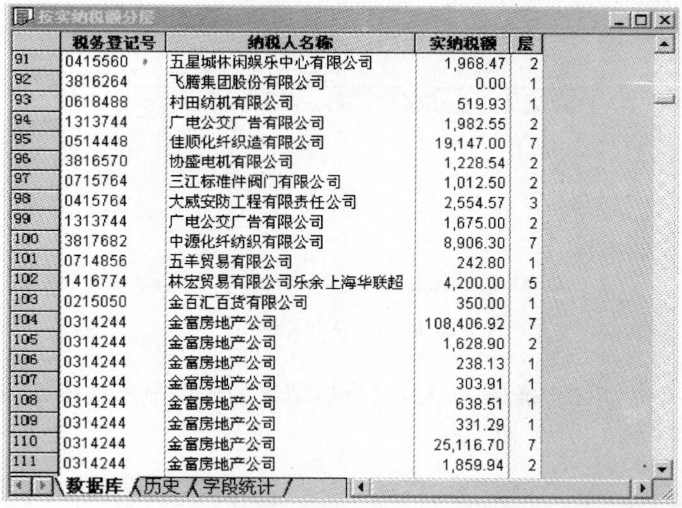

图 6.50 所创建的分层数据库界面

例 6.6 按关键字段分层方法在税收征收数据分析中的应用。

现有某税收征收电子数据(文件名为"税收征收.mdb",数据表名为"征收表"),表结构见附录 A.5。要求以"征收类型"字段为关键字,利用"按关键字段"分析对"实纳税额"字段进行分层分析,且把分析的结果生成单独的数据表。

假设数据已被采集到 IDEA 中,进行"按关键字段"分析操作的关键步骤如下:

(1) 单击"分析"→"文件按类分层"→"按关键字段"命令,并在出现的界面中进行设置,如图 6.51 所示。

(2) 在图 6.51 中,单击"关键字"按钮,并在出现的界面中设置"征收类型"字段为关键字,如图 6.52 所示。

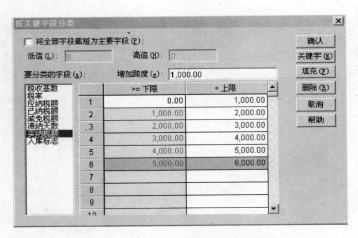

图 6.51　IDEA 中按关键字段分层设置图

（3）在图 6.52 中，单击"确认"按钮，返回到图 6.51 中。

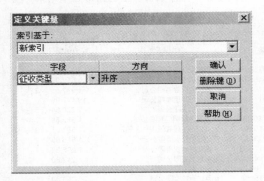

图 6.52　设置关键字

（4）在图 6.51 中，单击"确认"按钮，其分析结果的表格显示如图 6.53 所示，图形显示如图 6.54 所示。

图 6.53　按关键字段分层的表格显示结果

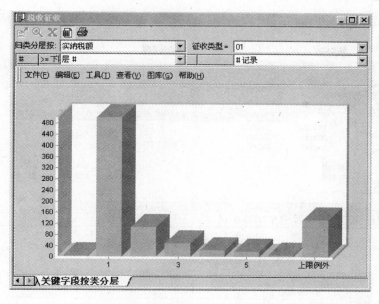

图 6.54 按关键字段分层的图形显示结果

3）按字符分层

在 IDEA 中，按字符分层就是通过对某一字符字段划分若干个区间，察看其他字段在所划分区间上的分布情况（分层区间内的选定字段值及记录个数之和）。它不同于按数字分层。

例 6.7 按字符分层方法在税收征收数据分析中的应用。

现有某税收征收电子数据（文件名为"税收征收.mdb"，数据表名为"征收表"），表结构见附录 A.5。要求利用"按字符"分析对"税务登记号"字段进行分层分析，且不需要把分析的结果生成单独的数据表。

假设数据已被采集到 IDEA 中，进行"按字符"分析操作的关键步骤如下：

（1）单击"分析"→"文件按类分层"→"按字符"命令，并在出现的界面中进行设置，如图 6.55 所示。

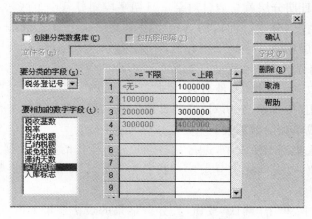

图 6.55 IDEA 中按字符分层设置图

(2) 在图 6.55 中,单击“确认”按钮,其分析结果的表格显示如图 6.56 所示,图形显示如图 6.57 所示。

#	>= 下限	< 上限	# 记录	(%)	实纳税额	(%)
1		1000000	570	61.82%	13,577,963.66	88.69%
2	1000000	2000000	220	23.86%	894,876.15	5.85%
3	2000000	3000000	0	0.00%	0.00	0.00%
4	3000000	4000000	132	14.32%	836,483.58	5.46%
	下限例外:		0	0.00%	0.00	0.00%
	上限例外:		0	0.00%	0.00	0.00%
		和:	922	100.00%	15,309,323.39	100.00%

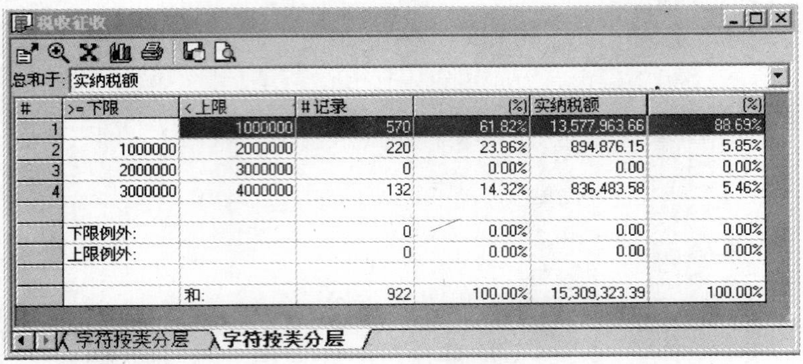

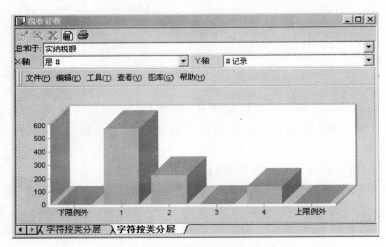

图 6.56 按字符分层的表格显示结果

图 6.57 按字符分层的图形显示结果

4) 按日期分层

在 IDEA 中,按日期分层就是通过对某一日期字段划分若干个区间,察看其他字段在所划分区间上的分布情况(分层区间内的选定字段值及记录个数之和)。它不同于按数字分层,但是与按字符分层相似。

例 6.8 按日期分层方法在税收征收数据分析中的应用。

现有某税收征收电子数据(文件名为“税收征收.mdb”,数据表名为“征收表”,表结构见附录 A.5),要求利用“按日期”分析对“开票日期”字段以每月为间隔进行分层分析,且不需要把分析的结果生成单独的数据表。

假设数据已被采集到 IDEA 中,进行“按日期”分析操作的关键步骤如下:

(1) 单击“分析”→“文件按类分层”→“按日期”命令,并在出现的界面中进行设置,如图 6.58 所示。

(2) 在图 6.58 中,单击“确认”按钮,其分析结果的表格显示如图 6.59 所示,图形显示如图 6.60 所示。

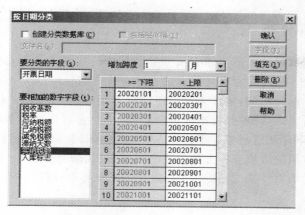

图 6.58 IDEA 中按日期分层设置图

#	>= 下限	< 上限	# 记录	(%)	实纳税额	(%)
1	2002/01/01	2002/02/01	62	6.72%	1,315,116.39	8.59%
2	2002/02/01	2002/03/01	109	11.82%	408,707.95	2.67%
3	2002/03/01	2002/04/01	136	14.75%	268,546.19	1.75%
4	2002/04/01	2002/05/01	57	6.18%	1,221,823.86	7.98%
5	2002/05/01	2002/06/01	44	4.77%	390,193.00	2.55%
6	2002/06/01	2002/07/01	54	5.86%	1,671,207.00	10.92%
7	2002/07/01	2002/08/01	49	5.31%	404,965.00	2.65%
8	2002/08/01	2002/09/01	147	15.94%	1,327,290.00	8.67%
9	2002/09/01	2002/10/01	126	13.67%	1,275,438.00	8.33%
10	2002/10/01	2002/11/01	54	5.86%	1,376,581.00	8.99%
11	2002/11/01	2002/12/01	42	4.56%	5,005,485.00	32.70%
12	2002/12/01	2003/01/01	42	4.56%	643,970.00	4.21%
	下限例外:		0	0.00%	0.00	0.00%
	上限例外:		0	0.00%	0.00	0.00%
		和:	922	100.00%	15,309,323.39	100.00%

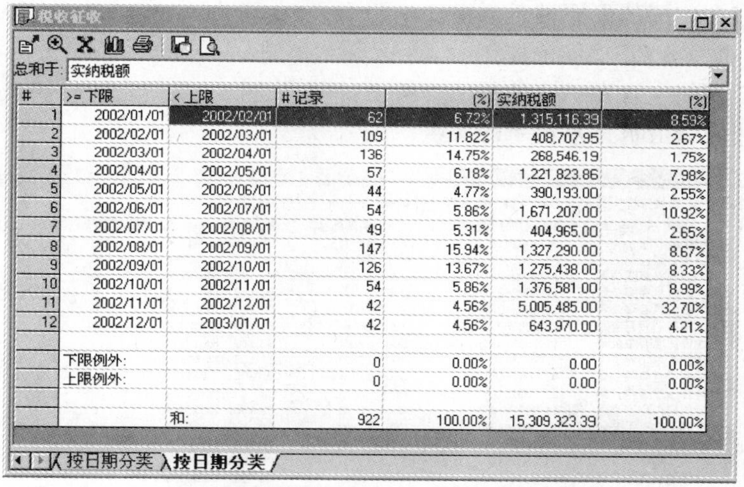

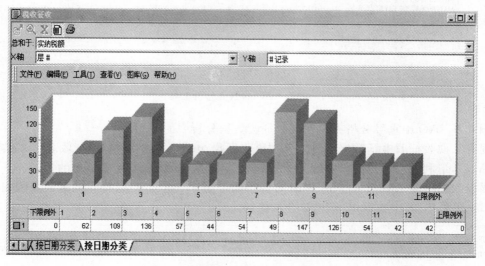

图 6.59 按日期分层的表格显示结果

图 6.60 按日期分层的图形显示结果

6.3.5 数值分析

数值分析是根据被审计数据记录中某一字段具体的数据值的分布情况、出现频率等指标,对该字段进行分析,从而发现审计线索的一种审计数据分析方法。这种方法是从“微观”的角度对电子数据进行分析的,审计人员在使用时不用考虑具体的被审计对象和具体的业务。在完成数值分析之后,针对分析出的可疑数据,再结合具体的业务进行审计判断,从而发现审计线索,获得审计证据。相对于其他方法,这种审计数据分析方法易于发现被审计数据中的隐藏信息。常用的数值分析方法主要有重号分析、断号分析和 Benford 定律,一些方法目前已被应用于现场审计实施系统、ACL 以及 IDEA 等审计软件中。

1. 重号分析

重号分析用来查找被审计数据某个字段(或某些字段)中重复的数据。例如,检查一个数据表中是否存在相同的发票被重复多次记账。

1) AO 中“重号分析”功能的应用

“重号分析”功能包含在 AO 的数值分析工具中,如图 6.61 所示。它用来计算被审计数据某个字段中相同数值被重复记录的次数。

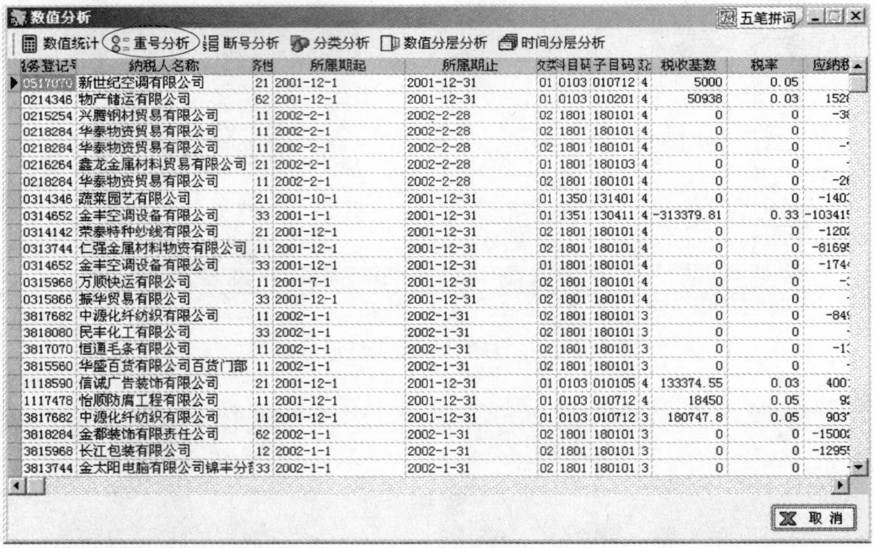

务登记号	纳税人名称	济档	所属期起	所属期止	收类	科目码	子目码	征	税收基数	税率	应纳税
0517070	新世纪空调有限公司	21	2001-12-1	2001-12-31	01	0103	010712	4	5000	0.05	
0214346	物产储运有限公司	62	2001-12-1	2001-12-31	01	0103	010201	4	50938	0.03	152
0215254	兴腾钢材贸易有限公司	11	2002-2-1	2002-2-28	02	1801	180101	4	0	0	-3
0218284	华泰物资贸易有限公司	11	2002-2-1	2002-2-28	02	1801	180101	4	0	0	
0218284	华泰物资贸易有限公司	11	2002-2-1	2002-2-28	02	1801	180101	4	0	0	-
0216264	鑫龙金属材料贸易有限公司	21	2002-2-1	2002-2-28	01	1801	180103	4	0	0	-
0218284	华泰物资贸易有限公司	11	2002-2-1	2002-2-28	02	1801	180101	4	0	0	-2
0314346	蔬菜园艺有限公司	21	2001-10-1	2001-12-31	01	1350	131401	4	0	0	-140
0314652	金丰空调设备有限公司	33	2001-1-1	2001-12-31	01	1351	130411	4	-313379.81	0.33	-103415
0314142	荣泰特种纱线有限公司	21	2001-12-1	2001-12-31	02	1801	180101	4	0	0	-120
0313744	仁强金属材料物资有限公司	11	2001-12-1	2001-12-31	02	1801	180101	4	0	0	-81695
0314652	金丰空调设备有限公司	33	2001-12-1	2001-12-31	01	1801	180101	4	0	0	-174
0315968	万顺快运有限公司	11	2001-7-1	2001-12-31	02	1801	180101	4	0	0	-
0315866	振华贸易有限公司	33	2001-12-1	2001-12-31	02	1801	180101	4	0	0	-
3817682	中源化纤纺织有限公司	11	2002-1-1	2002-1-31	02	1801	180101	3	0	0	-84
3818080	民丰化工有限公司	33	2002-1-1	2002-1-31	02	1801	180101	3	0	0	-
3817070	恒通毛条有限公司	11	2002-1-1	2002-1-31	02	1801	180101	3	0	0	-1
3815560	华盛百货有限公司百货门部	11	2002-1-1	2002-1-31	02	1801	180101	3	0	0	-
1118590	信诚广告装饰有限公司	21	2001-12-1	2001-12-31	01	0103	010105	4	133374.55	0.03	400
1117478	怡顺防腐工程有限公司	11	2001-12-1	2001-12-31	01	0103	010712	4	18450	0.05	9
3817682	中源化纤纺织有限公司	11	2001-12-1	2001-12-31	01	0103	010712	3	180747.8	0.05	903
3818284	金都装饰有限责任公司	62	2002-1-1	2002-1-31	02	1801	180101	3	0	0	-1500
3815968	长江包装有限公司	12	2002-1-1	2002-1-31	02	1801	180101	3	0	0	-1295
3813744	金太阳电脑有限公司锦丰分	33	2002-1-1	2002-1-31	02	1801	180101	3	0	0	-

图 6.61 AO 的数值分析工具

例 6.9 AO 中重号分析方法在税收征收数据分析中的应用。

现有某税收征收电子数据(文件名为“税收征收.mdb”,数据表名为“征收表”,表结构见附录 A.5),请利用“重号分析”功能分析“征收表”中“税务登记号”字段重复的数据。

假设数据已被采集到 AO 中,如图 6.62 所示。进行“重号分析”操作的关键步骤如下:

(1) 在图 6.62 中输入以下 SQL 查询语句。

```
SELECT *
FROM [业务_征收表]
```

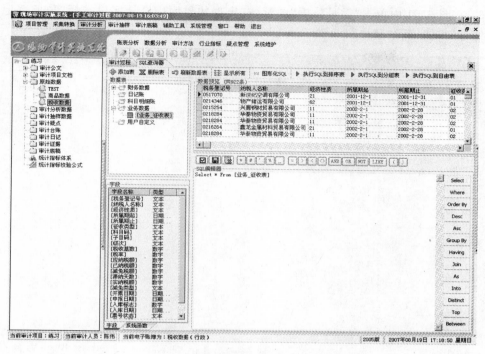

图 6.62　SQL 查询语句输入窗体

（2）单击"执行 SQL 到自由表"选项，则数据的查询结果如图 6.63 所示。在图 6.63 中单击"数值分析"按钮，出现如图 6.61 所示的界面。

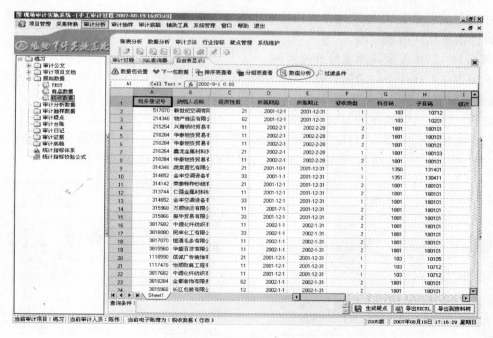

图 6.63　数据查询结果窗体

（3）在图 6.61 中单击"重号分析"图标，在出现的界面中统计字段选择"税务登记号"，单击"统计"按钮，其结果如图 6.64 所示。

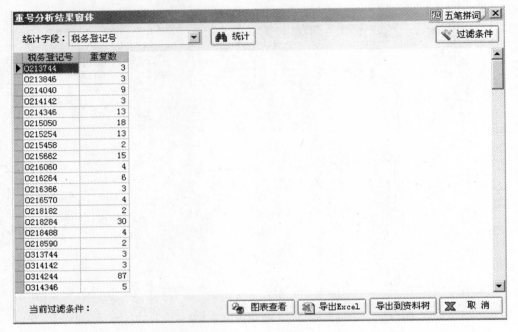

图 6.64 税务登记号字段的重号分析结果

2）IDEA 中"重号分析"功能的应用

在 IDEA 中，"重号分析"这种方法被称为重复关键量检测，它可以识别数据库中多至 8 个字段的信息相同的重复项。

例 6.10 IDEA 中简单重号分析实例。

采用 IDEA 软件中的示例数据（文件名为"详细的销售文件"），要求利用"重号分析"功能，查找销售文件中的重复发票号码。

进行"重号分析"操作的关键步骤如下：

（1）在 IDEA 中，单击"数据"→"重复关键量"→"检测"命令，出现如图 6.65 所示的界面。

（2）在图 6.65 中，单击"关键量"按钮，出现如图 6.66 所示的界面。

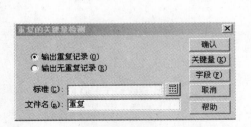

图 6.65 检测功能参数设置界面

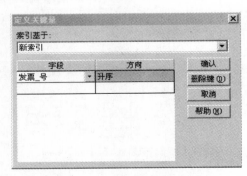

图 6.66 检测字段设置界面

（3）在图 6.66 中，单击"确认"按钮，返回到图 6.65 中，在图 6.65 中更改文件名，如图 6.67 所示。

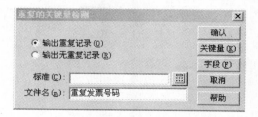

图 6.67　更改文件名后的检测功能参数设置界面

（4）在图 6.67 中，单击"确认"按钮，查找结果如图 6.68 所示。

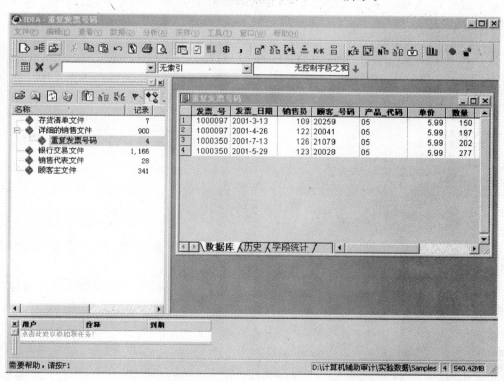

图 6.68　重复发票号码的检测结果界面

例 6.11　IDEA 中复杂重号分析实例。

现有某劳动局失业保险数据，文件名为"失业金实际发放表.dbf"，数据类型为 Foxpro 自由表，其数据表结构见附录 A.5。要求利用"重号分析"功能，查找同月重复发放失业金的人员，查找结果包括身份证号、姓名和发放月份。

假设失业保险数据已被采集到 IDEA 中，查找失业保险数据中同月重复发放失业金的人员的操作过程如下：

（1）单击"数据"→"重复关键量"→"检测"命令，如图 6.69 所示，则出现如图 6.70 所示的界面。

图 6.69　在 IDEA 中选择检测功能

（2）在图 6.70 中单击"关键量"按钮，则出现如图 6.71 所示的界面，在其中设置需要检测的重复字段。

图 6.70　检测功能参数设置界面

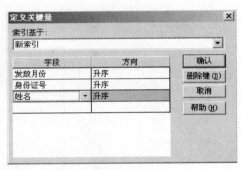

图 6.71　检测字段设置界面

（3）在图 6.71 中单击"确定"按钮，返回到图 6.70，在图 6.70 中单击"字段"按钮，则出现显示字段设置界面，在图 6.72 中设置需要显示的字段。

（4）完成相关参数的设置后，在图 6.72 中单击"确认"按钮，返回到图 6.70，在该界面中，可更改要显示的文件名，本例设置成"失业金重复发放数据"，如图 6.73 所示。

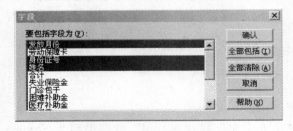

图 6.72　显示字段设置界面

图 6.73　更改文件名后的检测功能
参数设置界面

（5）在图 6.73 中，单击"确认"按钮，数据分析结果如图 6.74 所示。

2．断号分析

断号分析主要是分析被审计数据中的某字段在数据记录中是否连续。

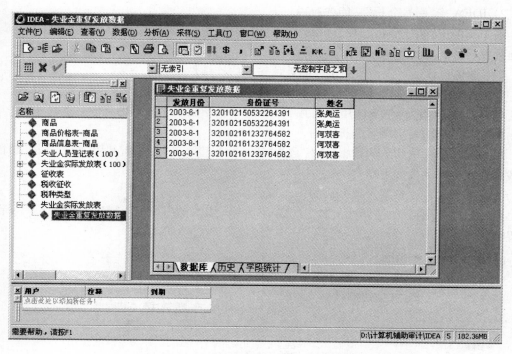

图 6.74　重复发放失业金人员检测结果界面

1）AO 中"断号分析"功能的应用

在 AO 中，通过断号分析，可对某字段在数据记录中的连续性进行分析。如果有断点，则统计出来，否则只列出统计字段的最大值和最小值。需要指出的是，在 AO 中断号分析主要针对整数和日期类型的数据。

图 6.75 为 AO"断号分析"功能的一个应用结果。

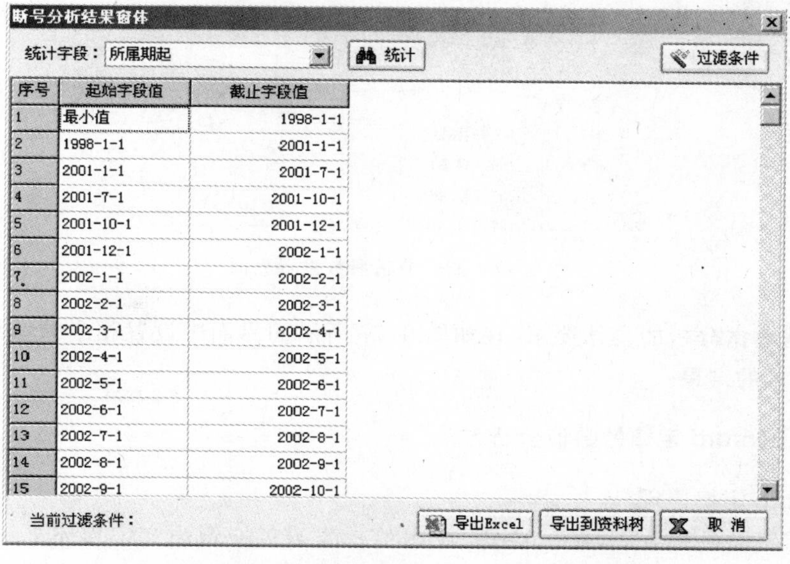

图 6.75　AO"断号分析"功能的一个应用结果

2) IDEA 中"断号分析"功能的应用

在 IDEA 中,断号分析这种方法被称为连续性检测,根据被检测的字段类型,可分成 3 种连续性检测:

(1) 数值连续性检测——用于检测数值序列的连续性。

(2) 日期连续性检测——用于检测一定范围内日期的连续性。

(3) 字符连续性检测——用于检测一个字符字段子集数字序列的连续性。

例 6.12　IDEA 中断号分析实例。

以 IDEA 软件中的示例数据(文件名为"详细的销售文件")为例,利用"断号分析"功能,查找销售文件中的遗漏发票号码。

查找销售文件中遗漏发票号码的操作过程如下:

(1) 单击"数据"→"连续性检测"→"数值"命令,如图 6.76 所示,则出现如图 6.77 所示的界面。

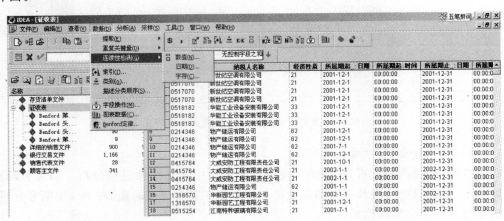

图 6.76　IDEA 的断号分析功能

图 6.77　断号分析参数设置界面

(2) 根据数据分析的具体要求,在如图 6.77 所示的界面中设置相应的参数,即可得到如图 6.78 所示的结果。

3. 基于 Benford 定律的数值分析方法

1) Benford 定律原理

1881 年,美国天文学家 Simon Newcomb 在所发表的一篇论文中描述了一种奇异的数字分布规律:在图书馆的对数表手册中,包含较小数字的页码比那些包含较大数字的页码

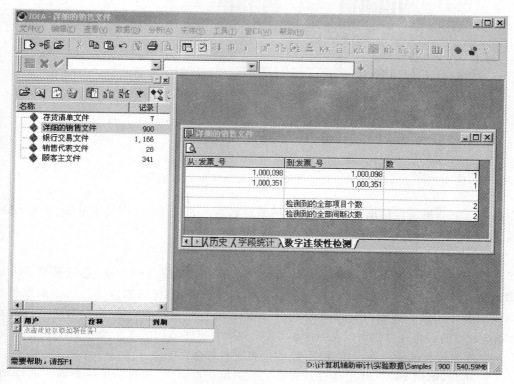

图 6.78 遗漏发票号码检测结果界面

明显磨损严重,而且磨损的程度和数字大小呈递减关系。透过这个现象,他推断研究人员在查阅对数表时,查阅以数字"1"开头的数字的机会比以"2"开头的数字多,以"2"开头的比"3"多,并以此类推。在这个推断的基础上,他得出以下结论:以"1"开头的数字比以其他数字开头的多。1938 年,一位通用电气公司的科学家 Frank Benford 同样注意到他的对数表手册的特殊磨损现象,通过进一步研究,他得出了和 Newcomb 同样的结论:人们处理较低数字开头的数值的频率较大。为了证明他的假设,Benford 收集了 20 229 类不同的数据集合,这些数据来源千差万别,例如河流的面积、不同元素的原子质量、杂志和报纸中出现的数字。通过分析,这些数字呈现同样的特点:首位数出现较小数字的可能性比出现较大数字的可能性要大。后来,人们以他的名字命名了这条定律,这就是 Benford 定律(Benford's Law)。概括来说,Benford 定律是指数字及数字序列在一个数据集中遵循一个可预测的规律。美国国家标准和技术学院(National Institute of Standards and Technology,NIST)给出了Benford 定律的定义。

定义 4.1 Benford 定律。

在不同种类的统计数据中,首位数字是数字 d 的概率为 $\log 10(1+1/d)$。其中,数据的首位数字是指左边的第一位非零数字。例如数据 5678、5.678、0.5678 的首位数字均为 5。

根据 Benford 定律,首位数字出现的标准概率分布曲线如图 6.79 所示。同理,根据Benford 定律,也可以计算出数据各位上数字出现的概率。

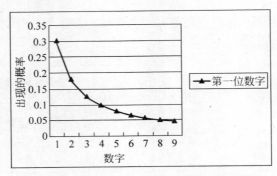

图 6.79　首位数字出现的标准概率分布曲线图

根据以上分析可以得出：如果被分析的审计数据不符合 Benford 定律的标准概率分布曲线，则表明在被分析的审计数据中可能含有"异常"的数据。

2) Benford 定律适用的条件

由以上分析可以看出：Benford 定律提供了一种审计数据分析方法，通过采用 Benford 定律对被审计数据进行分析，可以识别出其中可能的错误，潜在的欺诈或其他不规则事物，从而发现审计线索。然而，Benford 定律并不是适用于所有被审计数据，Nigrini(1997)对 Benford 定律的适用条件进行了研究，他认为 Benford 定律适用的 3 个经验条件如下：

(1) 被审计数据量具备一定规模，能够代表所有样本。

一般而言，应用 Benford 定律进行分析的数据集规模越大，分析结果越精确。这特别适用于我国面向数据的联网审计环境下的审计数据分析。

(2) 被审计数据没有人工设定的最大值和最小值范围。

例如，一般单位的固定资产台账数据就可能不适合 Benford 分布规律，因为按照财务制度，只有在一定金额之上的固定资产才被登录台账。

(3) 要求目标数据受人为的影响较小。

例如，用 Benford 定律对会计数据中的价格数据进行分析就可能不符合分布规律，因为价格受人的影响较大。

3) IDEA 中"Benford 定律"功能的应用

目前，Benford 定律已被应用于 IDEA 审计软件中，如图 6.80 所示。在 IDEA 中，复杂的 Benford 定律就被做成一个使用简便的数据分析应用程序。

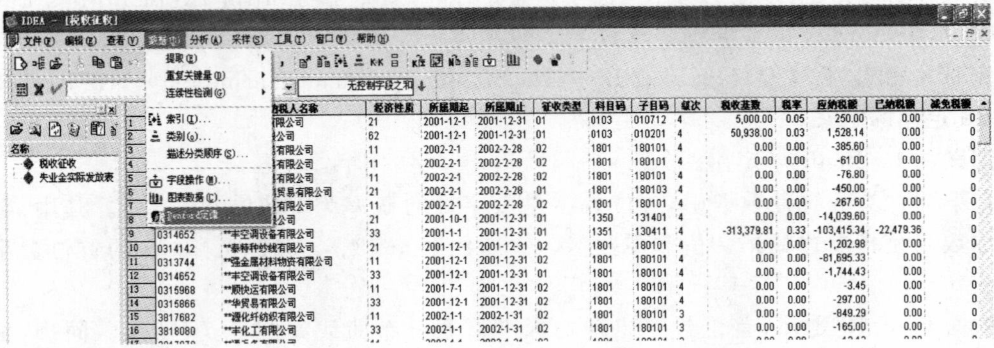

图 6.80　IDEA 中的 Benford 定律功能

例 6.13　Benford 定律的应用。

现有某税收征收电子数据（文件名为"税收征收.mdb"，数据表名为"征收表"），表结构见附录 A.5。要求利用"Benford 定律"对"实纳税额"字段进行分析。

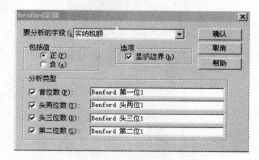

假设数据已被采集到 IDEA 中，进行"Benford 定律"操作的关键步骤如下：

（1）单击"数据"→"Benford 定律"命令，如图 6.80 所示，则出现如图 6.81 所示的界面。

（2）在图 6.81 所示的界面中设置相应的参数，即可得到如图 6.82～图 6.85 所示的结果。

图 6.81　Benford 定律的参数设置界面

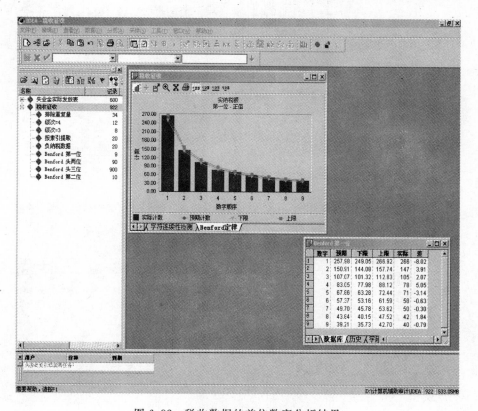

图 6.82　税收数据的首位数字分析结果

在以上 Benford 定律的分析结果图中，关键的命令说明如下：

📊——在显示条形图和显示线形图之间进行切换。

➕——放大和缩小。

📑——提取与选中的数据相关的记录。

🔍——显示与选中的数据相关的记录。

✖——字段统计。

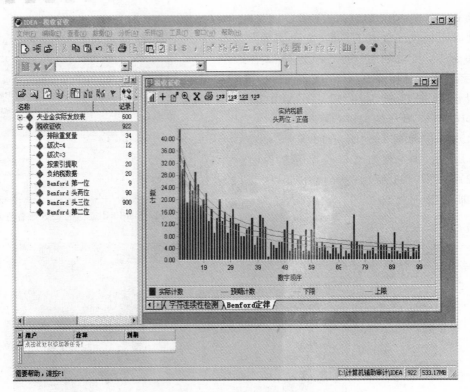

图 6.83　税收数据的前两位数字分析结果

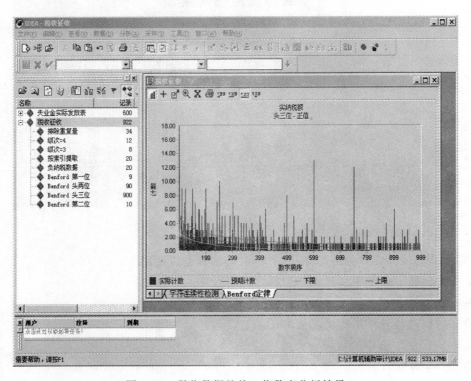

图 6.84　税收数据的前 3 位数字分析结果

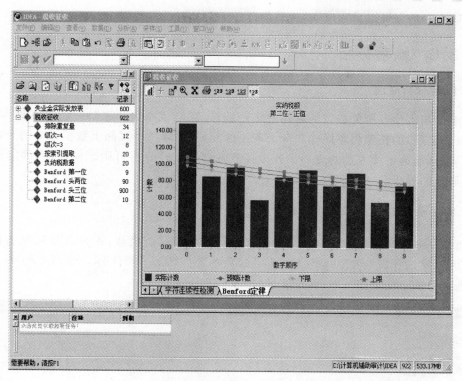

图 6.85 税收数据的第二位数字分析结果

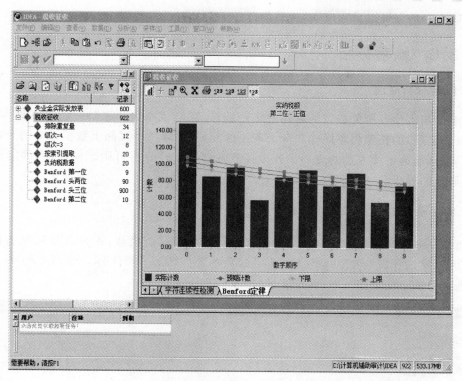——对选取字段的第一位数字进行分析。

——对选取字段的前两位数字进行分析。

——对选取字段的前 3 位数字进行分析。

——对选取字段的第二位数字进行分析。

（3）在以上 Benford 定律的分析结果图中,选中某一柱体,单击"显示与选中的数据相关的记录"选项,结果如图 6.86 所示。

	税务登记号	纳税人名称	经济性质	所属期起	所属期止	征收类型	科目
1	3817682	中源化纤纺织有限公司	11	2001-12-1	2001-12-31	01	0103
2	1117070	荷里利工艺美术设计有限公司	11	2001-12-1	2001-12-31	01	0103
3	0216060	隆源建材贸易有限公司	31	2002-3-1	2002-3-31	01	0103
4	0215254	兴腾钢材贸易有限公司	11	2002-4-1	2002-4-30	02	0103
5	0214040	长江机械股份公司	21	2002-5-1	2002-5-31	01	0103
6	0314244	金富房地产公司	21	2002-7-1	2002-7-31	01	0203
7	3817682	中源化纤纺织有限公司	11	2002-9-1	2002-9-30	01	0103
8	0214040	长江机械股份公司	21	2002-9-1	2002-9-30	01	0103
9	0314244	金富房地产公司	21	2002-11-1	2002-11-30	01	0103

保存(S)　打印(P)　完成(D)　帮助(H)

图 6.86 选中数据的显示结果

提取出的数据可以单独成表,为后面进一步的分析打下基础。

6.3.6　账龄分析

1. 账龄分析原理

账龄是指负债人所欠账款的时间。账龄越长,风险就越大。账龄分析是指根据账款拖欠时间(即账龄)的长短将不同账户分为若干区间,并计算各个区间上数据记录的个数、账款的金额等,从而为审计人员的进一步分析打下基础。账龄分析可用于应收账、固定资产、应付账等账款的分析。

2. 账龄分析实例:IDEA 中账龄分析功能

目前,一些审计软件(如 IDEA 等)中都设计了账龄分析模块,审计人员只要选择"账龄分析"功能,输入相应的参数即可方便地完成所需的账龄分析工作。以 IDEA(英文版)为例,其账龄分析方法如图 6.87 和图 6.88 所示。

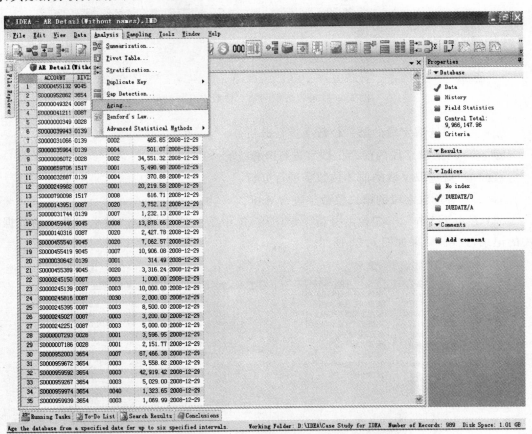

图 6.87　IDEA 的账龄分析功能菜单

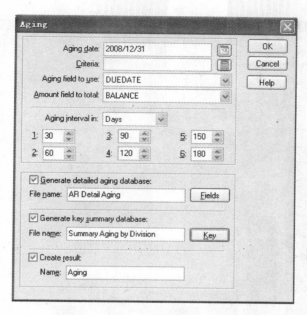

图 6.88　IDEA 的账龄分析设置界面

其账龄分析结果的表格显示和图形显示示例如图 6.89 和图 6.90 所示。

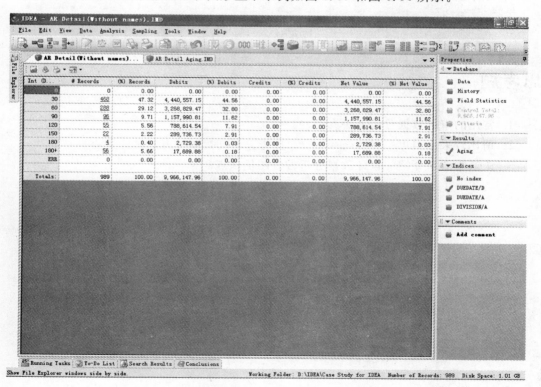

图 6.89　IDEA 的账龄分析结果表格显示界面

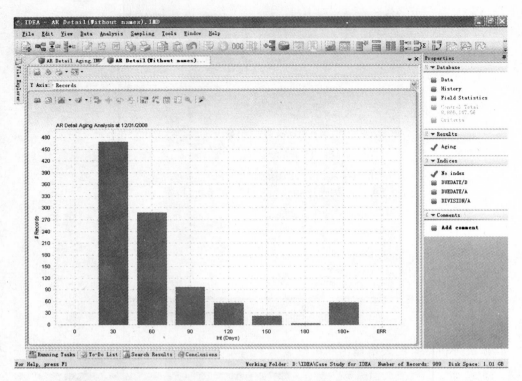

图 6.90 IDEA 的账龄分析结果图形显示界面

思考题

1. 常用的审计数据分析方法有哪些?
2. 请比较采用 IDEA 和 Access 进行"重号分析"时,两种方法的优缺点。
3. 谈谈本章所介绍的审计数据分析方法的优缺点。

第7章

审计数据分析新方法

7.1 概述

由前文分析可知,常用的审计数据分析方法虽然能有效地对电子数据进行审计,但多是把手工的审计流程计算机化,没有充分利用目前已有的信息技术,不能从被审计电子数据中提取一些隐藏的或未知的信息。因此,研究一些新的审计数据分析方法来发现被审计数据中有价值的信息具有重要的理论和应用价值。

信息技术的发展为研究新的审计数据分析方法提供了机遇,本章结合信息技术的研究现状,探讨一些审计数据分析新方法。

7.2 基于业务规则的审计数据分析方法

7.2.1 问题的提出

目前,审计数据分析的目的之一是查找被审计数据中的错误数据。简单地说,错误数据是指数据源中记录字段的值和实际的值不相符。对于错误数据的检测,一般有两种相联系的方法:

(1) 通过检测被审计数据表中单个字段的值来发现错误数据。这种方法主要是根据被审计数据表中单个字段值的数据类型、长度、取值范围等,来发现其中的错误数据。

(2) 通过检测字段之间以及记录之间的关系来发现错误数据。

在进行审计数据分析,查找审计证据时,如果能利用具体的业务知识,则能更好地完成审计数据分析。例如在表 7.1 中,错误数据的出现是因为数据违反了业务规则。通过检测记录中各字段的值是否符合业务规则,例如是否超出了该字段的数值范围,可以判断该字段值是否正确。使用业务规则来分析被审计数据源中存在的错误数据是最简单、最有效的方法,例如,对于数值越界问题,可以通过把给定数据和其数值的范围(即上下界)进行比较,检测出越界的数值;对于属性依赖冲突问题,可以简单地通过给出一个属性之间的对照检查表来解决。

基于以上分析,为了查找被审计数据中不符合业务规则的错误数据,提出一种基于业务规则的审计数据分析方法。

表 7.1　因违反业务规则而错误的数据

问　题	脏　数　据	原　因
不合法值	出生日期＝1970/13/12	数值超出了域范围
违反属性依赖	年龄＝22	年龄和出生日期不一致
	出生日期＝1970/12/12	
违反业务事实	入库日期＝2003/12/10	出库日期比入库日期早
	出库日期＝2003/10/12	

7.2.2　业务规则

1. 业务规则的定义与分类

本节中,业务规则是指符合业务的某一数值范围、一个有效值的集合,或者是指某一种数据模式,例如地址或日期。业务规则根据其规则内容,可分成通用业务规则和特定业务规则。

1) 通用业务规则

通用业务规则是指对多数信息系统都适用的业务规则,例如工资必须大于或等于零,如果在数据表中 Salary＝"－3500",则表示无效的工资。

2) 特定业务规则

特定业务规则是指针对某一种特定行业信息系统的业务规则,如在某住房公积金管理中心的公积金管理系统中,同一人在前一笔贷款未全部偿还的情况下不能以不同的购房交易再次贷款,这种规则就属于特定业务规则。

2. 规则的表示方法

在应用基于业务规则的审计数据分析方法时,要根据对具体业务的分析,在规则库中定义相应的业务规则,然后,用这些业务规则来完成相应的错误数据检测工作。在基于业务规则的审计数据分析方法中,存在着确定性业务规则和不确定性业务规则。因此,在规则库中,业务规则的表示也相应地分成确定性业务规则表示和不确定性业务规则表示,分别说明如下:

1) 确定性业务规则的表示

```
R#: IF  (AND (OR {<CONDITION>})) THEN
        ({<ACTION>})
        END IF
```

2) 不确定性业务规则的表示

```
R#: IF  (AND (OR {<CONDITION>  WITH  <CF_CONDITION>})) THEN
        ({<ACTION>})  WITH  <CF_ACTION>
        END IF
```

其中,R#表示规则号;IF、THEN、AND、OR 均为关键字;AND 表示它所联系的条件必须同时满足,即为"与"的组合;OR 表示它所联系的条件必须有一个满足,即为"或"的组合;{ }表示可有一个或多个,但至少有一个;CF_CONDITION 和 CF_ACTION 分别表示规则的可信度和事实的可信度,取值范围如下:

```
0 < CF_CONDITION < 1
0 < CF_ACTION < 1
```

在以上规则中，当满足条件<CONDITION>时，就会触发动作<ACTION>。

3．规则的表示方法实例

确定性业务规则和不确定性业务规则表示方法的实例如下：

1）确定性业务规则

```
R1: IF Rᵢ(Salary)< 0   THEN
        该字段值为错误数据；
    END IF;
```

其中，R_i(Salary)表示记录 R_i 中"工资"字段的值。

规则 R1 表示如果记录 R_i 中"工资"字段的值小于 0，则表示该数值为错误数据。

2）不确定性业务规则

```
R2: IF μᵢ + εσᵢ < Rᵢ(Salary)  OR  Rᵢ(Salary)< μᵢ − εσᵢ THEN
        该字段值为错误数据  WITH  0.9;
    END IF;
```

其中，μ_i 表示"工资"字段的平均值，σ_i 表示"工资"字段的标准差，R_i(Salary)表示记录 R_i 中"工资"字段的值。

规则 R2 表示如果满足条件：

$$\mu_i + \varepsilon\sigma_i < R_i(\text{Salary})$$

或者

$$R_i(\text{Salary}) < \mu_i - \varepsilon\sigma_i$$

则该字段为错误数据的可信度为 0.9。

7.2.3　基于业务规则的审计数据分析方法原理

基于前面的分析，提出一种基于业务规则的审计数据分析方法，其原理如图 7.1 所示。即通过在规则库中定义业务规则来检测数据是否满足字段域、业务规则，从而发现审计线索，获得审计证据。

基于业务规则的审计数据分析方法简要描述如下：

（1）根据对被审计对象的具体分析，在规则库中定义相应的业务规则。

（2）对被审计数据执行自动审计。规则库检索模块检索规则库中的业务规则，根据所定义的业务规则，对每条记录作以下检测：

① 根据字段的域来检测一条记录的每个字段。

② 根据同一记录中字段之间的关系来检测，例

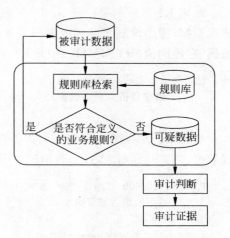

图 7.1　基于业务规则的审计数据分析方法

如采用函数依赖关系等,对每条记录的多个字段进行检测。

(3) 通过以上过程可以判定每条记录是否符合所定义的业务规则;如果记录不符合所定义的业务规则,则将该记录"记入"到"可疑数据"数据库中。然后,审计人员对可疑数据进行审计判断,从而发现审计线索,获得审计证据。

由以上分析可以看出,这种方法的检测效果取决于对被审计对象的具体分析以及所定义的业务规则的数目。

7.2.4　业务规则库的优化策略

基于业务规则的审计数据分析方法的工作过程就是不断搜索规则库,并对数据源中的数据记录进行检查,看数据记录是否符合所定义的业务规则,从而检测出错误数据。由于整个规则库中所包含的规则数目较多,搜索空间较大,势必会降低检测效率。为了提高检测效率和系统运行的可靠性,根据对业务规则的分类,把业务规则库分成两个子规则库,即通用业务规则子规则库和特定业务规则子规则库。在完成某个审计数据分析任务时,除了需要到通用业务规则子规则库中搜索外,具体业务只需要到该任务相关的特定业务规则子规则中搜索,这样可以大大减小搜索空间。

7.2.5　实例分析

以某医疗保险信息系统中"参保单位"数据表为例,来说明基于业务规则的审计数据分析方法的应用。通过对该医疗保险信息系统业务的分析,针对"参保单位"数据表定义的主要业务规则的伪码描述如下:

```
R1: IF RTRIM(R_i(CODE),4)≠2254 THEN
        该字段值为错误数据;
    END IF;
```

规则 R1 表示如果记录 R_i 中"邮政编码"字段值的前 4 位不是"2254",则表示该数值为错误数据,因为该城市的邮政编码前 4 位为"2254"。其中,$R_i(CODE)$ 表示记录 R_i 中"邮政编码"字段的值,$RTRIM(R_i(CODE),4)$ 表示取 $R_i(CODE)$ 的前 4 位数值。

```
R2: IF  @ not in R_i(EMAIL)  THEN
        该字段值为错误数据;
    END IF;
```

规则 R2 表示如果记录 R_i 中"电子邮件"字段的值中没有"@"符号,则表示该数值为错误数据。其中,$R_i(EMAIL)$ 表示记录 R_i 中"电子邮件"字段的值。

```
R3: IF R_i(IFPUBLIC)≠1  OR  R_i(IFPUBLIC)≠2  THEN
        该字段值为错误数据;
    END IF;
```

规则 R3 表示如果记录 R_i 中"企业事业"字段的值不是"1"或"2",则表示该数值为错误数据,因为"企业事业"字段的值只有两个:"1"和"2","1"表示该单位的性质为"企业","2"表示该单位的性质为"事业"。其中，R_i（IFPUBLIC）表示记录 R_i 中"企业事业"字段的值。

```
R4:    IF R_i(REGISTDATE)< R_i(PASSCHECKDATE)THEN
          该字段值为错误数据；
       END IF;
```

规则 R4 表示如果记录 R_i 中"参保日期"字段的值小于"批准日期"字段的值，则表示该数值为错误数据。其中，R_i（REGISTDATE）表示记录 R_i 中"参保日期"字段的值，R_i（PASSCHECKDATE）表示记录 R_i 中"批准日期"字段的值。

```
R5: IF R_i(PASSCHECKDATE)< R_i(CHECKDATE) THEN
       该字段值为错误数据；
       END IF;
```

规则 R5 表示如果记录 R_i 中"批准日期"字段的值小于"审批日期"字段的值，则表示该数值为错误数据。其中，R_i（CHECKDATE）表示记录 R_i 中"审批日期"字段的值。

通过运行以上规则，可有效地检测出被审计数据源中不符合业务规则的错误数据。通过对这些检测出的错误数据进行审计判断，最终获得审计证据。

7.2.6 优缺点分析

基于业务规则的审计数据分析方法具有简单、易用、准确度高等优点。这种方法的审计效果取决于对具体业务的分析以及定义规则的数目，但同时这种方法又具有一定的局限性：它需要审计人员非常熟悉具体的业务，而且被审计数据的业务规则也比较容易获得。总之，从某种程度上来说，这种方法也不失为是一种好的审计数据分析方法。

7.3 基于孤立点检测的审计数据分析方法

7.3.1 问题的提出

在数据源中经常含有一定数量的异常值，它们与数据源中的其他数据不同或不一致，这样的数据常常被称为孤立点（Outlier）。Hawkins（1980）给出了孤立点本质性的定义：孤立点是在数据源中与众不同的数据，使人怀疑这些数据并非随机偏差，而是产生于完全不同的机制。孤立点可能是度量或执行错误所导致，也可能是固有的数据变异性的结果。孤立点检测是数据挖掘中的一个重要方面，用来发现数据源中显著不同于其他数据的对象，它常常应用在电信和信用卡欺骗检测、贷款审批、气象预报和客户分类等领域中。目前，把该技术用于审计行业数据分析的研究还很少。由于审计数据分析中的疑点数据往往表现为孤立点，所以，通过查找数据源中的孤立点可以发现审计线索，获得审计证据，从而达到审计的目的。基于以上分析，本节提出一种基于孤立点检测的审计数据分析方法。

7.3.2　基于孤立点检测的审计数据分析方法原理

基于孤立点检测的审计数据分析方法的原理如图 7.2 所示。

该方法的原理描述如下：

(1) 对被审计数据进行预处理,如标准化数据字段格式等,从而提高孤立点检测的准确度。

(2) 根据对被审计数据的分析,选择孤立点检测算法,并预定义孤立点检测算法参数和孤立点识别规则。

(3) 数据检测模块从算法库中调用孤立点检测算法,对被审计数据进行检测,并根据规则集中预定义的孤立点识别规则,检测出孤立点,即为可疑数据。

(4) 对检测出的每一个孤立点(可疑数据),还需要由审计人员通过一定的方法进行审计判断,并通过对可疑数据的延伸调查,最终获取审计证据。这是因为有些孤立点也可能是固有的数据变异性的结果,如一个公司总经理的工资,可能远远高于公司其他雇员的工资,成为一个孤立点。

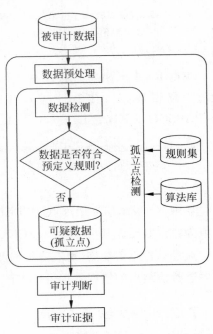

图 7.2　基于孤立点检测的审计数据
分析方法

7.3.3　关键问题分析

1. 规则集与算法库

从图 7.2 可以看出,规则集与算法库是基于孤立点检测的审计数据分析方法的核心。其中,规则集用来存放关于孤立点检测的规则,包括孤立点检测算法的初始参数和孤立点识别规则(用来指定被审计数据为孤立点的条件)。

对于规则集的实现,可采用以下两种方式：

1) 通过规则语言实现

规则语言一般采用 IF-THEN 规则。

2) 通过在数据库中创建一个数据表实现

这种方式的数据表的表结构如表 7.2 所示。

表 7.2　规则集数据表的表结构

表名：**RULE_TABLE**

字段	类型	长度	说明	键
RULE_NO	CHAR	10	规则编号	PK
RULE_NAME	CHAR	10	规则名称	—
RULE_DATA	CHAR	10	规则数值	—
RULE_EXPLAIN	VARCHAR	50	规则说明	—

在对被审计电子数据进行数据分析时，可根据具体的业务，在规则集中定义相应的规则，或者修改已有的规则，从而使该系统适用于不同的业务数据，具有较强的通用性和适应性。

算法库用来存放孤立点检测算法。多种算法存放在算法库中，供审计数据分析时根据不同的情况来选用相应的合适算法。

2．孤立点检测方法分析

由前面的分析可以看出，如何检测数据源中的孤立点是基于孤立点检测的审计数据分析方法中的一个关键步骤，常用的孤立点检测方法一般可以分为以下 4 类：

1）基于分布的方法

基于分布的方法对给定的数据集假定一个分布或概率模型，然后根据模型对数据集中的每个点进行不一致性测试，如果与分布不符合，就认为它是一个孤立点。这种方法的缺陷是：要求知道数据集参数（如假设的数据分布）、分布参数（如平均值和方差）和预期的孤立点的数目。

2）基于距离的方法

基于距离的孤立点的概念是由 Knorr 和 Ng 在 1998 年提出的。他们认为，如果一个点与数据集中大多数点之间的距离都大于某个阈值，那么这个点就是一个孤立点。与基于分布的方法相比，基于距离的孤立点检测包含并扩展了基于分布的思想，当数据集不满足任何标准分布时，基于距离的方法仍能有效地发现孤立点，且这种方法能够处理任意维的数据，但不足的是该方法要求用户必须合理地设置参数。

3）基于密度的方法

基于密度的孤立点的定义是在基于距离的基础上建立起来的，这种方法将数据点之间的距离和某一给定范围内的数据点的个数这两个参数结合起来，得到密度的概念，根据密度来判断一个点是否是孤立点。

4）基于深度的方法

在基于深度的方法中，每个数据对象被映射为 k 维空间中的一个点，并赋予一个特定定义的深度，根据不同的深度将数据划分成不同层次。根据统计学结论，异常数据往往存在于较浅的层次中，深度小的数据对象是孤立点的可能性比较大。基于深度的方法对二维和三维空间上的数据比较有效，但对四维空间及四维以上的数据，处理效率比较低。

7.3.4　优点分析

和常用的审计数据分析方法相比，本节所提出的基于孤立点检测的审计数据分析方法具有以下优点。

1．对行业知识的依赖较少

该方法不需要审计人员根据一定的审计分析模型对被审计数据进行分析，而是采用孤立点检测算法自动检测被审计数据中的异常情况，因而对行业知识的依赖较少。

2．具有较强的通用性

通过采用合适的孤立点检测算法以及在规则库中合理定义孤立点识别规则，能使该方法适用于不同的审计业务，并能准确地检测出被审计数据中的孤立点。

3．提高了审计效率

该方法首先采用孤立点检测方法对采集到的电子数据进行初步检测，发现孤立点数据（可疑数据），然后再对孤立点数据进行审计判断，最终获得审计证据。这种方法可使审计人员审查的数据量大大缩小，从而提高了审计工作效率。

4．易发现被审计数据中的隐藏信息

该方法采用孤立点检测算法自动对采集到的电子数据进行分析来发现数据中的异常情况，相对于常用的审计方法，易发现被审计数据中的隐藏信息。

当然，该方法不能够解决所有的审计数据分析问题，但通过和其他方法一起使用，能在很大程度上提高审计效率，降低审计风险。

7.4　基于可视化数据展现技术的审计数据分析方法

常用的审计数据分析方法虽然能有效地对电子数据进行审计，但不具有直观的效果，而可视化工具可以提供直观、简洁的机制表示大量的审计信息，这有助于定位重要的数据，另外，可视化工具提供的多窗口、交互式、可视化图形界面便于审计人员直观、综合、灵活地进行分析处理，获得评价结果。因此，如何把可视化工具应用于审计数据分析中来减小审计人员的工作强度，提高审计效率具有重要的理论和应用价值。本节提出一种基于可视化数据展现的审计数据分析方法。

可视化数据展现方法的目的就是采用可视化工具，根据一定的审计分析模型，把被审计数据立体地展现在审计人员面前，从而可使审计人员很直观地对数据进行分析。以某海关进口报关单数据为例，基于可视化数据展现技术的审计数据分析方法原理如下：

（1）根据需要采用一定的方式对该数据进行建模。

（2）在数据挖掘工具（如 DBMiner）中采用可视化数据展现方法进行可视化分析。例如，可按不同的时间坐标把被审计数据立体地展现在审计人员面前，其中的一个分析结果如图 7.3 所示。

（3）通过对如图 7.3 所示的可视化结果进行分析，审计人员可以更轻松地发现报关单数据中的可疑数据，然后，由审计人员通过一定的方法对可疑数据进行审计判断，从而最终发现审计线索，获得审计证据。

相对于应用 SQL 语言等方式来分析电子数据来说，可视化数据展现方法可以把审计人员所关心的数据很直观地展现在审计人员面前，从而能更轻松地发现审计线索。

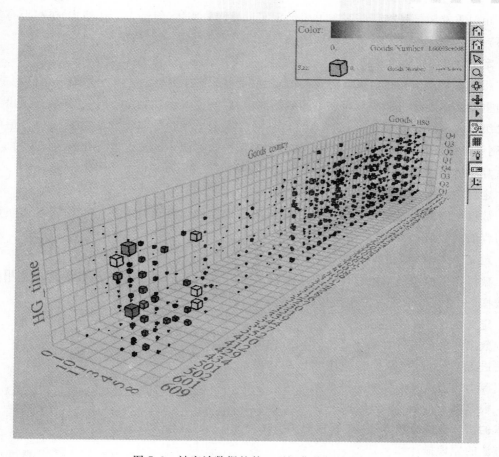

图 7.3 被审计数据的某一可视化分析结果

7.5 基于数据匹配技术的审计数据分析方法

7.5.1 原理分析

在多个被审计数据源中可能含有相似重复实体,这些相似重复实体可能就是审计过程中要查找的可疑数据。例如,联网审计环境下从不同地方采集来的被审计数据中,被审计数据 A 中出现的数据不应该出现在被审计数据 B 中。通过数据匹配技术可以有效地发现舞弊案件。国内外对数据匹配技术的研究多用来检测数据源中的相似重复数据,达到提高数据质量的目的,直接把数据匹配技术应用于审计中的研究还不常见。

根据以上分析,可以把数据匹配技术应用于联网审计环境下的审计数据分析之中来获得审计证据。

为了后面论述的方便,首先给出以下几个相关定义:

定义 7.1 相似重复记录。

相似重复记录是指那些客观上表示现实世界同一实体，但是由于在格式、拼写上有些差异而导致数据库系统不能正确识别的记录。

定义 7.2　相似重复实体。

相似重复实体和相似重复记录类似，相似重复记录主要针对同一个数据表中的记录，而相似重复实体则是指那些分布在不同数据源中，客观上表示现实世界同一实体，但是由于在模式级和实例级上有些差异而被认为是不同对象的数据。如果能找到数据表中合适的主键，则可以使用它来解决实体异构的问题。当两个数据源中的记录没有共同的标识符时，相似重复实体检测就变得很重要。

定义 7.3　数据之间的相似度 S。

数据之间的相似度 S 是根据要比较的两条数据的内容而计算出的一个表示两条数据相似程度的数值，$0 < S < 1$。

定义 7.4　数据相似检测。

数据相似检测是指通过计算两条数据之间的相似度 S，来判定两条数据是不是相似重复数据（这里相似重复数据包括相似重复记录和相似重复实体）。

定义 7.5　数据匹配。

数据匹配是通过对采集来的不同数据源中的数据进行匹配（包括数据相似检测），来发现不同数据源中相似重复实体的一种技术方法。

根据以上分析，本节提出一种基于数据匹配技术的审计数据分析方法，其原理如图 7.4 所示。该方法的原理描述如下：

（1）首先，根据对两个被审计数据源的分析，从两个要比较的数据表中选取公共字段。

（2）对两个数据表中的数据进行预处理，如标准化数据字段格式等。

（3）从算法库中调用相似检测算法，根据所选取的公共字段，执行两个数据表中数据之间的比较，并根据预定义的重复识别规则，检测出相似重复实体，即为可疑数据。

（4）对检测出的每一组相似重复实体（可疑数据），由审计人员通过一定的方法进行审计判断，并通过对可疑数据的延伸调查，最终获得审计证据。

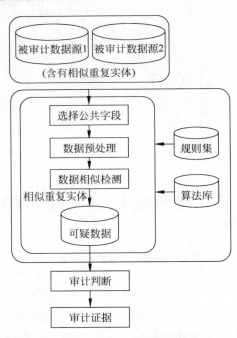

图 7.4　基于数据匹配技术的审计数据分析方法原理

7.5.2　关键步骤分析

1. 公共字段的选取

要比较的两个数据表在内容上是一致的，但表结构可能不相同（例如字段的命名、字段的顺序、字段的个数等)。公共字段的选取是为了从两个数据表中选取要比较的字段,通过对这些共公字段的比较,来确定要比较的数据是不是相似数据。所选取的公共字段的字段名可以不一样,但字段的内容必须要一致。具体来说,假设 D_1 和 D_2 为两个数据源,$R_1 \in D_1$ 和 $R_2 \in D_2$ 为两个表示同一现实对象的记录,$R_1 = \{a_1, a_2, \cdots, a_m\}$,$R_2 = \{b_1, b_2, \cdots, b_n\}$。$R_1$ 和 R_2 没有一个共同的标识符,R_1 和 R_2 公共字段的集合表示为:$\{Y_1, Y_2, \cdots, Y_k\}$,$k \in [1, N]$,$N$ 为公共字段的数目。考虑两个实体 $a_i \in R_1$,$b_j \in R_2$;假设 $a_i(Y_K) = y_{aik}$,$a_j(Y_K) = y_{bjk}$ 为字段 Y_K 在 R_1 和 R_2 中的值,则需要比较的字段值就是 y_{aik}、y_{bjk}。

对于公共字段的选取,也有一些自动的方法,但为了准确起见,目前,一般还是采取人工方式来选取公共字段。

2. 数据预处理

如前所述,为了准确地获得审计证据,在进行审计数据分析之前需要对被审计数据进行数据预处理,因此,在进行相似重复数据检测之前,需要进行数据预处理。数据预处理主要用来完成数据标准化等,因为从不同数据源中采集来的数据在格式上可能存在差异,所以,通过数据标准化可以将特定类型的数据转化成统一的格式表示,从而为审计数据分析提供方便。

3. 数据相似检测

1) 数据相似检测原理

数据相似检测是基于数据匹配技术的审计数据分析方法中的关键步骤,通过数据相似检测,可以判断两条数据是不是相似重复实体。一些文献对同一数据表中的数据相似检测进行了研究,作者吸收前人的思想,对数据相似检测算法进行改进,使其适用于两个数据表中审计数据的分析,其原理如图 7.5 所示。改进后的算法中,比较的字段就是从两个待比较的数据表中选择的公共字段。对于所要比较的公共字段的权重,可由审计人员根据审计的需要来确定,从而提高了相似重复实体的检测精度。

2) 字段相似度计算方法

对于不同类型的字段,采用不同的计算方法:

(1) 布尔型字段相似度计算方法。

对于布尔型字段,如果两字段相等,则相似度取 0;如果不同,则相似度取 1。

(2) 数值型字段相似度计算方法。

对于数值型字段,可以采用计算数字的相对差异算法:

$$S(s_1, s_2) = \frac{|s_1 - s_2|}{\max(s_1, s_2)}$$

其中,s_1 和 s_2 为数值型字段。

(3) 字符型字段相似度计算方法。

对于字符型字段,一个字段可以看成是一个字符串,字符串的相似检测也称字符串匹

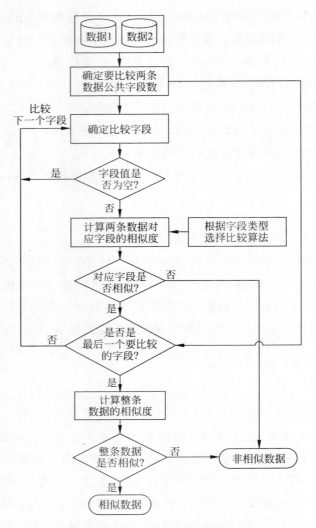

图 7.5　数据相似检测算法的流程图

配,它是计算机科学中一个最重要的研究问题,最主要的方法是基于编辑距离算法。通过采用编辑距离算法,可以计算出两个字段间的编辑距离。由于编辑距离值为整数,为了把字段间的编辑距离转换成字段间的相似度,提出以下转换方法,如表 7.3 所示。

表 7.3　编辑距离和相似度的对应关系定义

编辑距离	相似度	编辑距离	相似度
1	0.9	4	0.6
2	0.8	…	…
3	0.7		

　　表 7.3 中的对应关系也可以由审计人员根据对数据源的分析进行调整,从而更准确地检测相似重复数据,相关内容将在后面的实例中做详细分析。

编辑距离算法使用动态程序来实现,它运行 $O(m \times n)$ 次,其中 m 和 n 是两条数据的长度。由于编辑距离算法的计算比较复杂,下面介绍其原理及实现过程。

定义 7.6 编辑距离。

两个字符串 x 和 y 之间的编辑距离 $d(x, y)$ 定义为:把一个字符串转换成另一个字符串时在单个字符上所需要的最小编辑操作(例如,插入、删除、代替)的代价数。

假设 A 是一个有限的符号字母表,A^* 是 A 上所有字符串的集合;ε 表示空符号,$|x|$ 表示字符串 x 的长度,$|\varepsilon|=0$。一个编辑操作就是以下的任何一个:

$$a \to b, \quad a \to \varepsilon, \quad \varepsilon \to a$$

这里 $a, b \in A$,称为 $a \to b$ 一个代替操作,$a \to \varepsilon$ 为一个删除操作,$\varepsilon \to a$ 为一个插入操作。如果 $a = b$,则 $a \to b$ 称为一个同一的代替操作,否则称为不同一的代替操作。一个代价函数就是一个对每个编辑操作指派一个非负实数值的函数。令 $c(a \to b)$ 表示代替操作 $a \to b$ 的代价,$c(a \to \varepsilon)$ 表示删除操作 $a \to \varepsilon$ 的代价,$c(\varepsilon \to a)$ 表示插入操作 $\varepsilon \to a$ 的代价,假设 $S = e_1, e_2, \cdots, e_k$ 为一个编辑操作的序列,它的代价被定义为:

$$c(S) = \sum_{i=1}^{k} c(e_i)$$

根据以上定义,两个字符串 x 和 y 的编辑距离 $d(x, y)$ 可以被定义为转换 x 到 y 所需的最小操作序列的代价数,即:

$$d(x, y) = \min\{c(S)\}$$

其中,S 是一个转换 x 到 y 的编辑操作序列。

计算编辑距离 $d(x, y)$ 的标准算法是基于一个动态程序,它使用以下递归公式来计算维数为 $(n+1) \times (m+1)$ 的二维编辑矩阵 $D(i, j)$ 中的元素。

$$D(0, 0) = 0$$
$$D(0, j) = D(0, j-1) + c(\varepsilon \to y_j) \quad j = 1, 2, \cdots, m$$
$$D(i, 0) = D(i-1, 0) + c(x_i \to \varepsilon) \quad i = 1, 2, \cdots, n$$
$$D(i, j) = \min \begin{cases} D(i-1, j-1) + c(x_i \to y_j), \\ D(i-1, j) + c(x_i \to \varepsilon), \\ D(i, j-1) + c(\varepsilon \to y_j) \end{cases} \quad i = 1, 2, \cdots, n \quad j = 1, 2, \cdots, m$$

可以看出:$d(x, y) = D(m, n)$。

计算编辑距离 $d(x, y)$ 的算法描述如下。

输入:要比较的两个字符串 X、Y。

输出:两个字符串的编辑距离。

(1) 求 X 的长度 N,Y 的长度 M。如果 N 为 0,返回 M 并退出;如果 M 为 0,返回 N 并退出。

(2) 构建一个 M 行 N 列的矩阵 $D[M][N]$,初始化第一行为 $0 \sim N$;第一列为 $0 \sim M$。

(3) i 从 $1 \sim N$ 检测 X 中的每一个字符。

(4) j 从 $1 \sim M$ 检测 Y 中的每一个字符。

(5) 如果 $X[i] = Y[j]$,则操作代价 COST 为 0;否则,操作代价 COST 为 1。

(6) 使 $D[i][j]$ 为 $\text{Minimum}(d[i-1][j]+1, d[i][j-1]+1, d[i-1][j-1]+\text{cost})$，其中，$\text{Minimum}()$ 为求最小值函数。

(7) 返回 $D[M][N]$。

3) 字段相似检测效率优化方法

联网审计环境下，由于被审计数据是海量的，因此，必须提高数据相似检测效率。由如图 7.5 所示的数据相似检测算法的流程可以看出：数据间的相似检测依赖于数据中每个字段的相似检测，因此字段的相似检测是一个相当重要的原子操作，其效率直接影响整个算法的效率。对于字符型数据的相似性检测，一般采用编辑距离算法。由于编辑距离算法的复杂度为 $O(m \times n)$，当数据量很大时，如不采用一种高效的过滤方法来减少不必要的编辑距离计算，则会导致相似检测时间过长。因此，为提高数据检测效率，提出了一种基于长度过滤方法优化的相似检测算法。

长度过滤方法基于以下定理。

定理 7.1　长度过滤。

任给两个字符串 x 和 y，其长度分别为 $|x|,|y|$。如果 x 和 y 的编辑距离最大为 k，则两个字符串的长度之差最多不能超过 k，即：$||x|-|y|| \leqslant k$。

从定理 7.1 可以看出，在计算字段的编辑距离之前，如能利用此定理对所要比较的记录字段进行过滤，则可大大减少不必要的编辑距离计算，从而提高相似重复记录的检测效率。

假设 R1 和 R2 为两条记录，R1.Field[i] 和 R2.Field[i] 是字符型字段，两字段编辑距离的阈值 $\delta 1$，函数 $d(\text{R1.Field}[i], \text{R2.Field}[i])$ 用来计算两条记录中字段 R1.Field[i] 和 R2.Field[i] 的编辑距离，则应用长度过滤方法算法的伪码描述如下：

```
s_int = length(R1.Field[i]);
    //求字段 R1.Field[i]的长度
t_int = length(R2.Field[i]);
    //求字段 R2.Field[i]的长度
If abs(s_int-t_int) > δ1   Then
    Return False;
//如果两字段长度之差大于 δ1,则不用计算编辑距离就可判断两记录不相似
Else
    Dist = d(R1.Field[i],R2.Field[i]);      //计算对应字段 R1.Field[i]和 R2.Field[i]的距离
End If
```

4) 数据记录相似度计算方法

整个数据的相似度计算方法为：

$$\text{RS} = \sum_{i=1}^{n} w_i S_i$$

其中，RS 为两条比较数据的相似度值，w_i 为两条比较数据中参与比较的各个字段的权重，$w_i \in [0,1]$，S_i 为两条比较数据中参与比较的各个字段的相似度值，$i=1,2,\cdots,N$，N 为两条比较数据中参与比较的公共字段的个数。根据 RS 的值可以判断两条比较数据是否相似。

4. 规则集与算法库

规则集与算法库是基于数据匹配技术的审计数据分析方法的一个重要部分。其中，规

则库用来保存关于数据匹配的规则,主要包括:

1) 重复识别规则

重复识别规则用来指定两条数据为相似重复数据的条件,例如字段相似度阈值、数据相似度阈值等。

2) 相似度关系规则

相似度关系规则用来保存编辑距离和相似度的对应关系,供执行相似重复数据检测时调用。

3) 警告规则

警告规则用来指定对一些特殊事件的处理规则及相应提示信息。

在对被审计电子数据进行分析时,可根据具体的业务,在规则集中定义相应的规则,或者修改已有的规则,从而使该系统适用于不同的业务数据,具有较强的通用性和适应性。算法库用来存放相似数据检测算法。多种算法存放在算法库中,供审计数据分析时根据不同的情况来选用相应的合适算法。

7.5.3 软件系统设计

根据以上分析,采用 Delphi 7.0 实现了以上研究的基于数据匹配技术的审计数据分析方法,其主界面如图 7.6 所示。

图 7.6 软件系统主界面

7.5.4 实例分析

本节以如何查找重复发放失业金的人员为例,来分析基于数据匹配技术的审计数据分析方法的应用。假设失业保险管理数据库 A 和失业保险管理数据库 B 为联网审计环境下从两个被审计单位采集来的失业保险数据,数据格式为 MS Access,如图 7.7 所示。图 7.8 和图 7.9 为两个失业保险管理数据库中各自所包含的数据表。图 7.10 和图 7.11 为两失业保险管理数据库中各自所包含的数据表"失业人员登记表"和 syrydjb 的表结构及数据信息。由图7.9～图7.11可以看出：失业保险管理数据库 B 中"失业人员登记表"的表名称和字段名称采用汉字来表示，而失业保险管理数据库 A 中"syrydjb"的表名称和字段名称采用字母来表示，但二者所包含的数据内容是一致的。

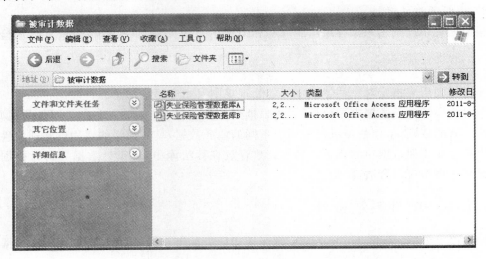

图 7.7　采集来的两个失业保险数据

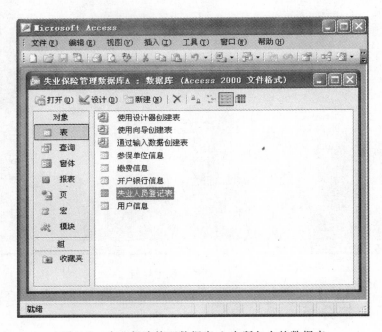

图 7.8　失业保险管理数据库 A 中所包含的数据表

在采用基于数据匹配技术的审计证据获取系统对图 7.10 中的被审计数据"失业人员登记表"和图 7.11 中的被审计数据"syrydjb"分析之前，可以根据需要对两个数据表中的数据进行预处理。

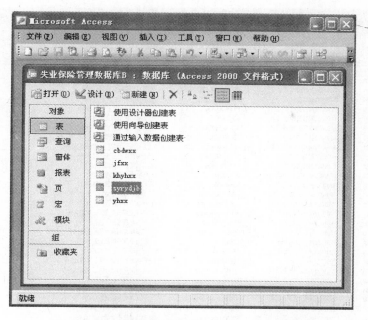

图 7.9　失业保险管理数据库 B 中所包含的数据表

劳动保障卡	身份证号	姓名	发放帐号	是否新增	家庭住址
2009229	620102196710238	杨慧如	85630000404048	否	江苏省南京市大桥南路58号
2008100	620102196710236	高大华	85630000404046	否	江苏省南京市蒲口区大桥北路158号
2008289	620102196710234	俞力小	85630000404045	否	江苏省南京市亚东新区师大路103号
2004501	620102196710234	侯沪李	85630000404049	否	江苏省南京市云南路2号
2007902	620102196710234	张素梅	85630000404041	否	江苏省南京市江宁区方山路203号
2006206	620102196710234	徐蓝生	85630000404050	否	江苏省南京市蒲口区江北路118号
2008524	620102196710234	孔庆生	85630000404047	否	江苏省南京市蒲口区珠江西路21号
2004677	620102196710233	余大生	85630000404044	否	江苏省南京市鼓楼区新街口北5栋401
2007840	620102196410234	郑发财	85630000404042	否	江苏省南京市白下区南京家农业大学9栋103
2007785	620102196210234	谢生文	85630000404043	否	江苏省南京市亚东新区方山路203号
1002622	520202196710234	魏树叶	85630000404040	否	江苏省南京市江宁区将军路142号
1009229	520102196710238	张苏来	85630000404028	否	江苏省南京市鼓楼区莫愁新寓3栋303
1008607	520102196710237	郭支生	85630000404034	否	江苏省南京市江宁区名人小区5栋403
1008100	520102196710236	邹丽俊	85630000404026	否	江苏省南京市建邺区名仕嘉圆4栋403
1001758	520102196710235	杨海南	85630000404035	否	江苏省南京市江宁区将军路213号
1008289	520102196710234	周来定	85630000404025	否	江苏省南京市江宁区名人新寓4栋403
1006660	520102196710234	陈红正	85630000404031	是	江苏省南京市江宁区名人新居2栋403
1004501	520102196710234	杨生学	85630000404029	否	江苏省南京市鼓楼区龙江新寓4栋603
1005621	520102196710234	季爱花	85630000404037	否	江苏省南京市白下区南京家农业大学5栋401
1004996	520102196710234	戴宣传	85630000404036	否	江苏省南京市建邺区名仕嘉圆2栋302
1007902	520102196710234	王浦发	85630000404021	否	江苏省南京市常府街218号
1006206	520102196710234	庞大龙	85630000404030	否	江苏省南京市白下区南京理工大学2栋402
1005622	520102196710234	梅海活	85630000404039	否	江苏省南京市白下区南京家农业大学1栋201
1001364	520102196710234	陈永生	85630000404032	否	江苏省南京市鼓楼区莫愁新寓1栋203
1007909	520102196710234	陈灵活	85630000404033	否	江苏省南京市白下区南京理工大学4栋101
1008524	520102196710234	朱继弱	85630000404027	否	江苏省南京市白下区南京理工大学5栋401
1004677	520102196710233	程小金	85630000404024	否	江苏省南京市鼓楼区莫愁新寓4栋403
1007840	520102196410234	杨白劳	85630000404022	否	江苏省南京市鼓楼区漫城6栋703
1005624	520102196310234	陈虹生	85630000404038	否	江苏省南京市江东北路321号
1007785	520102196210234	王宝风	85630000404023	否	江苏省南京市鼓楼区龙江新寓1栋201
0002622	320202196710234	李明珠	85630000404020	否	江苏省南京市鼓楼区荷花里4栋103
0009229	320102196710238	包小拴	85630000404008	否	江苏省南京市鼓楼区凤凰花园城1栋204

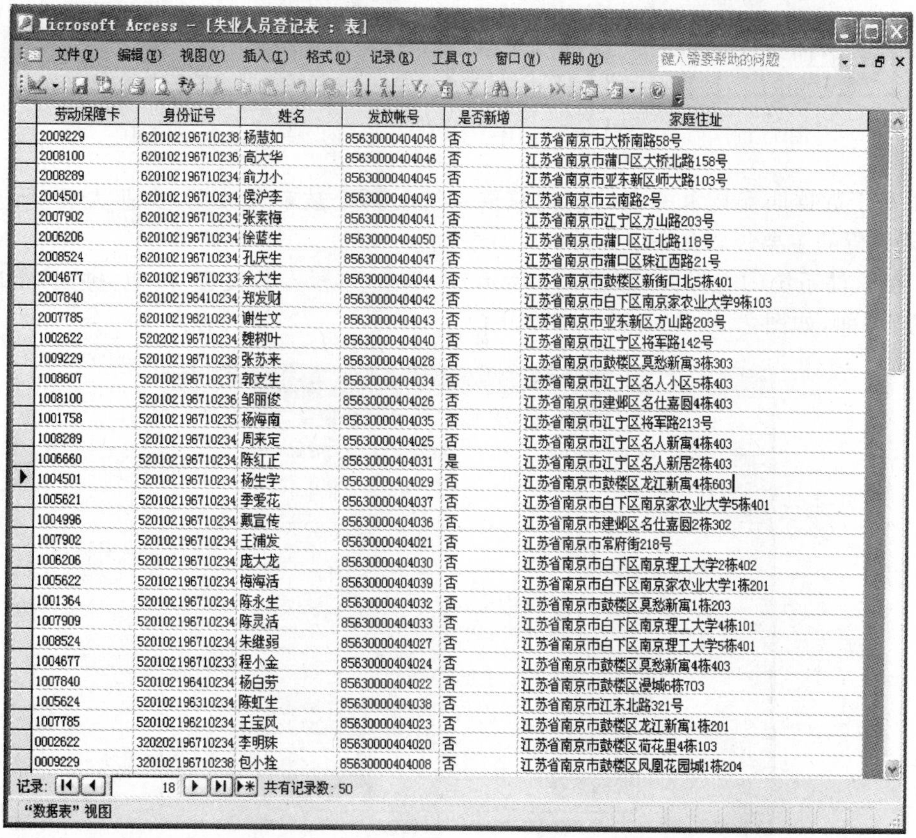

图 7.10　失业保险管理数据库 A 中“失业人员登记表”的表结构及数据信息

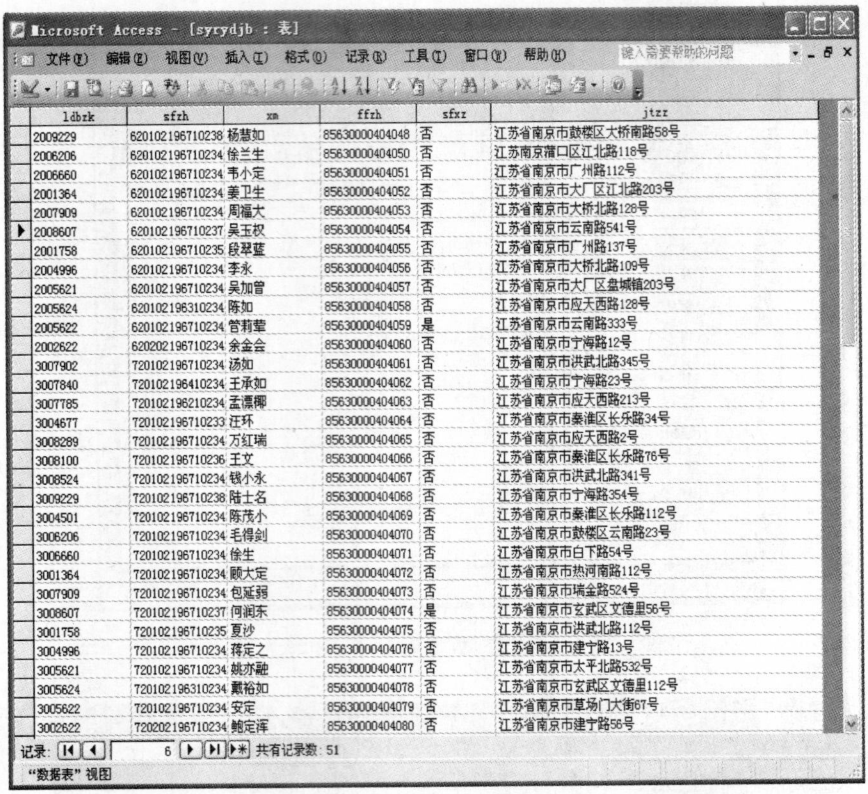

ldbzk	sfzh	xm	ffzh	sfxz	jtzz
2009229	620102196710238	杨慧如	85630000404048	否	江苏省南京市鼓楼区大桥南路58号
2006206	620102196710234	徐兰生	85630000404050	否	江苏南京蒲口区江北路118号
2006660	620102196710234	韦小定	85630000404051	否	江苏省南京市广州路112号
2001364	620102196710234	姜卫生	85630000404052	否	江苏省南京市大厂区江北路203号
2007909	620102196710234	周福大	85630000404053	否	江苏省南京市大桥北路128号
2008607	620102196710237	吴玉权	85630000404054	否	江苏省南京市云南路541号
2001758	620102196710235	段翠蓝	85630000404055	否	江苏省南京市广州路137号
2004996	620102196710234	李永	85630000404056	否	江苏省南京市大桥北路109号
2005621	620102196710234	吴加曾	85630000404057	否	江苏省南京市大厂区盘城镇203号
2005624	620102196310234	陈如	85630000404058	否	江苏省南京市应天西路128号
2005622	620102196710234	管莉莹	85630000404059	是	江苏省南京市云南路333号
2002622	620202196710234	余金会	85630000404060	否	江苏省南京市宁海路12号
3007902	720102196710234	汤如	85630000404061	否	江苏省南京市洪武北路345号
3007840	720102196410234	王承如	85630000404062	否	江苏省南京市宁海路23号
3007785	720102196210234	孟漂椰	85630000404063	否	江苏省南京市应天西路213号
3004677	720102196710233	汪环	85630000404064	否	江苏省南京市秦淮区长乐路34号
3008289	720102196710234	万红瑞	85630000404065	否	江苏省南京市应天西路2号
3008100	720102196710236	王文	85630000404066	否	江苏省南京市秦淮区长乐路76号
3008524	720102196710234	钱小永	85630000404067	否	江苏省南京市洪武北路341号
3009229	720102196710238	陆士名	85630000404068	否	江苏省南京市宁海路354号
3004501	720102196710234	陈茂小	85630000404069	否	江苏省南京市秦淮区长乐路112号
3006206	720102196710234	毛得剑	85630000404070	否	江苏省南京市鼓楼区云南路23号
3006660	720102196710234	徐生	85630000404071	否	江苏省南京市白下路54号
3001364	720102196710234	顾大定	85630000404072	否	江苏省南京市热河南路112号
3007909	720102196710234	包延弱	85630000404073	否	江苏省南京市瑞金路524号
3008607	720102196710237	何润东	85630000404074	是	江苏省南京市玄武区文德里56号
3001758	720102196710235	夏沙	85630000404075	否	江苏省南京市洪武北路112号
3004996	720102196710234	蒋定之	85630000404076	否	江苏省南京市建宁路13号
3005621	720102196710234	姚亦融	85630000404077	否	江苏省南京市太平北路532号
3005624	720102196310234	戴裕如	85630000404078	否	江苏省南京市玄武区文德里112号
3005622	720102196710234	安定	85630000404079	否	江苏省南京市草场门大街67号
3002622	720202196710234	鲍定浑	85630000404080	否	江苏省南京市建宁路56号

图 7.11 失业保险管理数据库 B 中“syrydjb”的表结构及数据信息

采用基于数据匹配技术的审计证据获取系统对两个被审计数据“失业人员登记表”和“syrydjb”分析的主要过程如下：

(1) 在软件系统的主界面(如图 7.6 所示)中单击“字段参数设置”按钮，进入“字段相关参数设置”界面，如图 7.12 所示。

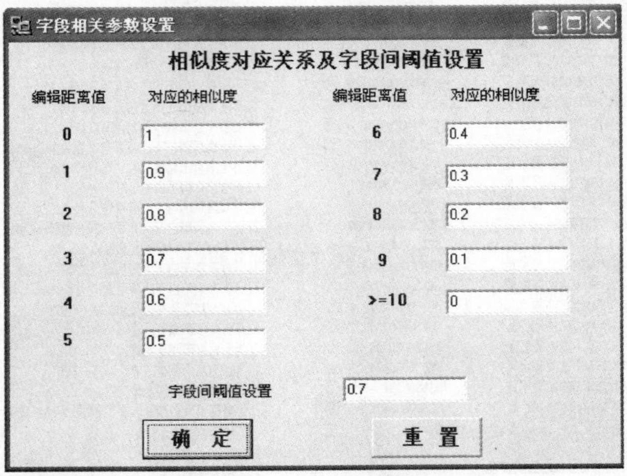

图 7.12 相似度对应关系以及字段阈值设置界面

（2）根据对两个被审计数据的分析，在"字段相关参数设置"界面中设置相似度对应关系以及字段阈值，结果如图 7.12 所示。所设置的字段阈值用来判断两个被审计数据表中的对应字段是否相似。在图 7.12 中单击"确定"按钮，完成参数设置并返回系统主界面。

（3）采集两个被审计数据。在软件系统的主界面（如图 7.6 所示）中单击"数据采集"按钮，进入审计数据采集界面，如图 7.13 所示。

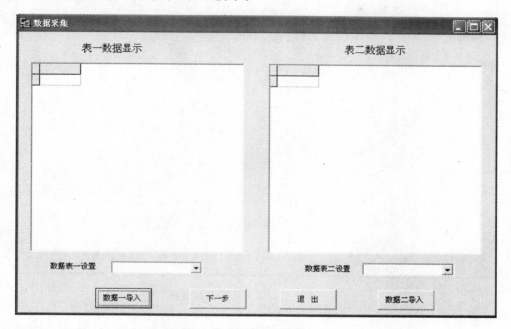

图 7.13　审计数据采集界面

（4）在图 7.13 中单击"数据一导入"按钮，进入"数据源选择"界面，如图 7.14 所示。

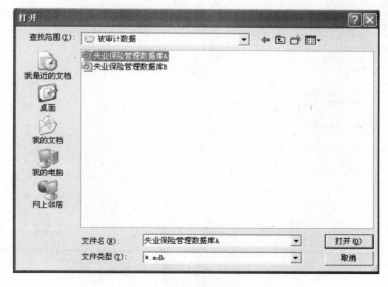

图 7.14　数据源选择界面

(5) 在图 7.14 中选择需要采集的第一个被审计数据源(即失业保险管理数据库 A),然后单击"打开"按钮,返回"数据采集"界面。在"数据表一设置"列表框中选择需要比较的数据表(即失业人员登记表),如图 7.15 所示,设置后的结果如图 7.16 所示。

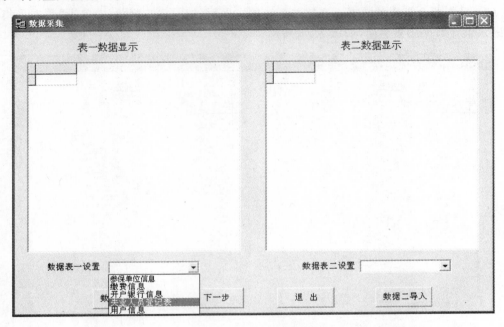

图 7.15　选择需要比较的数据表

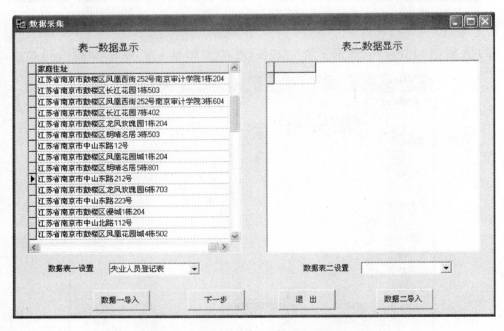

图 7.16　设置好待比较数据表一后的界面

（6）同理，在图 7.13 中单击"数据二导入"按钮，把需要比较的第二个数据表（即"syrydjb"）采集到软件系统中来，结果如图 7.17 所示。

图 7.17　设置好待比较的两数据表后的界面

（7）在图 7.17 中单击"下一步"按钮，进入匹配参数设置界面，如图 7.18 所示。

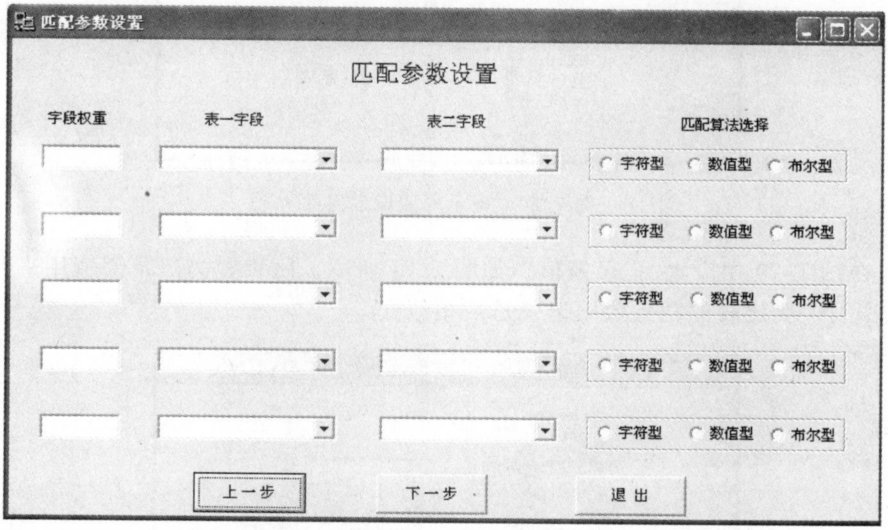

图 7.18　匹配参数设置界面

（8）根据对审计对象的分析，设置相应的匹配参数，如图 7.19 所示。

（9）在图 7.19 中单击"下一步"按钮，打开"记录阈值设定"界面，如图 7.20 所示。在这一步骤中，如果设定的字段权重之和不为 1，或者没有选择匹配算法，系统会给出相应的提示，只有设置好字段权重之后，才能执行下一步。

图 7.19　设置后的匹配参数设置界面

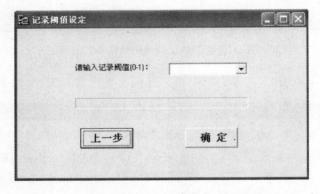

图 7.20　记录阈值设定界面

　　(10) 在图 7.20 中设置"记录阈值",如图 7.21 所示。所设置的记录阈值用来判断两个被审计数据表中要比较的两条数据记录是否相似。

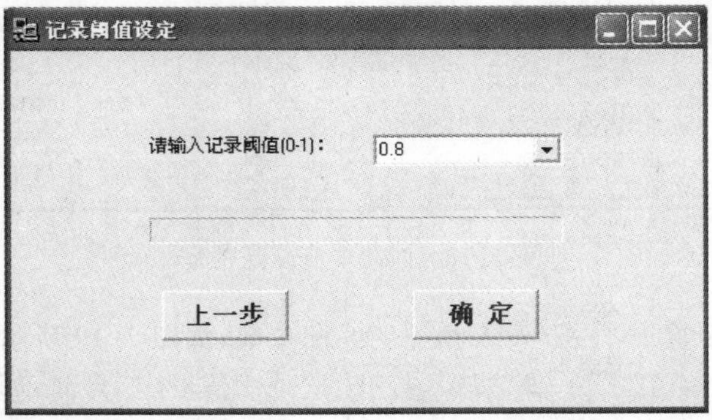

图 7.21　设置好记录阈值后的界面

（11）在图 7.21 中单击"确定"按钮，运行数据匹配系统，其运行结果如图 7.22 所示。

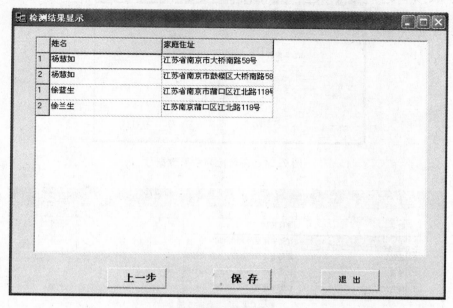

图 7.22　系统检测结果显示界面

（12）由图 7.22 可以看出：通过基于数据匹配技术的审计证据获取系统的检测，发现两对相似重复实体。可以把检测结果保存成 Access 数据库格式，如图 7.23～图 7.28 所示。

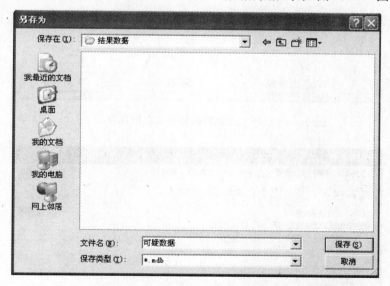

图 7.23　设置检测结果数据的保存位置及名称

（13）对检测结果进行延伸调查，确认检测结果的正确性，并最终获得审计证据。

另外，在图 7.12 和图 7.20 中，设置的字段阈值和记录阈值决定了基于数据匹配技术的审计证据获取系统的查准率和查全率。因此，审计人员在使用该系统时，可以根据被审计数据的实际情况，通过设置合理的字段阈值和记录阈值，来有效减少审计实施过程中的审计风险。

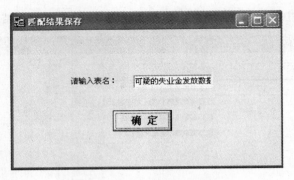

图 7.24　命名检测结果数据

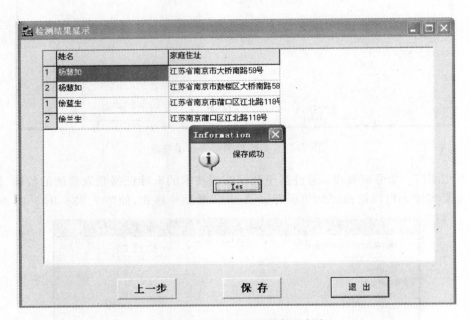

图 7.25　完成检测结果数据的保存

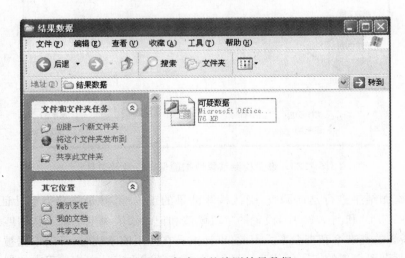

图 7.26　保存后的检测结果数据

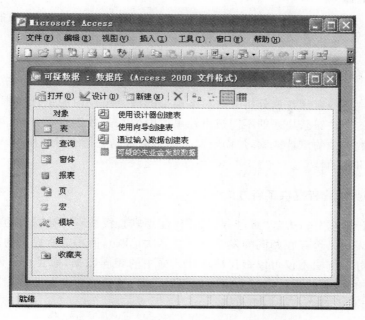

图 7.27　Access 格式数据库中的检测结果数据表

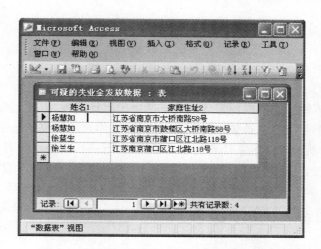

图 7.28　Access 格式数据库中的检测结果数据

　　由以上实例分析可以看出：本节所研究的基于数据匹配技术的审计数据分析方法能有效地发现重复发放失业金的人员。

7.5.5　优点分析

　　本节根据我国联网审计的特点，提出了一种基于数据匹配技术的审计数据分析方法。和常用的方法相比，该方法具有以下优点。

1. 能发现被审计数据源中的"隐藏"信息

　　常用的审计数据分析方法多是仅仅把手工的审计流程计算机化，没有充分利用目前先进的信息技术,不能从电子数据中提取一些隐藏的或未知的信息。而本节所研究的方法能有效地发现被审计数据源中的"隐藏"信息。

2. 能充分利用采集来的电子数据

除了采用常用的审计数据分析方法对采集来的同一单位内的审计数据进行分析外,采用本节所研究的方法对采集来的不同被审计单位间的相关数据进行分析,可发现隐藏于不同被审计单位数据中的审计线索,从而可对采集来的数据进行充分利用,较好地适应我国面向数据的联网审计的特点。

3. 为审计数据分析提供了新方法

常用的审计数据分析方法"重号分析法"仅能用来查找被审计数据中的相同数据(例如,检查一个数据表中是否存在相同的发票被重复多次记账),而本节所提出的基于数据匹配技术的审计数据分析方法不仅可以查找被审计数据中的相同数据,而且可针对所选择的多个字段进行相似检测,查找出被审计数据中的相似数据,从而能更全面地检测出被审计数据中的"舞弊"信息,具有更广泛的应用范围。

4. 减少了审计风险

根据建立的审计检测风险评价指标(将在 7.6 节介绍这一问题),可以定量地评价基于数据匹配技术的审计数据分析方法,并通过对数据匹配算法进行优化或设置合理的字段阈值和记录阈值,使其适用于审计数据分析,从而为减少审计实施过程中的审计风险提供了保障。

当然,该方法不能够解决联网审计环境下所有的审计问题,但通过和其他审计方法一起使用,能在很大程度上提高审计效率,降低审计风险。本章所研究的基于数据匹配技术的审计证据获取系统目前已获得国家计算机软件著作权,下一步就是不断完善这种方法(如提高该方法的检测速度),并将其应用到审计实践中去,从而成为一种主流的审计方法。

7.6 审计检测风险评价方法

审计风险是审计人员在审计过程中采用了没有意识到的不恰当的审计程序和方法,或者错误地估计和判断了审计事项,做出了与事实不相符合的审计结论,进而受到有关利害关系人或潜在的利害关系人的指控,乃至承担法律责任的可能性。国际审计与鉴证准则委员会(International Audit and Assurance Standards Board,IAASB)把审计风险的模型定义为:

$$审计风险 = 重大错报风险 \times 检查风险$$

在审计风险模型中,审计人员所能控制的只有检查风险,重大错报风险与被审计单位有关,审计人员对其无能为力,只能对其水平进行评估,以便确定可接受的检查风险水平。根据以上审计风险模型,不难发现:可以通过采用合适的审计方法来降低检查风险。

随着计算机辅助审计技术的应用,审计技术和方法改变的同时,也带来了新的审计风险。因此,在充分利用计算机技术提高审计效率的同时,也应该确保审计项目质量、防范与降低审计风险。所以,信息化环境下审计风险的控制仍然是一个重要的问题。但总的来说,目前,国内对信息化环境下计算机辅助审计风险的研究多是从理论层面分析计算机辅助审计风险的成因与规避,在审计风险控制这方面的研究也多是从定性的角度进行分析,没有从定量的角度对其进行深入的研究。

为了从定量的角度分析审计数据分析方法的审计风险,可定义相应的查全率 R(Recall)和查准率 P(Precision),分别为:

(1)查全率 R:可疑数据被正确识别的百分率。

$$R = \frac{正确识别出的可疑数据}{实际的可疑数据}$$

(2)查准率 P:识别可疑数据的正确率。

$$P = \frac{正确识别出的可疑数据}{识别出的可疑数据}$$

通过以上两个指标,可以定量地评价审计数据分析方法的审计检查风险。例如,对于7.5节提出的基于数据匹配技术的审计数据分析方法,通过灵活地设置字段和数据的阈值以及字段的权重,可以改变系统的查全率和查准率,从而可以控制基于数据匹配技术的审计证据获取系统的检查风险。

思考题

1. 除了本章所述的这些审计数据分析新方法,你认为还有哪些技术可用于审计数据分析之中?

2. 审计数据分析方法未来的发展趋势是什么?

3. 如何评价这些审计数据分析方法的审计风险?

第8章

持续审计

8.1 概述

随着信息技术的发展,信息技术在审计中的应用情况也在不断变化。信息技术的发展将使得计算机辅助审计向持续、动态、实时的方向发展。持续审计(Continuous Auditing,CA)成为计算机辅助审计的一个重要发展方向。尽管持续审计的思想已出现多年,但近年信息技术的发展才使持续审计变得可行。在过去的十几年里,持续审计得到学术界、审计人员以及软件开发人员的关注,美国新泽西州立大学 Rutgers 分校还成立了持续审计研究中心,并每年召开国际持续审计年会,这使得持续审计的研究得到很大的发展。为了能系统、清晰地认识持续审计,从而为实施持续审计提供技术和理论上的支持,本章对持续审计的研究进行分析。为了方便起见,在不引起混淆的情况下,后面直接用 CA 来表示持续审计。

8.2 持续审计的内涵及研究内容分类

8.2.1 持续审计的内涵

为了便于理解 CA,首先来看一下不同文献中对 CA 的理解。根据 CICA/AICPA 的研究报告,CA 是指:能使独立审计师通过使用在委托项目出现相关事件的同时或短时间内生成的一系列审计报告,来对委托项目提供书面鉴证的一种审计方法。这一定义强调了 CA 是用于独立审计的一种方法。Alexander 等人(1999)认为:CA 是能在相关事件发生的同时,或之后很短的时间内就能产生审计结果的一种审计类型。根据这一定义,Alexander 等人(1999)认为把 CA 称为实时审计更为合适。此外,Alexander 等人(1999)还认为要实现 CA,需要一个在线的计算机系统把审计部门和被审计部门连接起来,所以把 CA 称为持续在线审计(Continuous Online Auditing,COA)。王会金和陈伟(2005)对信息化环境下非现场审计的实现方法进行了研究,这种形式的非现场审计其实也是 CA 的一种方式。

随着信息化程度的提高以及计算机网络的广泛使用,目前正在开展的所谓的联网审计也是 CA 的一种实现方式,将在第9章做详细分析。

8.2.2 持续审计研究内容分类

总的来说,实施 CA 的目的都是为了实现对被审计单位的持续监控,但不同时期、不同技术条件下,CA 的实现原理是有区别的。Du 和 Roohani(2006)把 CA 的实现方法分成两类。一类是单机系统模式,该方法是从被审计信息系统中抽取数据,和标准数据模式进行比较,并报告异常,从而达到持续地监控被审计信息系统的目的。这类模式的特点是:它有自己的操作系统,自己的数据库,以及自己的审计软件,它能有效地和被审计信息系统进行连接,以抽取被审计信息系统中的数据。另一类是子系统或模块模式,它们必须被嵌入到被审计信息系统中去。

为了能对 CA 的研究有一个清晰的认识,根据现有文献对 CA 的研究,作者把关于CA 的研究情况总结分类成如图 8.1 所示。概括来说,关于 CA 的研究主要集中在技术实现方法、理论分析和关键技术的研究上。对于技术实现方法,根据实现技术的不同,又可以分成嵌入式和分离式两种。其中,分离式 CA 是目前研究的主流。根据 CA 系统的灵活性情况,分离式 CA 又可分成专用模式和通用模式,专用模式是针对某一特定系统而设计的 CA 实现方法,而通用模式是为了使设计的 CA 方法具有一定的通用性,其采用的方法包括:基于 XML 的、基于 CORBA 的等。后面将按这一分类对 CA 的研究情况进行分析。

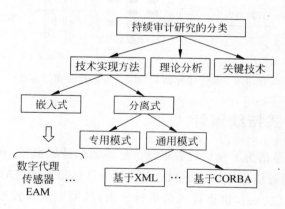

图 8.1 持续审计相关研究的分类

8.3 持续审计的技术实现方法

技术实现方法的研究一直是 CA 研究的重点。随着信息技术的发展,越来越多的 CA实现方法被提出。本节根据图 8.1 的分类,对这方面的主要研究情况进行分析。

8.3.1 嵌入式持续审计

所谓嵌入式 CA,是指为了完成对被审计信息系统的持续监控,在被审计信息系统中嵌入相应的程序模块(触发器、智能代理等),通过该程序模块不断地对被审计信息系统中的数据进行检测,从而完成持续监控。这种方式的典型代表就是嵌入审计模块技术(Embedded Audit Module,EAM)。Groomer 和 Murthy(1989)以使用关系数据库管理系统的会计系统为例,研究了一种采用 EAM 的 CA 实现方法,并分析了该方法的优缺点。Minsky(1996)对 EAM 在审计中的应用做了进一步的研究。Debreceny(2005)则研究了 EAM 在 ERP (Enterprise Resource Planning,企业资源计划)系统环境下的应用情况。

Koch(1981)提出了一种称为 CIS(Continuous and Intermittent Simulation)的在线审计方法,该方法基于平行模拟(Parallel Simulation)技术(Weber,1999)的原理,并针对其不足,采用模拟器持续或间歇地审查被审计信息系统的电子数据,从而可以根据需要完成对被审计信息系统的持续监控。

传感器(Sensors)和数字代理(Digital Agents)也是实现嵌入式 CA 的一种方法。Sean (2003)给出了一种采用传感器和数字代理来实现的嵌入式 CA 框架,其原理如图 8.2 所示。这种方法是在被审计信息系统中放置传感器和数字代理,并在传感器和数字代理中定义相应的规则,被审计信息系统中的数据和传感器、数字代理中定义的相应规则的任何差异都将会通过 E-mail 传给审计人员,审计人员再根据该信息采取相应的措施。

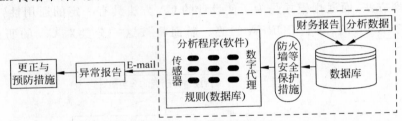

图 8.2　基于传感器和数字代理的持续审计方法

8.3.2　分离式持续审计

所谓分离式 CA,是指为了完成对被审计信息系统的持续监控,在被审计信息系统外设置相应的程序模块,通过该程序模块不断地采集被审计信息系统中的数据,并把这些采集来的数据传输到审计单位中去,供审计人员进行分析,从而完成对被审计信息系统的持续监控。这种类型和嵌入式不同,其审计系统是审计单位独立开发和拥有的,与被审计单位没有任何关系。

1. 专用模式

常见的这类研究分析如下:

(1) Vasarhelyi 和 Halper(1991b)提出了持续过程审计方法(Continuous Process Audit Methodology,CPAM)的概念,并描述了一个 AT&T 贝尔实验室开发的用来处理大型无纸数据库系统的持续过程审计系统——CPAS(Continuous Process Auditing System),它的设计主要适合于内部审计,其原理如图 8.3 所示。CPAS 是通过设计一个和被审计信息系统相独立的 CA 系统来实现的,它有自己的工作平台、操作系统、数据库以及其他应用软件,这使得审计系统和被审计信息系统之间的冲突减至最小。

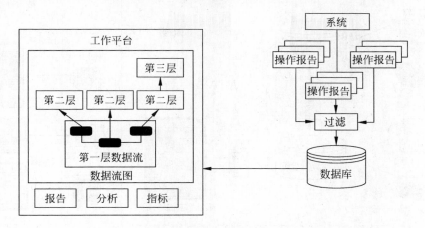

图 8.3 CPAS 的工作原理

（2）Internet 技术和 Web 应用技术也被应用于 CA 之中，Woodroof 和 Searcy(2001)研究了一种基于 Web 服务器的 CA 模型，该模型的主要组成部分包括互连的 Web 服务器、持续审计协议、可靠和安全的系统、实时更新的报告，其原理如图 8.4 所示。

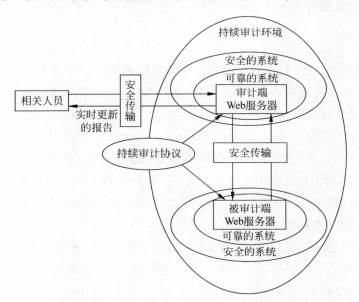

图 8.4 一种基于 Web 服务器的持续审计模型

（3）Rezaee 等人(2002)提出了一种建立持续审计能力的方法，在技术上，提出了采用审计数据仓库和数据集市来存储和处理下载的被审计数据，其原理如图 8.5 所示。

（4）目前，我国正在研究实施的联网审计也是分离式 CA 的一种方式，第 9 章将对联网审计进行详细分析。

（5）Lin(2006)研究了一种基于拦截器的持续审计方法。拦截器是环绕在被审计信息

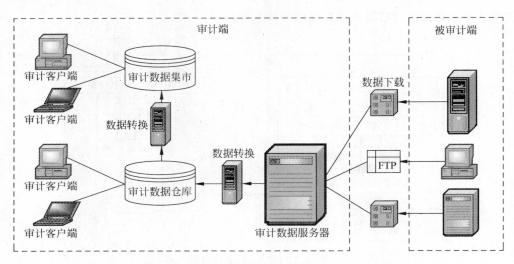

图 8.5　一种基于数据仓库的持续审计方法

系统周围的一个装置，它能截取流入流出被审计信息系统的信息，然后自动把数据加载到监控工具中，再对这些数据进行分析。该方法的优点是：设置拦截器时不用修改被审计信息系统，从而能有效地克服嵌入式 CA 的不足。

2. 通用模式

由以上分析可知，以上这几种分离式 CA 的数据采集接口可移植性差，不具有通用性，为了使设计的 CA 在实现技术上具有一定的通用性，一些文献对通用模式的 CA 实现方法进行了研究，相关情况分析如下：

（1）针对基于 XML（Extensible Markup Language）的会计信息系统，Murthy 和 Groomer（2004b）研究了一种持续审计 Web 服务模型，称为 CAWS（Continuous Auditing Web Services），CAWS 主要是针对将来建立在 XML 基础上的会计信息系统。由于 XML 现在仍然是一种较新的技术，CAWS 的应用仍然是有限的，尽管我国已经制定了基于 XML 数据格式的会计软件数据接口标准。

（2）在前人研究的基础上，Du 和 Roohani（2006）提出了一种面向财务的持续审计方法，其原理如图 8.6 所示。该持续审计框架具有一定的通用性，它既适用于基于 XML 的系统，又适合于非基于 XML 的系统。该方法采用 SOAP（Simple Object Access Protocol，简单对象访问协议）和 CORBA（Common Object Request Broker Architecture，公用对象请求代理程序体系结构）技术，针对使用 XML 数据的被审计信息系统，采用 SOAP 方式在审计系统和被审计信息系统之间进行数据的传输。针对不使用 XML 数据的被审计信息系统，采用 CORBA 来解决不同应用系统中复杂的数据结构问题，从而保证能抽取不同应用程序和不同数据格式的数据。另外，Du 和 Roohani（2006）还提出了持续审计周期的概念，从而帮助解决持续审计频率的相关问题。不足的是，Du 和 Roohani（2006）仅从理论上进行了探讨，对具体的技术细节仍没有进行详细分析。

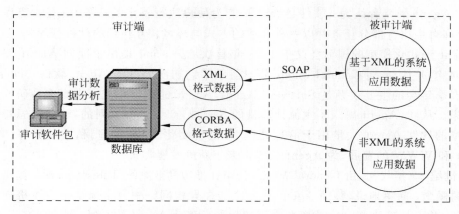

图 8.6 一种基于 XML 和 CORBA 的通用持续审计方法

8.3.3 两种实现方法的比较

以上对嵌入式和分离式这两种 CA 的实现方法进行了分析。由分析可知,这两种方法的区别是:分离式 CA 是和被审计信息系统分离的,对被审计信息系统的影响较小,而嵌入式 CA 必须和被审计信息系统集成在一起,这就会带来很多问题,例如:

(1) 由于嵌入审计模块不具有通用性,为一个被审计信息系统开发的嵌入审计模块不能容易地使用到其他被审计信息系统中去。如果被审计信息系统发生了变更,嵌入审计模块也需要随之修改。这种方式对于内部审计比较适合。

(2) 由于目前多数软件系统没有提供设计嵌入审计模块的功能,所以嵌入式 CA 的实施是比较困难的。另外,为了保证嵌入审计模块的准确、可靠和完整,开发一个嵌入审计模块需要经过大量的测试,对于独立审计来说,这在经济上也是不可行的。对于社会审计来说,这更不可行。

(3) 嵌入审计模块会占用被审计信息系统的资源,特别是当执行复杂的且含有大量触发器的嵌入审计模块时,会降低系统的运行性能。

(4) 如果嵌入审计模块的设计不合理,会导致产生大量包含异常信息的 E-mail,这会对审计单位和被审计单位造成一定的影响。

(5) 嵌入审计模块会对数据库和应用系统的安全和控制在技术和管理上产生挑战。

所以,分离式 CA 是目前研究的主流。但相对于分离式 CA 来说,嵌入式 CA 在实现技术上比较简单,且比较灵活,适用于一些中小型被审计单位,而分离式 CA 设计和实施成本相对较高,它对一些经常接受审计的、重要的被审计单位比较适合。

8.3.4 基于 Agent 的持续审计模型

为了解决现有持续审计方法的不足,Chou(2007)提出了基于 Agent 的持续审计模型。

1. Agent 简述

在 20 世纪 50 年代末,John McCarthy 最初提出 Agent 的思想。到目前为止,许多研究者提出了各自对 Agent 的定义,但至今没有一个被大多数人认可的统一的定义。一般来说,软件 Agent 研究者认为:软件 Agent 是能为用户执行特定的任务、具有一定程度的智能、以允许自主执行部分任务并以一种合适的方式与环境相互作用的软件程序。

Agent 形式化模型的国际会议于 1993 年首次召开,同年提出了面向 Agent 编程的概念。1994 年 1 月,美国 General Magic 公司演示了它初次公开的 Agent 软件。同年 3 月,AAAI 春季年会的主要议题是 Software Agent,Agent 的研究集成了来自多种研究领域的重要成果。从此,Agent 融入了主流计算机的各领域,产生了一系列的新方法、思想、技术,各种类型的软件 Agent 大量用于信息处理、办公自动化、交通管理、私人助手等。特别是 Internet 和 WWW 的发展,为 Agent 技术带来了新的发展契机。

20 世纪 90 年代初,由 General Magic 公司在推出商业系统 Telescript 时,提出了移动 Agent 的概念,简单地说,移动 Agent 是一个能在异构网络中自主地从一台主机迁移到另一台主机,并可与其他 Agent 或资源交互的软件。移动 Agent 的主要优点如下:

1) 降低网络负载

使用移动 Agent 可以将一个会话过程打包,然后将其派遣到目的主机上去进行本地交互。因此,移动 Agent 技术能减轻网络上的原始数据流量。

2) 克服网络延迟

移动 Agent 技术可以由中央处理器将移动 Agent 派遣到系统局部,直接执行控制器的指令,从而消除网络延迟所带来的隐患。

3) 包装不同协议

移动 Agent 可以移动到远程主机上,通过专用协议建立私有数据交换通道。

4) 动态适应环境

Agent 具有感知运行环境和对其变化作出自主反应的能力。多个 Agent 可以拥有在网上各主机之间合理分布的能力,以维持解决某一特定问题的最优配置。

5) 健壮性和容错性

移动 Agent 具有对不利的情况和事件动态作出反应的能力,能减小建立健壮和容错的分布式系统的难度。

基于 Agent 技术的特点,以及目前的研究与应用现状,Chou(2007)把 Agent 技术应用于持续审计之中,提出了一种基于 Agent 的持续审计模型(Agent-based Continuous Audit Model,ABCAM)。

2. ABCAM 系统的原理

ABCAM 采用移动 Agent 帮助审计人员执行复杂的、单调的、琐细的审计工作。传统的由审计人员在审计过程中承担的收集审计证据的任务由各种各样的 Agent 软件来完成。通过使用 ABCAM,每个移动 Agent 扮演一个特定的审计程序,来代表一个审计人员进行获取和检查分布在不同数据源中的和审计相关的信息,总体上,众多的 Agent 行为表现为一个审计代理系统。ABCAM 系统的原理如图 8.7 所示。

ABCAM 系统主要包括 3 个部分。

1) 接口模块

接口模块用来管理审计人员和代理服务服务器之间的接口,它主要包括两个功能:根据审计需求选择相应的审计程序和表达审计程序的执行结果。

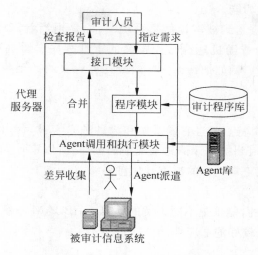

图 8.7 ABCAM 的原理

2）程序模块

程序模块负责把审计接口模块识别出的审计请求映射成详细的活动计划来收集审计证据。程序模块由一个审计程序库来支持，该审计程序库能产生合适的活动计划。需要指出的是该审计程序库必须由专门的审计部门来维护，从而适应审计需求的改变以及不同的被审计信息系统。

3）Agent 调用和执行模块

Agent 调用和执行模块负责开始移动 Agent 的活动，并管理它们对需求任务的执行。当移动 Agent 在代理服务器外完成分配给它们的任务后，就返回到服务器中，并把任务结果传给接口模块。接口模块把审计结果集成整理成一定的格式，返回给审计请求者。代理服务器（Agency Services Server）负责解释审计人员的命令，并安排相应的移动 Agent 去完成分配的任务。

3. ABCAM 系统实施的条件

实施 ABCAM 基于以下两个重要假设。

1）实施 ABCAM 系统的单位业务自动化水平要高

在实施 ABCAM 系统的单位中，业务信息是以电子的形式存储和维护的，并且该单位的业务政策和内部控制较好。

2）被 Agent 收集的审计证据能够对审计人员形成审计观点提供可胜任的支持

ABCAM 模型实施时独立于被审计的信息系统，特别是不需要在被审计信息系统设计时就进行考虑，能够从不同被审计信息系统中采集数据，执行实时的自动审计，并能容易地适应被审计信息系统和审计需求的改变。

4. ABCAM 系统的优缺点分析

1）优点

ABCAM 系统的优点主要表现为：

(1)具有持续检查的功能。

移动 Agent 没有被嵌入到被审计信息系统中,而是担当着审计相关信息的检查员,因此,移动 Agent 能定期地或随机地执行预定义的审计程序。通过这些审计程序,ABCAM 系统能够提供实时的信息,例如把每天一次的或每周一次的甚至频率更高的审计报告提供给审计人员。

(2)独立性。

ABCAM 系统的一个特点就是它的开发和设计独立于被审计信息系统的开发和设计,移动 Agent 不是一个嵌入到被审计信息系统中的程序,所以审计人员在开发和设计它时不会影响到已经设计好的、正常运行的被审计信息系统。

(3)适应性。

软件 Agent 是灵活的,能采集不同种类的信息。ABCAM 系统能随着审计环境和审计对象的变更而变更,具有较好的适应性。

(4)智能性。

在执行审计程序的时候,移动 Agent 能够具有一定程度的智能。例如,一个移动 Agent 的检查范围不局限于一个会计信息系统的历史数据记录中,而是能用各种审计方法对被审计数据进行分析,来比较一致性。

2)缺点

尽管 ABCAM 系统在持续审计方面具有独特的优点,然而其在使用上具有一定的局限性。ABCAM 系统的主要缺点是:

(1)影响被审计信息系统的运行。

在 ABCAM 系统,移动 Agent 为了获取审计证据,需要和内外部信息系统频繁接触,这会影响整个被审计信息系统的运行性能。

(2)影响被审计信息系统的安全和完整。

采用 ABCAM 系统来实现持续审计意味着审计 Agent 可以到达所有的被审计信息系统,这些到达的 Agent 如果是无限制的,将会影响被审计信息系统的安全。因此,ABCAM 系统需要有合适的安全机制来授权审计 Agent 所需的可到达被审计信息系统的权力。

8.3.5　基于 DBMS 触发器的持续审计模型

1. 问题的提出

由前面的分析可知:尽管目前国内外已经研究了多种实现持续审计的方法,但这些方法仍存在很多不足之处,或者不具有通用性,或者实施成本太高,不能较好地满足目前的需要。因此,研究简单易行的持续审计方法对我国开展持续审计具有重要的理论和应用价值。基于持续审计的研究现状,本节提出一种基于 DBMS(DataBase Management System,数据库管理系统)触发器的持续审计模型。

2. DBMS 触发器的工作原理

DBMS 触发器是特定事件出现的时候,自动执行的代码块。它在插入、删除或修改特定表中的数据时触发执行,它比数据库本身标准的功能有更精细和更复杂的数据控制能力,

是一种特殊的存储过程,但是用户不能直接调用它们。能用于持续审计的 DBMS 触发器的主要功能列举如下:

(1)触发器可以自动计算某字段的数据值,如果数据值达到了预定的值,触发器则会根据需要执行相应的处理。例如,如果某职工的年住房公积金高于国家规定的最高值,触发器就会立即给审计人员发送警告信息。

(2)触发器可以基于时间限制用户的操作。例如,如果下班后或节假日有人修改数据库中的数据,触发器就会立即给审计人员发送警告信息。

(3)触发器可以基于数据库中的数据限制用户的操作。例如,如果某单位职工的住房公积金升幅一次超过国家规定的最高值,触发器就会立即给审计人员发送警告信息。

(4)触发器可以提供审计和日志记录。触发器可以把用户对数据库的更新写入审计表,从而可以跟踪用户对数据库的操作,如果用户对数据库的操作违反相关规定,触发器就会立即给审计人员发送警告信息。

(5)触发器可以实现复杂的数据完整性规则。例如,在某住房公积金管理系统中,如果用户录入一条总房价为 100 万元,贷款金额为 200 万元的贷款记录,触发器就会立即给审计人员发送警告信息。

3. 基于 DBMS 触发器的持续审计模型原理

基于以上分析,可以采用 DBMS 触发器的相关功能来实现对被审计数据库系统的持续审计。因此,本节提出一种基于 DBMS 触发器的持续审计方法,如图 8.8 所示。其原理说明如下:

(1)根据对被审计单位的业务及数据库系统的分析,在被审计信息系统中定义相应的触发器,触发器的定义和修改可以在现场,也可以以远程的方式进行。

(2)当数据输入到被审计信息系统中去的时候,触发器会对每一笔数据进行检测,从而判定每条记录是否符合所定义的业务规则。如果记录不符合所定义的业务规则,则将该记录导入到异常数据库中。

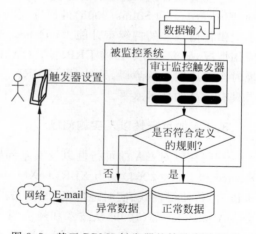

图 8.8　基于 DBMS 触发器的持续审计原理

(3)对于异常数据库中的异常数据,可以通过网络传输到审计单位,审计人员可以实时或定期对异常数据库中的异常数据进行现场或非现场的审查,并对有问题的数据进行审计判断和进一步的延伸审计。

4. 优缺点分析

本节针对持续审计实现方法的研究现状,提出了一种基于 DBMS 触发器的持续审计模型,基于该模型的持续审计方法具有以下优点:

(1)用于持续审计的触发器设计独立于被审计信息系统的设计,因此,使用该方法时不需要在被审计信息系统开发时就考虑。

（2）当被审计信息系统发生变化时，用于持续审计的触发器可以很容易地被修改。

（3）实施成本较低。

尽管基于 DBMS 触发器的持续审计方法具有很多优点，但是，被审计信息系统中过多的触发器一方面会影响数据库的结构，增加维护的复杂程度；另一方面也会占用服务器端太多的资源，对服务器造成很大的压力。

8.4　持续审计的相关理论研究

除了以上这些从技术实现的角度对 CA 进行研究的文献之外，一些文献也分别从理论的角度对 CA 进行了研究，主要研究情况分析如下。

1. 如何解决独立审计和在线监控之间产生的冲突

对于嵌入式 CA，Minsky(1996)认为采用嵌入式审计技术在线监控被审计信息系统时，会在独立审计和在线监控之间产生冲突，于是提出了一种应用法律管理框架(law-govern architecture)的概念来解决这种冲突的方法。

2. ERP 系统环境下如何采用 EAM 实现持续审计

一些文献针对 ERP 系统环境下采用 EAM 实现持续审计的情况进行了分析研究，例如，Flowerday 和 Solms(2005)的研究表明：现在的 ERP 系统既不包括任何 EAM 功能，也不提供任何现实的持续审计能力；Debreceny 和 Gray(2005)研究了 EAM 在 ERP 系统中的应用情况，研究表明：目前 ERP 系统对 EAM 的支持不够，这在实施对 ERP 系统的持续监控时会造成很大的障碍，另外，采用 ERP 系统提供的工具来实施嵌入式 CA 时需要审计人员具有较高的技术水平。

3. CA 的可行性以及实施问题

一些文献对 CA 的可行性以及实施问题进行了研究，例如，Flowerday 和 Solms(2005)、Rezaee 和 Elam(2001)认为 XBRL(eXtensible Business Reporting Language，可扩展商务报告语言)将使得在线、实时地准备、发布、检查和抽取财务信息成为可能，这为 CA 提供了机会。Alexander 等(1999)从技术和经济两个方面分析了 COA(持续在线审计)的可行性，以及影响 COA(持续在线审计)使用的因素等。Searcy 和 Woodroof(2003a)分析了 CA 相对于传统审计的优点，以及实施 CA 面临的障碍。Searcy 等人(2003b)根据对国际四大会计公司的调查，分析了 CA 目前的现状以及实施 CA 需要克服的障碍，他们认为：在过去，对 CA 的研究主要集中在实现技术上，而现在，对 CA 的研究已不是能否实现的问题，而是什么时候来实施 CA，这取决于外界对 CA 的需求。Searcy 等人还认为 CA 的发展应遵循以下几个阶段：在初始阶段，CA 技术将被用来减少年终审计的工作量；在第二阶段，CA 技术将帮助完成每季度的审计；在 CA 发展的最后阶段，审计的频率将继续增加，直到能持续、实时地产生审计报告。Alles 等人(2002)认为需要是促使 CA 发展的最重要的因素。Elliott(2002)认为电子化的商务报告将为 CA 提供市场。陈伟和尹平(2007)则根据中国开展联网审计的特点，从成本和效益的视角研究了联网审计的可行性。

4. 实施 CA 所面临的挑战和机遇

Sean(2003)认为实施 CA 所面临的挑战和机遇包括：

1) 实施 CA 面临的挑战

(1) 实施 CA 面临两大障碍：

① 被审计单位能否接受。因为一方面,多数被审计单位已习惯了传统的审计方式；另一方面,CA 需要直接连接被审计信息系统,这需要审计单位和被审计单位之间必须有高度的信任和许诺。这两个方面会影响被审计单位对 CA 的接受。

② 审计人员的培训。只有通过培训,才能使审计人员胜任 CA 的实施和维护工作。

(2) CA 鉴证服务的时间选择问题。

(3) 缺少文件保护和数据安全标准。

2) 实施 CA 面临的机遇

(1) 传统的审计模式具有 7 种审计浪费,即过度审计、等待、时间延迟、审计过程自身的无效率、审计过程的不连续、过多的审阅过程、误差,而实施 CA 能有效消除这 7 种审计浪费。

(2) 实施 CA 可以节省审计单位的人力和物力,从而可使审计单位把这些资源投入到其他工作中去。

5. 实施 CA 时如何防止审计人员自身的舞弊

Alles 等人(2004)认为当审计人员和被审计单位串通在一起时,CA 将不能有效地发挥作用,为了解决这一问题,Alles 等人(2004)提出采用"黑箱日志文件"(black box log file)来记录审计的过程,该"黑箱日志文件"是只读的,供第三方来监控审计人员的活动。

8.5　应用于持续审计的关键技术研究

针对 CA 的特点,一些文献对适用于 CA 的一些关键技术进行了研究。

(1) Koskivaara(2004a,2004b)在 Woodroof 和 Searcy(2002)所提出的 CA 框架的基础上,研究了人工神经网络在 CA 中的应用,Koskivaara 主要是研究如何把人工神经网络技术作为审计分析性复核工具来解决持续审计过程中审计数据的分析处理问题。

(2) 陈伟等人(2006a)探讨了一些用于审计数据分析处理的新方法,这些方法可以用来解决 CA 的数据分析处理问题。

(3) Alles 等人(2006)针对 CA 的特点,研究了连续性方程(Continuity Equation,CE)在 CA 中的应用。该方法提出了两种 CE 模型：联立方程模型(Simultaneous Equation Model)和多变量时间数列模型(Multivariate Time Series Model),并以一个保健管理公司提供的供应链采购周期的数据来验证了这两个模型。

(4) Flowerday 和 Solms(2005)、Rezaee 等人(2001)、Heitmann(2005)研究了 XBRL 技术,XBRL 为审计端和被审计端之间数据的实时交换提供了方便,并使 CA 的数据采集模块具有一定的通用性,从而为实施 CA 提供了方便。

(5) 持续审计的频率一般从实时或是近似实时地进行审计到定期地进行审计。对于持续审计的频率为多少比较合适没有简单的答案,也许只能说持续审计的频率高一些比低一些要好。持续审计的频率不仅取决于被审计信息系统的风险等级,而且取决于管理部门所执行的监控是否适当和充分。对于关键系统和关键控制要进行实时审计。Pathak 等人(2005)就对持续审计的最佳频率问题进行了研究。

以上这些关键技术的研究对实施 CA 提供了技术上的支持。

8.6 实施持续审计的辅助方法

David(2005)分析了实施持续审计的关键步骤,包括:

- 持续审计的目标。
- 数据的获取和使用。
- 持续控制评估。
- 持续风险评估。
- 报告和管理结果。

但由于大多数审计人员不具备较强的 IT 知识背景,这就影响了持续审计的实施和推广。为了解决这一问题,Li 等人(2007)针对 EAM 这类持续审计模式,研究了如何使用已有的信息系统分析和设计文档,例如用例图(Use-Case Diagram,UCD)、数据流程图(Data Flow Diagram,DFD)和实体联系图(Entity-Relationship Diagram,ERD)等,来创建持续审计程序,其原理如图 8.9 所示。关键步骤分析如下:

(1) 理解业务过程。

为了设计一个有效的持续审计程序,审计人员必须详细理解被审计单位的业务操作。

(2) 设置审计目标。

用例图能用来完成以下任务:

- 可以对一个业务系统进行建模。
- 获取系统需求。
- 指出一个系统应该做什么。
- 识别系统所需的分类。

Arens 等人(2004)认为有 6 个业务相关的审计目标:

- 存在——业务记录的确存在。
- 完整——存在的业务都被记录下来。
- 准确——业务记录被准确地记录。
- 分类——业务记录的分类是恰当的。
- 时间——业务被记录的日期是正确的。
- 提交和汇总——业务记录恰当地包括在主文件中,且被正确地汇总。

基于以上分析,审计人员可以根据用于信息系统设计的用例图,轻松地确定被审计信息系统的审计目标。当确定好审计目标之后,审计人员可采用数据流程图对其做进一步的分析。

(3) 设置关键控制。

数据流程图是一种能全面地描述信息系统逻辑模型的重要工具,它可以用少数几种符

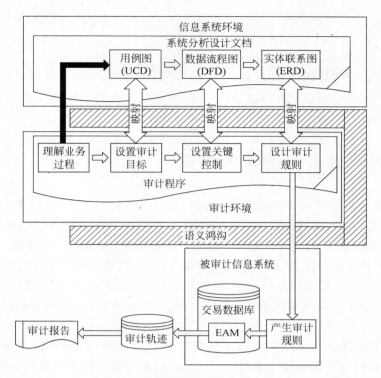

图 8.9 一种持续审计辅助设计方法

号综合地反映出信息在系统中的流动、处理和存储情况。一般来说,数据流程图可以提供以下信息:

- 整个系统以及和环境之间的交互关系。
- 主要子系统及其相互之间的关系。
- 处理需要的信息。
- 信息系统中各个不同的处理。
- 数据的存储。

审计人员了解被审计单位内部控制的传统方法包括:

- 询问相关人员。
- 检查相关手册、文档、记录和报告。
- 观察和控制相关的活动和操作。
- 模拟被审计单位的工作人员执行一些相关的操作。

为了理解被审计单位的控制活动,审计人员一般需要花费很多时间,而数据流程图可以在这一方面帮助审计人员节省很多时间。因此,数据流程图可以帮助审计人员设置关键控制。

(4)设计审计规则。

在识别出关键控制之后,审计人员需要确认这些控制是否存在以及是否正常运行。为此,审计人员需要对这些控制进行测试,这就要求审计人员必须了解被审计单位信息系统的数据库模式以及表结构,只有这样,审计人员才能完成对数据库系统的测试。而实体联系图可以帮助审计人员理解数据库应用的数据结构,因此,审计人员可以借助实体联系图来设计审计规则。

(5) 生成审计规则。

在上一步"设计审计规则"的基础上,针对每一审计规则,审计人员可以识别相关的表和字段,并指定为了审计而采取的活动,从而可以生成相应的审计规则,并把这些规则嵌入到数据库中,这一过程一般可通过 DBMS 触发器来完成。

8.7　持续审计未来的研究方向

CA 是信息化环境下审计模式的发展方向,信息技术的发展使得 CA 的实现成为可能。尽管 CA 不会完全替代传统的审计模式,随着 CA 研究的进展,必将对传统的审计模式产生巨大的冲击。总的来说,实施 CA 对于提高审计工作效率、降低审计工作成本、扩大审计工作范围、提高审计工作质量、实现审计工作的规范化、系统化和科学化具有重要作用。但另一方面,虽然目前 CA 已有初步的应用,但很多相关的问题仍有待进一步研究,例如:

(1) 对适用于 CA 的关键技术进行研究。例如,研究适合 CA 的更有效的审计数据分析技术。

(2) 研究如何使现有的 CA 实现方法更具有通用性和可移植性。例如,对于分离式 CA,研究如何设计通用的数据采集接口(如基于 XBRL)或可重构的数据采集系统,从而使其具有一定的通用性。

(3) 研究针对特定行业的 CA 实现方法。例如,研究针对社会保障联网审计、地税联网审计等特定行业的 CA 实现方法。

(4) 研究关于 CA 的风险及其控制问题。

(5) 研究适合不同环境下的 CA 实现方法。现有的 CA 实现方法有多种,研究不同的环境下如何选择最佳的实现方法是一项重要的任务。特别是针对我国的国情,以及审计环境的复杂性,研究面向不同环境的 CA 实现方法。后面的章节将分析适合我国审计特点的持续审计(联网审计)。

思考题

1. 谈谈你对持续审计的认识。
2. 持续审计与联网审计有何关系?
3. 研究和开展持续审计有何意义?

第**9**章

联网审计

9.1 概述

如第 8 章所述,目前我国正在开展的联网审计也是持续审计的一种实现方式。本章首先分析我国联网审计的原理,在此基础上,对联网审计的一些关键问题进行分析,包括分析实施联网审计的优缺点和联网审计系统的安全问题;从 BCP(Business Continuity Plan,业务持续计划)视角出发,分析如何控制联网审计的风险;基于成本效益的视角,分析在实施联网审计项目之前,如何分析其可行性;以及对于已实施的联网审计项目,如何对其进行绩效评价;在云计算环境下如何开展联网审计。

9.2 联网审计原理

联网审计是通过不断地采集被审计单位信息系统中的数据来实现的,其在技术实现上主要包括审计数据采集、审计数据传输、审计数据存储以及审计数据分析 4 个部分。这种方式也可以看成是一种面向数据的联网审计(Data-oriented Online Auditing,DOOA)。其原理如图 9.1 所示。

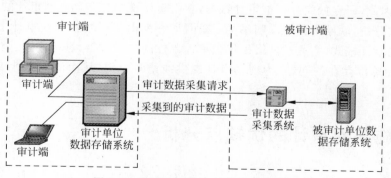

图 9.1 我国联网审计实现方法的原理

1. 审计数据采集

要实现联网审计,必须研究如何采集被审计单位的电子数据。一般来说,联网审计数据采集的实现是通过在被审计单位数据服务器端放置一台称为"数据采集前置机"的服务器,通过在"数据采集前置机"上安装数据采集软件,把审计需要的财政财务数据和相关经济业务数据,采集到部署在本地的审计数据采集服务器(前置机)中,从而完成联网审计的审计数据采集工作。

2．审计数据传输

审计数据传输主要用来把采集到的数据通过网络传输到审计单位中去,以供审计数据分析使用,即利用公共通信资源网构建的联网审计数据传输网把部署在被审计单位审计前置机中的数据传输到审计机关的数据中心。在实际工作中,可以根据具体的情况采取相应的数据传输方式,例如,对于大数据量,且要求实时审计的数据,可以采用专线的方式进行数据的传输;对于多级数据分散存储的单位可以采用专线、拨号等方式进行数据传输;对于网络设施不太完善的被审计单位,可以采用电话拨号进行数据传输。

3．审计数据存储

联网审计环境下,由于从被审计单位采集来的电子数据是海量的,所以,对于采集来的电子数据需要采取一定的方式来存储,即可以在审计机关构建联网审计的海量数据存储系统。随着云计算技术的发展,将来也可以采用云存储技术来解决联网审计环境下审计数据的海量存储问题。

利用海量数据存储系统可以实现按不同的应用(逻辑)或按数据特征(类型)进行分区管理。例如,在海量数据存储系统中,可以根据联网审计的需要或不同数据特征的需要,同时存放税务联网审计、海关联网审计、银行联网审计等若干个系统的海量数据,如图9.2所示。

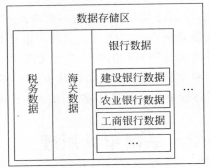

图 9.2　审计数据分区管理示意图

4．审计数据分析

这一阶段主要是采用相关审计工具和方法对采集来的电子数据进行分析,从而发现审计线索,获得审计证据。联网审计环境下,采集来的数据是海量的,因此,研究如何分析被审计数据,获得审计证据是实现联网审计的关键。

根据以上分析,联网审计可以归纳为:联网审计是由于网络技术在审计中的应用而形成的一种新的审计模式,它通过网络采集被审计单位的电子数据,进行连续、全面的分析,及时发现被审计单位存在的问题,为现场审计提供线索和资料,从而使得审计工作实现网络化、远程化。

9.3　实施联网审计的优缺点分析

9.3.1　主要优点

根据前面对联网审计原理的分析,实施面向数据的联网审计的主要优点如下。

1．能有效消除 7 种审计浪费

传统的审计模式具有 7 种审计浪费,即过度审计、等待、时间延迟、审计过程自身的无效

率、审计过程的不连续、过多的审阅过程、误差,而实施联网审计能有效消除这 7 种审计浪费。例如,减少调阅资料时间,审计人员可以远程获取主要审计资料,避免传统审计中依赖被审计单位提供数据,等待数据的时间。根据统计,一般审计项目中,审计人员等待调阅会计资料的时间大量占用审计人员的有效工作时间。联网审计模式下,主要的审计数据采集是通过数据采集前置机来获得的,具有前所未有的主动性和灵活性。

2. 降低了审计成本

实施联网审计后,需要的相应审计人员会减少,降低了审计人员相应的成本。对于异地审计项目的审计,实施联网审计能有效地减少外勤经费,如差旅费、住宿费等,这也大大降低了审计成本。

3. 节省了审计的时间,提高了审计效率

传统审计模式下,由于审计对象的情况往往比较复杂,仅凭一次审计就把全部问题都查出来几乎是不可能的。而采用联网审计则可以把数据采集来之后,采用先进的审计数据分析方法对被审计数据进行仔细的分析,从而可以全面发现审计线索。

4. 提高了审计的独立性

审计人员依赖被审计单位提供数据,现场审计时,提供数据的效率和质量影响到审计行为的实施效果。联网审计时,借助于联网审计系统,审计人员具备更大的灵活性和行为的独立性。可以对审计事项进行更加自由的调查取证,形成审计意见。此外,现场审计时,审计人员和被审计单位人员在工作全过程中接触,在涉及敏感问题时,难免会受到各方面的干扰,影响到审计人员的独立判断。而在联网审计模式下,审计人员与被审计单位人员处于物理上的不同地点,从环境上有利于审计人员的独立性。

9.3.2　主要缺点

根据前面对联网审计原理的分析,实施面向数据的联网审计的主要缺点如下。

1. 实施成本高

实施联网审计的成本可以分成一次性成本和经常性成本两部分:一次性成本是指联网审计系统开发和执行的初始投资;经常性成本是指在联网审计系统整个生命周期内反复出现的运行和维护成本。

针对目前我国联网审计的实现方法,其一次性成本主要包括:

- 硬件成本。
- 软件成本。
- 人员培训费用。
- 场地成本。

针对目前我国联网审计的实现方法,其经常性成本主要包括:

- 人员成本。
- 硬件维护成本。

- 软件维护成本。
- 耗材成本。
- 风险控制费用。
- 其他费用,如网络通信费等。

对于实施联网审计的成本,将在后面做详细分析。

由联网审计的成本构成可以看出,实施联网审计的成本是比较高的。因此,在实施联网审计时需要从成本和效益的角度进行可行性研究。

2. 技术要求高

联网审计主要是采用信息技术来完成。为了保证联网审计过程的顺利完成,审计人员对联网审计的各个环节,例如审计数据采集、审计数据传输、审计数据存储、审计数据分析等,应该有足够的认识,这就要求审计人员需要具备软件、硬件、网络、数据库等方面的知识。

3. 审计风险高

联网审计环境下,审计的主要对象是从被审计单位信息系统中采集来的原始数据,如果被审计单位没有健全的内部控制制度来保证其数据信息的真实性,那么审计人员的工作都将可能建立在虚假信息之上,带来极大的审计风险。

另外,由于联网审计也是一个复杂的系统,有时灾难性的事故是无法预防或规避的,这些灾难造成的系统停顿也将给审计工作的进行带来重大影响。

9.4　联网审计系统的安全问题分析

对于如图 9.1 所示的面向数据的联网审计系统,其安全控制非常重要。面向数据的联网审计系统的安全因素主要包括审计数据采集安全、审计数据传输安全、审计数据存储安全和审计数据分析安全。

1. 审计数据采集安全

审计数据采集安全主要包括数据采集物理安全、数据采集身份认证与授权以及审计数据完备性等。

2. 审计数据传输安全

联网审计系统一般需要异地传输大量的数据,其中大部分数据是关系到被审计单位利益的重要数据,有些数据甚至关系到国家的重要利益,而目前联网审计系统的数据传输过程中会涉及公网系统,因此,联网审计系统数据传输的安全性问题非常重要。只有保证了数据传输过程中的保密性和完整性,才能保证系统数据不被截获、不被泄露、不被监听和复制。审计数据传输安全主要包括信息传输安全、传输通道安全和网络结构安全。

3. 审计数据存储安全

在联网审计系统的数据中心存储着大量审计数据,包括从被审计单位采集来的审计数据以及审计人员分析处理后的结果数据,这些数据会涉及被审计单位的敏感信息以及国家的重要保密信息,如果这些信息发生泄露,会严重影响到被审计单位和国家的利益。另外,数据的完整性也是极为重要的,一旦重要数据被破坏或丢失,就会对联网审计系统的日常运行造成重大的影响,甚至是难以弥补的损失。因此,审计数据存储的安全也很重要。

审计数据存储安全主要是要保证审计数据的连续性、共享性和可使用性,同时要保证审计部门内外数据的安全隔离。另外,为了防止各种灾难给数据存储带来的损害,应该建立异地备份方案。审计数据存储安全可通过实施 BCP 来完成,对于这一内容,将在 9.5 节进行分析。

4. 审计数据分析安全

审计数据分析安全主要包括:审计人员在进行审计数据分析的过程中,不能更改原始的被审计数据,不能泄露相关的被审计数据等。

9.5 基于 BCP 视角的联网审计风险控制

9.5.1 问题的提出

目前,对于联网审计的研究多是从技术实现的视角出发,很少研究联网审计的风险控制问题。然而,联网审计也是一个复杂的系统。有时灾难性的事故是无法预防或规避的,这些灾难造成的系统停顿也将给审计工作的进行带来重大影响。如果有对意外事件的详细规划,就可能避免灾难和系统停顿的全面影响,而 BCP 则是解决该问题的最佳方案。基于以上分析,可以看出,从 BCP 的视角研究联网审计的风险控制具有重要的理论和应用价值,其意义如下:

(1) 在发生各种不可预料的故障、破坏性事故或灾难情况时,能够确保联网审计系统的不间断运行,从而达到对被审计单位持续监控的目的。

(2) 在遇到灾难袭击时,能最大限度地保护采集来的审计数据的完整性和一致性,降低数据的损失,快速恢复应用系统和数据。

9.5.2 BCP 原理

1. BCP 的概念

业务持续计划(BCP)是单位为避免关键业务功能中断,减少业务风险而建立的一个控制过程,它包括了对支持单位关键功能的人力、物力需求和关键功能所需的最小级别服务水平的连续性保证。BCP 关注的是单位日常风险管理程序所不能完全消除的剩余风险,BCP 的目标就是要把单位的剩余风险和因意外事件产生的风险降到单位可接受的程度。一般说来,业务连续性计划包括:

(1) 灾难恢复计划(Disaster Recovery Plan,DRP),用来恢复不可用的设备。

(2) 作业计划,恢复业务单位所应进行的作业。

（3）重建计划，用来将运营恢复正常，包括旧设备修复和采购新设备。

2．制定 BCP 时需考虑的问题

（1）制定 BCP 的第一步是进行风险分析，即识别风险。通过评估一个单位的信息资源所存在的威胁，了解每一风险可能会造成多大的损失，然后，采取合适的措施把相应的风险减少到单位的高级管理层能够接受的水平。需要指出的是：并不是所有的系统都需要一个恢复计划，业务持续计划所花费的代价不能超出恢复系统所带来的利润。

（2）BCP 计划的范围和所需要的详细措施依据不同的单位而要求不同。例如，拥有大的 IT 部门和复杂的计算机系统的单位应具有一个综合的、不断更新的 BCP 计划，并有相应的备份设施。

（3）BCP 计划应该文档化，并根据需要定期检测和更新。为了检测 BCP 计划是否和期望的一样正常地工作，需要采用灾难模拟练习来定期检测。

9.5.3　联网审计系统的风险分析

为了保证联网审计的连续，从而有效地对被审计单位进行实时监控。根据 BCP 的思想，首先需要分析联网审计系统的风险。根据对联网审计的原理以及联网审计系统的 4 个主要组成部分的分析，其数据采集部分、数据传输部分以及数据存储部分是风险控制关注的重点，其中，数据存储部分最为重要，而数据采集部分和数据传输部分的重要性取决于联网审计的频率。另外，被审计单位的特点以及联网审计系统的规模也是产生风险的关键。

在实施联网审计时，应当采取合理的、具有可接受的恢复成本的风险控制方案，即联网审计的恢复成本不应大于停机成本。

9.5.4　联网审计系统的风险控制方案

1．数据采集部分的风险控制

为了防止联网审计的数据采集部分由于灾难等造成的系统停顿，对于数据采集部分，主要是做好数据采集前置机中相关软件系统及关键数据的备份工作，包括数据采集软件系统、审计预警系统的备份工作。可以把相关需要备份的软硬件系统备份到实施联网审计的审计单位和当地的审计部门中。当被审计单位发生灾难时，可采用备份在当地的审计部门中的数据快速恢复数据采集系统。当发生大范围的灾难时，可采用备份在联网审计单位的备份数据来完成恢复。其中，需要注意的关键问题如下：

1）关键应用程序清单的准确性和完整性

审计人员应检查关键应用程序清单以确保其完整性和准确性。应用程序遗漏会导致恢复失败。但是，将实现短期恢复不需要的应用程序列入关键清单，会在恢复期间误导资源，分散对基本目标的注意。

2）注意备份关键应用程序

审计人员要检查关键程序的副本是否在非现场存储，这样，一旦发生灾难或系统故障，就可用备用版本重建数据采集系统。

3）注意备份关键数据

审计人员应检验关键数据文件是否按照要求进行了备份。

2．数据传输部分的风险控制

数据传输是联网审计系统的关键部分，如果不能准确地把采集到的数据传输到审计单位去，则无法完成联网审计。所以，要实施联网审计，保证网络的畅通很重要。对于联网审计的数据传输，主要是预防网络灾难中通信的中断。另外，应当使用足够的 UPS（Uninterruptible Power System，不间断电源）设备来保证通信设备的安全供电。通信网络像数据中心的其他设施一样易受自然灾害的影响，特别是有一些灾难事件对通信网络有较大的影响，例如，中心交换设备间发生灾难、电缆被切断、通信软件出现故障与错误，由于黑客入侵造成的安全损害，人为灾祸对主机的破坏等。对通信网络进行保护的主要方法如下：

1）采用冗余设施

（1）在规划通信能力时留有富余，当其主要通信能力丧失时，使用其剩余通信能力。例如在局域网中设计双路电缆，其中一条正常使用，另一条作为备份路径。一旦正常使用的电缆被损坏，就启用备份电缆，保证网络正常连通。

（2）在路由器之间提供多条路径。

（3）提供容错设施，以避免路由器、交换机和防火墙的单点故障。

（4）把网络设备的配置信息拷贝出来保存，以备恢复时使用。

2）采用替换式通信线路

替换式通信线路是通过一个替换线路来传送信息的方法。

3）采用分集式通信线路

分集式电缆应当处于不同的电缆护套中，而且不能铺设在同一个管道中，它们应当有不同的物理路径，以避免面临同样的灾难事件，这样，分集式电缆才能互为备份。

在实施联网审计时，可根据具体的情况，采取合适的数据传输灾难防范措施。

3．数据存储部分的风险控制

1）异地备份方法

联网审计的数据存储部分是风险控制需要重点考虑的问题。随着联网审计的开展，审计部门会积累大量的从被审计单位采集来的电子数据，这些数据对审计人员来说是非常重要的。为了防止灾难给数据存储带来的损害，应该建立异地备份方案。各种可能用到的异地备份方法如下：

（1）热站。

热站（Hot Site）提供机房环境、网络、主机、操作系统、数据库、通信等各方面的全部配置，灾难发生后，一般几个小时就可以使业务系统恢复运行。

（2）温站。

温站（Warm Site）只配备了部分设备，通常没有主机，只提供网络连接和一些外部设备（例如磁盘驱动器、磁带驱动与控制器、UPS设备等）。使用温站是基于这样一个前提：计算机很容易获得，并可以快速安装使用。

（3）冷站。

为了降低成本，可以使用冷站(Cold Site)。冷站只提供支持信息处理设施运行的基本环境（如电线、空调、场地等）。

（4）与其他单位的互惠协议。

单位之间签订互惠协议(Reciprocal Agreements with Other Organization)是指具有相同设备与应用系统的两个单位或多个单位之间互相为对方建立备份的方法。这种方式的优点是成本低；缺点是由于缺乏约束力，经常无法执行。由于这种方法有一定的局限性，一般不常被单位所采用。

2）风险控制方案

根据以上常用异地备份方案，结合联网审计实施的实际情况，数据存储部分可采取的风险控制方案如下：

（1）在数据采集前置机端和数据存储端互为备份。

由于数据采集前置机端放置在被审计单位中，而数据存储端是在被审计单位中，如此一来，正好可以构成互为异地备份。也就是说，在把采集来的数据传输到审计单位的同时，也把采集来的数据在数据采集前置机端进行备份。

（2）在各特派办或审计厅之间签订互惠备份协议。

不同单位之间签订互惠备份协议时，一般会遇到系统的不兼容、不容易协调的问题，使得这种方法具有一定的局限性，一般不常被单位所采用，但对于我国的联网审计却是一个很好的方案。因为通过"金审工程"的统一规划建设，在审计署的各个特派办之间的软硬件设备基本相似，这为在它们之间建设异地备份打下了基础；另一方面，通过审计署的协调，能使得在发生灾难时，这种备份方案能顺利执行。对于各省的联网审计项目，其异地备份方案可以在省审计厅的协调下，在省内的各个审计机关或省之间的审计机关之间进行。

（3）建立可单独运行的热站方式。

在以上两种方式都不可行的情况下，实施联网审计的单位可建立单独运行的热站方式，但这种方式成本较高。

9.5.5　联网审计风险控制制定需考虑的问题

对于制定的联网审计风险控制方案，应评估其是否合适，需要考虑的问题如下：

（1）通过审查以前对联网审计风险控制方案的测试结果，核实风险控制方案是否能有效地确保在出现意外中断后联网审计系统能迅速地恢复。

（2）通过审查单位的突发事件应对程序以及相关人员的培训和练习情况，评估相关人员在突发事件中的有效反应能力。

（3）通过检测非现场存储设施及其内容、安全性和环境控制情况，来评估非现场存储是否能满足联网审计风险控制的需要。

（4）成立联网审计风险控制小组。应清楚地列出风险控制小组成员的姓名、住址以及紧急联络电话号码。另外，要检验联网审计风险控制小组成员是否为在职人员，并了解各自分担的职责。

（5）不管采用什么样的数据存储灾难防范措施，都要对其备份与恢复操作进行经常性的测试。

9.6 基于成本效益视角的联网审计可行性分析方法

9.6.1 问题的提出

尽管实施联网审计具有众多的优点,然而,并不是在所有情况下都可以开展联网审计。在对某一单位实施联网审计时,首先需要进行详细的可行性研究。联网审计的可行性主要包括如下内容。

1. 技术可行性

随着信息技术的发展,实施联网审计在技术上已不是问题,目前国内外已经研究了多种实现联网审计的方法,且一些方法已被应用于实践之中。

2. 法律可行性

在实施联网审计时,需要和被审计单位的信息系统进行联网,这就要求实施联网审计时,必须在所有法律许可的界限内进行。

3. 操作可行性

联网审计是审计模式上的转变,实施联网审计的单位需要考虑本单位审计人员的知识构成,要能够进行恰当的工作程序转变、充分的人员再培训,来实现联网审计的可行操作。

4. 经济可行性

经济可行性主要是考虑实施联网审计的效益是否大于其实施成本。对于一个被审计单位,如果收益太低,则实施联网审计便不具有任何意义。

目前,一些文献研究了联网审计的技术可行性,但很少文献研究联网审计的经济可行性。Alles 等人(2002)指出:之所以目前对持续审计的需求不高,主要是其实施成本太高。尹平和陈伟(2008)对信息化环境下的审计成本控制问题进行了研究,并提出了一些控制对策。本节基于我国联网审计的实施现状及其技术实现原理,通过研究实施联网审计的成本及效益,从经济上分析联网审计的可行性,从而为实施联网审计提供决策依据。

9.6.2 实施联网审计的成本效益分析方法

根据前文对联网审计原理的分析,为了确定对某一被审计单位是否需要实施联网审计,需要分析其实施成本及收益。根据经济学的理论,如果某一项目的投入大于它的产出,那么这个项目是不经济,不值得去做的。同理,对某一单位实施联网审计时,如果实施成本远大于其收益,那么就没有必要实施联网审计。

成本效益分析的过程分为 3 步:确定成本,确定效益,以及成本和效益的比较,本节首先分析联网审计的成本和效益。

1．联网审计的成本分析

1）一次性成本

为了便于计算联网审计的成本，可将其分成一次性成本和经常性成本两部分。一次性成本是指联网审计系统开发和执行的初始投资。针对目前我国联网审计的实施方法，其一次性成本主要包括：

（1）硬件成本。

硬件成本指购买用于实现联网审计系统的硬件费用，这些硬件包括微型计算机、小型计算机、大型服务器、外围设备（如磁盘驱动器、磁盘，海量数据存储系统等）以及网络设备（如网桥、路由器、网关、交换机、调制解调器、集线器、无线电通信设备以及其他涉及数据的物理传输设备等）。

（2）软件成本。

软件成本指为实施联网审计所购买的软件的费用，这些软件包括操作系统软件（不含随硬件附送的软件）、网络控制软件以及自行开发的软件（如联网审计数据采集软件、联网审计数据分析软件、联网审计管理软件等）。

（3）人员培训费用。

为了使审计人员能够胜任联网审计环境下的审计任务，对审计人员进行培训的费用。

（4）场地成本。

场地成本主要包括实施联网审计时数据采集端和数据存储端的机房改建（如增加空调或结构改变）等相关费用。

2）经常性成本

经常性成本是指在联网审计系统整个生命周期内反复出现的运行和维护成本。针对我国目前联网审计的实现方法，其经常性成本主要包括：

（1）人员成本。

人员成本主要是指联网审计环境下相关审计人员的工资等费用。

（2）硬件维护成本。

硬件维护成本主要是指对联网审计相关硬件系统，如数据采集前置机的升级（增加内存）、海量数据存储系统扩充以及对计算机和外围设备进行预防性维护和检修的费用。

（3）软件维护成本。

软件维护成本主要是指操作系统、网络控制软件以及自行开发的联网审计相关软件的升级与调试费用。

（4）耗材成本。

耗材成本主要是指和联网审计相关的日常消费费用，如打印机色带、墨盒、硒鼓、打印纸、磁盘磁带以及一般的办公室用品等。

（5）风险控制费用。

联网审计的风险控制费用主要是指用来制定、维护和实施 BCP 所需的费用。如前所述，联网审计也是一个复杂的系统。有时灾难性的事故是无法预防或规避的，这些灾难造成的系统停顿也将给审计工作的进行带来重大影响。如果有应对意外事件的详细规划，就可能避免灾难和系统停顿的全面影响，而 BCP 则是解决该问题的最佳方案。用于 BCP 的费用主要有每天备份系统软件、应用程序、电子数据，以及非现场存储和将备份介质(磁带机、磁盘、光盘)转换到安全地点的费用等。

(6) 其他费用，如网络通信费等。

2. 联网审计的效益分析

1) 有形效益

实施联网审计的成本比较容易计算，但其效益的评估就比较困难，为了便于分析联网审计的效益，可以从有形效益和无形效益两个方面进行分析。

联网审计的有形效益是指可以用财务指标进行计量的效益。联网审计的有形效益主要包括：

(1) 降低人员成本。非联网审计环境下，用于审计人员的日常成本主要包括：

① 审计人员的日常工资和福利。

② 办公场所费用。

③ 审计人员的培训费用。

④ 为审计人员购买用于审计工作的软硬件设备的费用。实施联网审计后，需要的相应审计人员会减少，从而降低了审计人员相应的成本。

(2) 减少审计成本。对于异地审计项目的审计，主要费用一般包括：

① 外勤经费，如住宿费、伙食费、公杂费、差旅费等。

② 加班补贴。

③ 其他费用。其总费用根据审计人员数和审计天数来计算。而实施联网审计能有效地减少异地审计项目的审计成本。

(3) 实施联网审计可以节省审计单位的人力和物力，可使审计单位把这些资源投入到其他工作中去，从而增加了其他方面的效益。

2) 无形效益

联网审计的无形效益是指不容易统计，难以用财务指标核算的效益。无形效益主要包括：

(1) 采用联网审计之后，节省了审计的时间，提高了审计效率。传统审计模式下，由于审计对象的情况往往比较复杂，仅凭一次审计就把全部问题都查出来几乎是不可能的。而采用联网审计，则可以把数据采集来之后，采用先进的数据处理方法对被审计数据进行仔细的分析，从而可以全面发现审计线索。

(2) 实施联网审计能有效消除 7 种审计浪费。如前所述，传统的审计模式具有 7 种审计浪费，而实施联网审计能有效消除这 7 种审计浪费。

(3) 联网审计的一个重要无形效益就是它的社会效应，其中包括对审计单位形象的提升和对社会的价值增加，从长远上为审计单位带来不可估量的价值。另外，联网审计对被审计单位的威慑作用也会产生重要的无形效益。

(4) 实施联网审计提高了审计的频率，从而提高了审计报告的价值，降低了审计风险。传统审计模式下，审计报告需在事件发生几个月后才能生成，而实施联网审计后，审计报告可以实时产生，从而提高了审计报告的价值，降低了审计风险。

（5）实施联网审计可以有效地调度审计资源的使用。传统审计模式下，如果对一个项目投入的审计力量过多，则可能会出现窝工，造成审计资源的浪费；如果审计力量投入不足，则一些重大问题可能会查不出来，审计起不到应有的作用。采用联网审计则可以解决这一问题，联网审计环境下，对于采集来的电子数据，可根据审计进展情况，调集各个地方的力量，通过网络，协同作战。

尽管联网审计的无形效益很重要，但由于难以进行精确度量，无形效益有时会被夸大或贬低，这会对实施联网审计产生重要的影响。

3. 联网审计实施的可行性分析

在实施联网审计时，通过对确定的成本和效益进行比较，可以判断该联网审计项目是否可行。常用的方法包括净现值法和回收期法，其过程分别分析如下。

1）净现值法

净现值法（Net Present Value Method，NPV）就是在联网审计的整个生命周期里将效益现值减去成本现值，净现值为正的表示该联网审计项目在经济上是可行的。

假设 NPV 表示净现值，当 NPV＞0 时，表示该联网审计项目在经济上是可行的；当 NPV≤0 时，表示该联网审计项目在经济上是不可行的。对于同一个联网审计项目的不同实施方案，应该选择净现值最大的实施方案。

2）回收期法

回收期法（Payback Method）是收支平衡分析的一种变形。当总成本与总效益相等时，就达到了收支平衡点，在分析联网审计项目的可行性时，可把回收期法应用于其中。

联网审计也是一个复杂的信息系统，由于信息技术发展迅速，使得信息系统的有效生命周期越来越短。因此，实施联网审计时，回收速度通常是决定性因素。相对于无形效益的其他考虑因素，通常要优先考虑回收期限的长短。假设某一联网审计系统的预期有效寿命为 T_f，T_p 为联网审计系统的回收期，如果：

$$T_f < T_p$$

则表示该联网审计项目可行，且 T_f 和 T_p 的差额越大，越是可行。对于同一个联网审计项目的不同实施方案，应该选择回收期最小的实施方案。

以某联网审计项目为例，假设该项目的相关数据如表 9.1 所示。

表 9.1　某联网审计项目的相关数据

相关指标	数据	相关指标	数据
项目完成时间	0.5 年	年经常性成本（单位：万元）	50
系统预期有效寿命	5 年	年有形效益（单位：万元）	200
一次性成本（单位：万元）	320	回收期	2 年

在单独考察成本和有形效益的情况下，若使用净现值法进行分析，则该项目的净现值为：

$$NPV = (200 - 50) \times 5 - 320 = 430 \text{ 万元}$$

$$NPV > 0$$

表明该项目可行。

若使用回收期法进行分析 $T_p=2$,$T_f=5$,则：

$$T_p < T_f$$

表明该项目可行。

4. 成本效益分析方法的不足

成本效益分析有助于实施联网审计时确定所产生的收益是否（或多大程度上）超过其成本，这种方法常常用于估计商业投资预期的财务价值。把成本效益分析这种方法应用于联网审计的可行性分析之中又具有一定的局限性，因为联网审计也是一种信息化建设项目，由于信息化建设项目本身所具有的复杂性，导致其成本及收益的评估方法要比传统建设项目复杂得多，联网审计的成本和效益相对于传统的资本项目更不易确定并量化，主要表现为：

（1）联网审计系统效益评估的很多指标难以量化。

（2）联网审计系统的建立是一个不断改进的过程。

（3）联网审计系统的效益具有长期效应，而且还存在很多隐性效益。

（4）联网审计系统的技术含量高，而目前的信息系统建设项目却缺乏严格的监理机制，因此又增加了评估的难度。

尽管把成本效益分析这种方法应用于联网审计的可行性分析之中存在一些不足，但由于其简单易行，在没有明显更好的选择的情况下，忽略其局限性，可行性研究加上成本效益分析，是分析某一联网审计项目是否可行的有效工具。

9.6.3 提高联网审计可行性的建议

基于本节的分析，为了提高联网审计的可行性，在实施联网审计时应该注意以下问题。

（1）在联网审计对象的选择上，应考虑以下几个方面。

- 对于政府审计，实施联网审计的被审计单位应属于经常接受审计的重点单位，这样实施联网审计才比较有价值；对于一些大型企业的内部审计，在条件许可的情况下，也可以考虑实施联网审计。

- 为了减少联网审计的风险，被审计单位的内部控制制度应比较完善，能保证通过联网审计系统采集到的数据的真实性和可靠性。

- 被审计单位的信息化程度应比较高，使用的财务等软件比较规范，保证具备联网审计的基本条件。

- 在保证网络传输安全的条件下，审计单位与被审计单位之间应比较容易联网，且联网成本较低。

（2）在联网审计系统的开发上，应使开发的联网审计相关软件具有一定的通用性和可移植性，从而降低联网审计的实施成本。例如，通过研究如何设计通用的审计数据采集接口（如基于 XBRL），或可重构的数据采集系统，从而使其具有一定的通用性。

（3）根据被审计对象的情况，在面向数据的联网审计方法不可行的情况下，可以选择采取其他更合适的持续审计方法。

9.7 联网审计绩效评价

9.7.1 问题的提出

1. 联网审计绩效评价变得越来越重要

如前文所述,为了适应计算机辅助审计的需要,我国国家审计署已经成功开展了"金审工程"一期和二期的建设工作。另外,为了探索计算机辅助审计数据采集与处理中的重大技术和制度规范,为"金审工程"实施联网审计系统建设提供科技成果应用的指导,国家审计署还成功开展了国家"863"计划"计算机审计数据采集与处理技术"一期课题和二期课题的研究,通过该项目的开展,探索了适合我国国情的联网审计实施方案。

在"金审工程"建设和对联网审计理论研究的基础上,作为"金审工程"建设的重要内容,我国目前正在大力推广联网审计的应用,例如社会保障联网审计、地税联网审计等,推广的试点从省级单位一直到市、县级单位,这为研究和应用联网审计绩效评价提供了机遇。同时,为检验联网审计的实施效果,保证国家投资的正确性,联网审计的绩效评价变得越来越重要。

然而,由前面的分析可以看出,目前对于联网审计实现技术和应用的研究较多,但缺少绩效评价方面的研究与应用。研究联网审计绩效评价,有助于重新认识目前的联网审计政策和联网审计实现技术,有助于审计机关更有效地制定联网审计实施对策。

9.6节初步分析了如何基于成本效益来分析实施联网审计的可行性,但尚未进一步分析开展联网审计绩效评价的意义和方法。尽管在一些领域,绩效评价的研究已引起广泛关注,但是,实施联网审计是一个非常复杂的系统工程,其中存在着广泛的非线性、时变性和不确定性,这使得已有的一些评价指标和评价方法不完全适合联网审计的特点,不能直接将其应用于联网审计的绩效评价之中。另外,联网审计环境下审计成本的分类、构成及其比重发生重大变化,审计成本管理呈现不确定性、差异性和复杂性等特征。同时,对于联网审计的绩效评价,也不能仅从成本—效益的角度出,还需要考虑审计风险控制等因素。因此,迫切需要根据联网审计的特点构建一些适合其需要的绩效评价方法。

2. 联网审计绩效评价研究的意义

概括来说,研究联网审计绩效评价的意义如下:

(1) 审计信息化对审计成本控制带来了有利影响和不利影响,只有充分利用审计信息化对审计成本控制带来的有利影响,尽力回避审计信息化对审计成本控制带来的不利影响,才能更好地做到少投入多产出,才能更好地整合审计资源,提高审计广度和深度,更好地实现审计目标。而联网审计是目前审计信息化的一个研究与应用的热点,因此,研究联网审计的绩效评价方法有利于发挥联网审计环境对审计成本控制的有利影响,并回避其不利影响,从而达到审计成本控制的目的。

(2) 作为"金审工程"建设的重要内容,我国目前正在大力推广联网审计的应用,例如在社会保障联网审计、地税联网审计等,推广的试点从省级单位一直到市、县级单位。这为研究和应用联网审计绩效评价提供了机遇,同时,为检验联网审计的实施效果,保证国家投资的正确性,联网审计绩效评价变得越来越重要。

(3)目前对于联网审计实现技术和联网审计应用方面的研究较多,但缺少绩效评价方面的研究与应用。而研究联网审计绩效评价,有助于重新认识目前的联网审计政策和联网审计实现技术,有助于审计机关更有效地制定联网审计对策,因此,开展联网审计绩效评价方面的研究具有重要的现实意义。

(4)开展联网审计的绩效评价,有助于建立科学的投入机制。在联网审计的建设初期,应对联网审计建设过程中的重大建设支出进行科学的论证,规范决策程序,对联网审计软件的开发方式进行优化,避免联网审计软件的重复开发,加强审计成本控制制度建设,降低审计成本。

(5)通过研究联网审计的绩效评价方法,可为我国正确开展联网审计提供决策依据,也可为我国联网审计建设的持续发展打下基础。另外,从定量的角度研究联网审计的绩效评价方法,可为合理评价联网审计的实施效果提供手段,从而摆脱传统联网审计实施过程中的"经验主义时代",使得联网审计建设决策更加科学化。

3. 本节将要介绍的内容

9.6 节分析了在实施联网审计项目之前,如何分析其可行性。本节将研究对于已实施的联网审计项目,如何对其绩效进行评价,主要内容包括:针对我国目前联网审计的实施现状及特点,分析研究联网审计绩效评价的思路。在此基础上,建立适合我国联网审计特点的绩效评价指标体系,并对指标体系中的各个评价指标的内涵进行分析。最后,以案例分析如何对联网审计项目进行绩效评价。

9.7.2 开展联网审计绩效评价的步骤

基于前文分析,根据我国开展联网审计的特点,一般来说,开展联网审计绩效评价的步骤如下:

1) 分析影响联网审计绩效的因素

多视角地调研国内联网审计实施的现状和特点等,收集相关数据,分析影响联网审计绩效的因素。

2) 构建联网审计绩效评价指标体系

在分析影响联网审计绩效因素的基础上,建立联网审计绩效评价指标体系。

3) 建立联网审计绩效评价模型

结合联网审计绩效评价指标体系,采用合适的方法(如 RC、AHP、RC/AHP 等)确定联网审计绩各个评价指标的权重,建立绩效评价模型,根据这一模型,计算需评价联网审计项目的绩效值,完成联网审计项目的绩效评价。

9.7.3 联网审计绩效评价指标体系的构建

1. 联网审计绩效评价指标体系构建思路

对联网审计的绩效进行评价,指标的选取至关重要。基于我国联网审计的实现原理,影响联网审计绩效的因素分析如下：

1) 基于成本—效益的视角分析影响联网审计绩效的主要因素

分析联网审计的实施成本，包括联网审计建设的初始投资成本(一次性成本)和运行成本(经常性成本)；分析联网审计的实施效益，包括联网审计的有形效益(可以用财务语言来描述的效益)和无形效益(无法用财务语言来描述的效益)。

2) 基于整个联网审计系统风险控制的视角分析影响联网审计绩效的主要因素

被审计单位的内部控制情况以及联网审计系统自身的安全性、可靠性是减少审计风险的重要依据。为了全面、客观地分析联网审计的实施效果，需要对联网审计的相关风险情况进行分析。例如，分析联网审计的风险控制状况，包括被审计单位信息系统的内部控制情况、数据采集风险控制情况、数据传输风险控制情况、数据存储风险控制情况以及数据分析风险控制情况。

3) 其他因素

其他因素，如联网审计系统设计与开发的质量等。

在前面对影响联网审计绩效因素分析的基础上，综合考虑联网审计实施的一次性成本、经常性成本、有形效益、无形效益、联网审计系统的风险控制状况等，设计评价指标体系，并确定指标体系中各级指标的权重。

2．联网审计绩效评价的指标体系

基于前面对影响联网审计绩效因素的分析以及评价指标的设计思路，可以确定联网审计绩效评价的指标体系，如表 9.2 所示。

表 9.2　联网审计绩效评价的指标体系

一级指标	二级指标	单位或量纲	对二级指标的说明	数据的获取
联网审计的成本 B1	软硬件成本 C1	万元	一次性成本	可根据财务数据计算得出
	场地成本 C2	万元		
	人员初始培训费用 C3	万元		
	软硬件维护及耗材成本 C4	万元	经常性成本	
	人员成本 C5	万元		
	风险控制费用 C6	万元		
联网审计的效益 B2	节省的审计成本 C7	万元	有形效益	可通过和实施联网审计之前进行比较，计算得出
	审计效率的提高 C8	%或[1,5]	无形效益	通过专家问卷调查和数据分析得出
	社会效应的提高 C9	%或[1,5]		
	审计报告价值的提高 C10	%或[1,5]		
联网审计的风险控制 B3	被审计单位信息系统的整体控制情况 C11	%或[1,5]	—	通过调查被审计单位的 IT 治理情况得出
	被审计单位信息系统的应用控制情况 C12	%或[1,5]		通过专家问卷调查和数据分析得出
	联网审计系统自身的风险控制情况 C13	%或[1,5]		

续表

一级指标	二级指标	单位或量纲	对二级指标的说明	数据的获取
联网审计系统的质量 B4	系统的可移植性 C14	[1,5]	系统的可移植性由采用的开发技术决定	通过调查联网审计软件系统的开发与维护情况得出
	审计的频率 C15	次/每月		
	系统的友好性 C16	[1,5]		
	采集数据的合适性 C17	[1,5]		
	系统升级频率 C18	次/每年		

3. 主要指标内容分析

1) 联网审计的成本分析

如前所述,为了便于计算联网审计的成本,可将其分成一次性成本和经常性成本两部分。针对表 9.2 中所建立的联网审计绩效评价的指标体系,其一次性成本和经常性成本指标的内涵已在前面分析过,此处不再赘述。

2) 联网审计的有形效益分析

如前所述,实施联网审计的成本比较容易计算,但其效益的评价就比较困难,为了便于分析联网审计的效益,可以从有形效益和无形效益两个方面进行分析。针对表 9.2 中所建立的联网审计绩效评价的指标体系,现对联网审计的有形效益指标归纳分析如下:

(1) 降低人员成本。

非联网审计环境下,用于审计人员的日常成本主要包括:

① 审计人员的日常工资和福利。

② 办公场所费用。

③ 审计人员的日常培训费用。

④ 为审计人员购买用于审计工作的软硬件设备的费用。

实施联网审计后,需要的相应审计人员会减少,从而降低了审计人员相应的成本。

(2) 减少审计成本。

对于异地审计项目的审计,主要费用一般包括:

① 外勤经费,如住宿费、伙食费、公杂费、差旅费等。

② 加班补贴。

③ 其他费用。

异地审计项目的总费用根据审计人员数和审计天数来计算,而实施联网审计能有效地减少异地审计项目的审计成本。

(3) 实施联网审计可以节省审计单位的人力和物力,可使审计单位把这些资源投入到其他工作中去,从而增加了其他方面的效益。

3) 联网审计的无形效益分析

针对表 9.2 中所建立的联网审计绩效评价的指标体系,现对联网审计的无形效益指标分析如下:

(1) 审计效率的提高。

采用联网审计之后,节省了审计的时间,提高了审计效率。传统审计模式下,由于审计对象的情况往往比较复杂,仅凭一次审计就把全部问题都查出来几乎是不可能的。而采用联网审计,则可以把被审计数据采集来之后,采用合适的计算机辅助审计技术对被审计数据进行高效、全面的分析,从而可以快速发现审计线索。特别是实施联网审计能有效消除 7 种审计浪费。

(2) 社会效应的提高。

联网审计的一个重要无形效益就是它的社会效应,例如审计单位形象的提升、对被审计单位的威慑作用等,这些都从长远上为审计单位带来不可估量的价值。

(3) 审计报告价值的提高。

实施联网审计提高了审计的频率,从而提高了审计报告的价值,降低了审计风险。传统审计模式下,审计报告需在事件发生几个月后才能生成,而实施联网审计后,审计报告可以实时产生,从而提高了审计报告的价值,降低了审计风险。

4) 联网审计的风险控制分析

针对表 9.2 中所建立的联网审计绩效评价的指标体系,现对联网审计的风险控制指标分析如下:

(1) 联网审计实施对象的风险控制情况。

如前所述,为了提高联网审计实施的可行性、实施效果及效益,在联网审计对象的选择上,应考虑以下几个方面:

① 为了减少联网审计的风险,被审计单位的内部控制制度应比较完善,能保证通过联网审计系统采集到的数据的真实性和可靠性。被审计单位信息系统的内部控制情况较差,采集到数据真实性差,从而带来高的审计风险。

② 如果被审计单位信息系统的内部控制情况较差,则没有必要对其开展联网审计。

③ 防止选择一些不合适的对象实施联网审计,从而造成对国家的损失。

因此,在开展联网审计的绩效评价时,被审计单位信息系统的整体控制情况和应用控制情况是评价的一个主要因素。

整体控制(General Controls,GC)的目标是确保应用系统的合适开发和实施,以及程序、数据文件、计算机操作的完整性。整体控制一般包括逻辑接触控制、系统开发生命周期控制、程序变更管理控制、数据中心的物理安全控制、系统、数据备份与恢复控制、计算机操作控制。

应用控制(Application Controls,AC)是对输入、输出和处理功能的控制,其目标是确保记录的完全性和准确性,以及输入的有效性。良好的整体控制是应用控制的基础,可以为应用控制的有效性提供有力的保障,某些应用控制的有效性取决于计算机整体环境控制的有效性。当计算机整体环境控制薄弱时,应用控制就无法真正提供合理保障。

(2) 联网审计系统自身的风险控制情况。

联网审计系统自身的风险控制情况主要包括数据采集风险控制情况、数据传输风险控制情况、数据存储风险控制情况以及数据分析风险控制情况等。

5) 联网审计系统的质量分析

针对表 9.2 中所建立的联网审计绩效评价的指标体系,现对联网审计的质量指标分析如下:

(1) 联网审计系统的可移植性。

联网审计系统的可移植性主要考虑这些问题:联网审计系统的设计与实现采用的是什么技术?是否是针对某一特定被审计对象(或特定被审计行业)设计的?是否可以应用到其

他被审计对象上(或其他行业中)去？移植到不同的被审计对象需要改动的程度如何？能否在不同的操作系统平台上运行？移植到不同的操作系统平台需要改动的程度如何？当然，联网审计系统的可移植性越好，联网审计系统的质量就越高。

（2）联网审计的频率。

如前所述，持续审计的频率一般从实时或是近似实时地进行审计到定期地进行审计。对于持续审计的频率为多少比较合适没有简单的答案，也许只能说持续审计的频率高一些比低一些要好。因此，联网审计的频率也是衡量联网审计系统质量的一个重要指标。

（3）联网审计系统的友好性。

联网审计系统的友好性是指系统的操作界面容易使用、人机交互性好，例如，系统界面操作起来是否方便？系统操作是否容易学习？系统是否能防止用户的输入错误？用户的输入错误是否会对联网审计系统造成破坏？

（4）联网审计系统采集数据的合适性。

如前所述，审计数据采集具有选择性、目的性、可操作性、复杂性等特点。对于联网审计，系统采集数据的合适性主要是考虑"选择性"这一审计数据采集特点，也就是说，所设计的联网审计系统在进行审计数据采集时是否采集到了所需的最合适的数据。

（5）联网审计系统的升级频率。

由于被审计信息系统会不断变化升级，为了能更好地实现对被审计信息系统的审计，联网审计系统也需要不断升级，而不是一劳永逸的。因此，联网审计系统跟随被审计信息系统的升级频率也是衡量联网审计系统质量的一个重要指标。

9.7.4　实例：基于 AHP 的联网审计绩效评价方法

1. 问题的提出

前面基于我国联网审计的实现原理及特点，建立了适合联网审计特点的绩效评价指标体系，本节针对目前我国开展联网审计的现状、特点以及需要，不仅考虑了成本、效益和质量等因素，而且还考虑了审计风险因素，在此基础上，构建一种基于 AHP 的联网审计绩效评价方法，主要内容包括：首先，基于对联网审计的实施成本、效益、审计风险控制等因素的分析，建立了针对联网审计绩效评价的 AHP 层次结构模型；然后，构造判断矩阵，确定各评价指标的权重；在此基础上建立了联网审计的绩效评价模型；最后通过算例分析该方法的有效性。基于 AHP 的联网审计绩效评价方法能合理、全面、客观地评价联网审计的实施绩效，从而为评价联网审计的绩效提供了一种有效的方法。

2. 层次分析法原理

层次分析法（AHP）是由美国运筹学家托马斯·塞蒂在 20 世纪 70 年代中期提出的一种简便、灵活而又实用的多准则决策方法，它是一种定性和定量相结合、系统化和层次化的分析方法，能简易地对一些较为复杂、较为模糊的问题做出决策，特别适用于那些难以完全定量分析的问题，具有可靠度比较高，误差小的优点。一般来说，应用 AHP 的主要步骤如下：

1）建立 AHP 层次结构模型

在应用 AHP 时，首先需对要研究的问题进行深入分析，在此基础上，确定目标层、准则层和指标层,建立 AHP 层次结构模型。

2) 构造判断矩阵

$$A = (a_{ij})_{n \times n} = \begin{bmatrix} a_{11} & a_{12} & \cdots & a_{1n} \\ a_{21} & a_{22} & \cdots & a_{2n} \\ \vdots & \vdots & & \vdots \\ a_{n1} & a_{n2} & \cdots & a_{nn} \end{bmatrix}$$

对于 a_{ij} 的值采用 1～9 标度法确定,即采用数字 1～9 及其倒数作为标度,对各指标的重要性进行两两比较。1～9 标度法如表 9.3 所示。

表 9.3　1～9 标度法及含义

标度	含　义
1	表示两个因素相比,具有"同等"重要性
3	表示两个因素相比,前者比后者"稍微"重要
5	表示两个因素相比,前者比后者"明显"重要
7	表示两个因素相比,前者比后者"强烈"重要
9	表示两个因素相比,前者比后者"极端"重要
2,4,6,8	表示上述相邻判断的中间值
倒数	若因素 i 与因素 j 的重要性之比为 b_{ij},那么因素 j 与因素 i 重要性之比为其倒数,即 $b_{ji} = 1/b_{ij}$

3) 权重计算及一致性检验

根据建立的 AHP 层次结构模型而构造出的多个判断矩阵,通过计算最大特征值 λ_{max} 所对应的特征向量 W,可以计算出相应的权重。但是,为了避免在构造判断矩阵的过程中产生的非一致性,需要对所构造的判断矩阵的一致性进行检验,步骤如下。

(1) 计算一致性指标 CI,定义如下:

$$CI = \frac{\lambda_{max} - n}{n - 1}$$

(2) 查找相应的平均随机一致性指标 RI。对 $n = 1, 2, \cdots, 9$,RI 的值如表 9.4 所示。

表 9.4　平均随机一致性指标 RI

n	1	2	3	4	5	6	7	8	9
RI	0	0	0.58	0.90	1.12	1.24	1.32	1.41	1.45

(3) 计算一致性比例 CR

$$CR = \frac{CI}{RI}$$

当 CR<0.10 时,认为判断矩阵的一致性是可以接受的,否则应对判断矩阵作适当修正。

3. 基于 AHP 的联网审计绩效评价方法关键步骤分析

在前面的分析基础上,基于 AHP 的联网审计绩效评价方法如图 9.3 所示。

1) 建立联网审计绩效评价层次结构模型

基于对影响联网审计绩效因素的分析,在前文所建立的联网审计绩效评价指标体系的基础上，可以建立联网审计的绩效评价 AHP 层次结构模型，如图 9.4 所示。

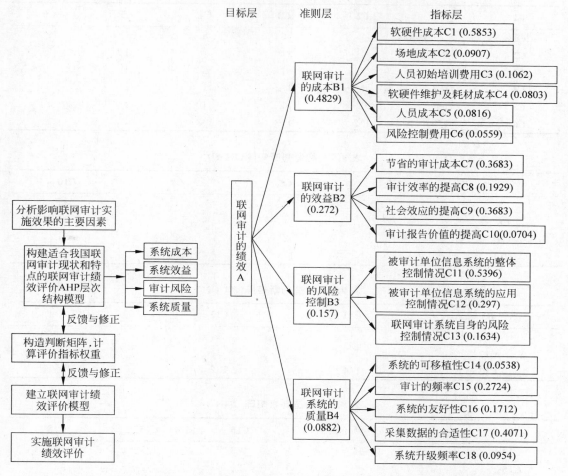

图 9.3 基于 AHP 的联网审计
　　　　绩效评价方法

图 9.4 联网审计绩效评价的 AHP 层次结构模型

2）构造判断矩阵

根据建立的联网审计绩效评价层次结构模型，由专家进行评价，构造相应的判断矩阵，如表 9.5～表 9.9 所示。

表 9.5 构造判断矩阵（A-B）

A	B1	B2	B3	B4
B1	1	2	3	5
B2	1/2	1	2	3
B3	1/3	1/2	1	2
B4	1/5	1/3	1/2	1

表 9.6　构造判断矩阵($B1$-C)

$B1$	$C1$	$C2$	$C3$	$C4$	$C5$	$C6$
$C1$	1	7	6	8	7	9
$C2$	1/7	1	1	1	1	2
$C3$	1/6	1	1	2	1	2
$C4$	1/8	1	1/2	1	1	2
$C5$	1/7	1	1	1	1	1
$C6$	1/9	1/2	1/2	1/2	1	1

表 9.7　构造判断矩阵($B2$-C)

$B2$	$C7$	$C8$	$C9$	$C10$
$C7$	1	2	1	5
$C8$	1/2	1	1/2	3
$C9$	1	2	1	5
$C10$	1/5	1/3	1/5	1

表 9.8　构造判断矩阵($B3$-C)

$B3$	$C11$	$C12$	$C13$
$C11$	1	2	4
$C12$	1/2	1	2
$C13$	1/4	1/2	1

表 9.9　构造判断矩阵($B4$-C)

$B4$	$C14$	$C15$	$C16$	$C17$	$C18$
$C14$	1	1/5	1/3	1/7	1/2
$C15$	5	1	2	1/2	3
$C16$	3	1/2	1	1/2	2
$C17$	7	2	2	1	4
$C18$	2	1/3	1/2	1/4	1

根据表 9.5～表 9.9,各判断矩阵如下:

$$A = \begin{bmatrix} 1 & 2 & 3 & 5 \\ 1/2 & 1 & 2 & 3 \\ 1/3 & 1/2 & 1 & 2 \\ 1/5 & 1/3 & 1/2 & 1 \end{bmatrix} \quad B1 = \begin{bmatrix} 1 & 7 & 6 & 8 & 7 & 9 \\ 1/7 & 1 & 1 & 1 & 1 & 2 \\ 1/6 & 1 & 1 & 2 & 1 & 2 \\ 1/8 & 1 & 1/2 & 1 & 1 & 2 \\ 1/7 & 1 & 1 & 1 & 1 & 1 \\ 1/9 & 1/2 & 1/2 & 1/2 & 1 & 1 \end{bmatrix}$$

$$B2 = \begin{bmatrix} 1 & 2 & 1 & 5 \\ 1/2 & 1 & 1/2 & 3 \\ 1 & 2 & 1 & 5 \\ 1/5 & 1/3 & 1/5 & 1 \end{bmatrix} \quad B3 = \begin{bmatrix} 1 & 2 & 3 \\ 1/2 & 1 & 2 \\ 1/3 & 1/2 & 1 \end{bmatrix}$$

$$
B4 = \begin{bmatrix}
1 & 1/5 & 1/3 & 1/7 & 1/2 \\
5 & 1 & 2 & 1/2 & 3 \\
3 & 1/2 & 1 & 1/2 & 2 \\
7 & 2 & 2 & 1 & 4 \\
2 & 1/3 & 1/2 & 1/4 & 1
\end{bmatrix}
$$

3）计算各级权重

在完成各级判断矩阵的构造之后,可以采用 Matlab 软件计算相应的权重及 CR 值,例如针对判断矩阵 **A** 的计算程序如下:

```
A = [1,2,3,5;1/2,1,2,3;1/3,1/2,1,2;1/5,1/3,1/2,1];
[x,y] = eig(A);eig_value = diag(y);lemda = eig_value(1);
CI1 = (lemda - 4)/3;CR1 = CI1/0.9
w1 = x(:,1)/sum(x(:,1))
```

计算过程如图 9.5 所示。

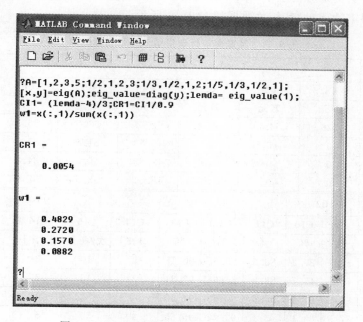

图 9.5　Matlab 中计算权重及 CR 值的示例图

计算出的各级判断矩阵的 CR 值如表 9.10 所示。由表 9.10 可以看出,所有 CR<0.10,判断矩阵的一致性可以接受。其各自权重的最终结果如图 9.6 所示。

表 9.10　各级判断矩阵的 CR 值

各级判断矩阵	CR 值	各级判断矩阵	CR 值
A	0.0054	**B3**	0.0079
B1	0.0173	**B4**	0.0094
B2	0.0015		

4)绩效评价模型的建立

基于以上联网审计绩效评价的 AHP 层次结构模型,联网审计的最终绩效评价模型可构建如下:

$$P_j = \sum_{i=1}^{CB_1} w_1 w_i p_{ij} + \sum_{i=CB_1+1}^{CB_1+CB_2} w_2 w_i p_{ij} + \cdots\cdots + \sum_{i=CB_1+CB_2+\cdots+CB_{l-1}+1}^{CB_1+CB_2+\cdots+CB_l} w_l w_i p_{ij} \quad (9.1)$$

其中,w_l 为被评价对象 p_j 准则层中的各个准则的权重,$w_l \in [0,1]$;w_i 为被评价对象 p_j 指标层中的各个评价指标的权重,$w_i \in [0,1]$;p_{ij} 为被评价对象 p_j 的指标层中的各个评价指标的值,$j=1,2,\cdots,m$,m 为评价对象的个数;CB_l 为准则层中各准则所包含的指标的个数,$l=1,2,\cdots,s$,s 为准则层中准则的个数。

根据以上联网审计的绩效评价模型,可以计算出每个绩效评价对象的绩效值。

4. 算例与分析

本节以一个实例来分析基于 AHP 的联网审计绩效评价过程。假设某单位从 2005 年起实施一项联网审计项目,其相关数据如表 9.11 所示。

表 9.11　某联网审计项目绩效评价指标数据

准则层	B1						B2	
指标层	C1	C2	C3	C4	C5	C6	C7	C8
评价对象/单位	万元	万元	万元	万元	万元	万元	万元	%
2005	526	54.7	37.8	8.62	63.5	86.5	−50.8	35.1
2006	0	0	0	10.58	61.5	37.5	−35.2	56.8
2007	0	0	0	12.83	66.5	34.8	−10.5	75.5
2008	0	0	0	18.51	68.5	32.6	20.7	84.6

准则层	B2		B3			B4				
指标层	C9	C10	C11	C12	C13	C14	C15	C16	C17	C18
评价对象/单位	%	%	%	%	%	[1,5]	次/每月	[1,5]	[1,5]	次/每年
2005	52.7	29.2	88.5	85.68	90.55	3	10	3	3	1
2006	78.5	45.7	88.5	85.68	92.81	3	15	3	4	2
2007	85.6	67.6	90.6	90.56	94.45	4	30	4	5	5
2008	87.5	68.1	95.1	92.22	95.65	4	30	5	5	6

1)数据规范化处理

表 9.11 中联网审计绩效的各项评价指标由量纲不一致的二级指标构成,为了消除不同量纲对决策结果的影响,故需对其进行适当的数学处理。为了提高实际评价过程的可操作性,采用以下常用方法对指标属性值进行规范化处理:

(1)对于用数值表示的数据,指标属性分为效益型和成本型,其中成本型属性是指属性值越小越好的属性,效益型属性是指属性值越大越好的属性。对于成本型指标,采用以下规范化处理方法:

$$f_{ij} = S(a_{ij}) = \frac{\min(a_{ij})}{a_{ij}} \quad a_{ij} > 0$$

$$f_{ij} = S(a_{ij}) = \frac{\max(a_{ij}) - a_{ij}}{\max(a_{ij}) - \min(a_{ij})} \quad a_{ij} \leqslant 0$$

对于效益型指标，采用以下规范化处理方法：

$$f_{ij} = S(a_{ij}) = \frac{a_{ij}}{\max(a_{ij})} \quad a_{ij} > 0$$

$$f_{ij} = S(a_{ij}) = \frac{a_{ij} - \min(a_{ij})}{\max(a_{ij}) - \min(a_{ij})} \quad a_{ij} \leqslant 0$$

其中，$f_{ij}(i=1,2,\cdots,n;\ j=1,2,\cdots,m)$为决策者对评价指标 $B_i(i=1,2,\cdots,n)$的属性值 $a_{ij}(i=1,2,\cdots,n;\ j=1,2,\cdots,m)$的无量纲化值，$S(a_{ij})$为指标 a_{ij} 无量纲化的标准函数，$\max(a_{ij})$和 $\min(a_{ij})$分别为评价指标 B_i 的最大值和最小值。

(2) 对于用区间值表示的数据，可采用以下转换方法，如表 9.12 所示。表 9.12 中的对应关系也可以根据不同的评价对象进行调整，从而更准确地完成对不同联网审计项目的绩效评价。

表 9.12　评价等级区间值和规范处理值的对应关系定义

评价等级区间值	规范处理值	评价等级区间值	规范处理值
1	0.6	4	0.9
2	0.7	5	1
3	0.8		

根据对联网审计绩效评价指标的分析，C1、…、C6 为成本型指标，C7、…、C13、C15、C18 为效益型指标，C14、C16、C17 为用区间值表示的数据。采用以上分析的方法，对表 9.12 中的数据进行规范化处理，其结果如图 9.6 所示。

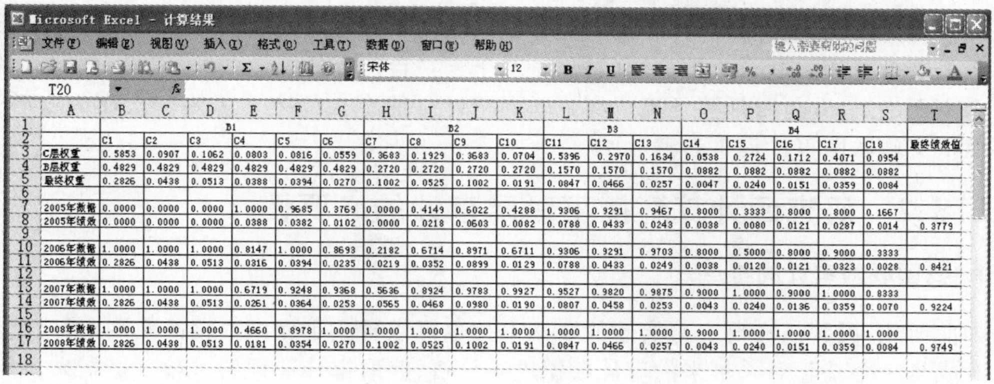

	B1						B2				B3			B4					
	C1	C2	C3	C4	C5	C6	C7	C8	C9	C10	C11	C12	C13	C14	C15	C16	C17	C18	最终绩效值
C层权重	0.5853	0.0907	0.1062	0.0803	0.0816	0.0559	0.3683	0.1929	0.3683	0.0704	0.5396	0.2970	0.1634	0.0538	0.2724	0.1712	0.4071	0.0954	
B层权重	0.4829	0.4829	0.4829	0.4829	0.4829	0.4829	0.2720	0.2720	0.2720	0.2720	0.1570	0.1570	0.1570	0.0882	0.0882	0.0882	0.0882	0.0882	
最终权重	0.2826	0.0438	0.0513	0.0388	0.0394	0.0270	0.1002	0.0525	0.1002	0.0191	0.0847	0.0466	0.0257	0.0047	0.0240	0.0151	0.0359	0.0084	
2005年数据	0.0000	0.0000	0.0000	1.0000	0.9685	0.3769	0.0000	0.4149	0.6022	0.4288	0.9306	0.9291	0.9467	0.8000	0.3333	0.8000	0.8000	0.1667	
2005年绩效	0.0000	0.0000	0.0000	0.0388	0.0382	0.0102	0.0000	0.0218	0.0603	0.0082	0.0788	0.0433	0.0243	0.0038	0.0080	0.0121	0.0287	0.0014	0.3779
2006年数据	1.0000	1.0000	1.0000	0.8147	1.0000	0.8693	0.2182	0.6714	0.8971	0.6711	0.9306	0.9291	0.9703	0.8000	0.5000	0.8000	0.9000	0.3333	
2006年绩效	0.2826	0.0438	0.0513	0.0316	0.0394	0.0235	0.0219	0.0352	0.0899	0.0129	0.0788	0.0433	0.0249	0.0038	0.0120	0.0121	0.0323	0.0028	0.8421
2007年数据	1.0000	1.0000	1.0000	0.6719	0.9248	0.9368	0.5636	0.8924	0.9783	0.9927	0.9527	0.9820	0.9875	0.9000	1.0000	0.9000	1.0000	0.8333	
2007年绩效	0.2826	0.0438	0.0513	0.0261	0.0364	0.0253	0.0565	0.0468	0.0980	0.0190	0.0807	0.0458	0.0253	0.0043	0.0240	0.0136	0.0359	0.0070	0.9224
2008年数据	1.0000	1.0000	1.0000	0.4660	0.8978	1.0000	1.0000	1.0000	1.0000	1.0000	1.0000	1.0000	1.0000	0.9000	1.0000	1.0000	1.0000	1.0000	
2008年绩效	0.2826	0.0438	0.0513	0.0181	0.0354	0.0270	0.1002	0.0525	0.1002	0.0191	0.0847	0.0466	0.0257	0.0043	0.0240	0.0151	0.0359	0.0084	0.9749

图 9.6　采用 AHP 方法计算各评价对象 2005—2008 年绩效值的过程及结果

2）绩效评价结果及分析

根据联网审计的绩效评价模型公式(9.1)，被评价对象的绩效评价结果如图 9.6 所示。

根据上述计算，该被评价对象 2005—2008 年的绩效评价结果趋势图如图 9.7 所示。

根据图 9.7 中的绩效评价结果趋势分析可以看出：尽管本算例中联网审计项目在实施初期投入了一定的成本，但该联网审计项目的绩效评价值在 2005—2008 年间逐步上升，这表明该联网审计项目的实施是有价值的，实施方法和措施也是正确的。

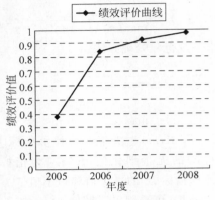

图 9.7　绩效评价结果趋势图

9.8　云计算环境下的联网审计实现方法探析

9.8.1　问题的提出

如前所述,联网审计的研究与应用在我国得到了高度重视,而云计算是目前信息技术领域研究和应用的热点问题,云计算技术的出现为今后开展联网审计提供了机遇,因此,研究云计算环境下的联网审计具有重要意义。尽管国内外已有较多的关于持续审计和联网审计方面的研究,但尚缺少关于云计算环境下联网审计方面的研究。本节针对目前实施联网审计的现状以及云计算技术自身的优缺点,首先阐述研究云计算环境下联网审计的重要意义。然后,从被审计单位使用云平台、审计单位使用云平台、审计单位和被审计单位都使用云平台这三种情况出发,研究云计算环境下适合我国联网审计特点的联网审计实现方法。最后,从基于云平台整体控制与应用控制的视角、基于云平台选择的视角、基于云平台服务的视角这 3 个方面出发,分析云计算环境下实施联网审计可能存在的主要风险。从而为今后云计算环境下实施联网审计提供参考。

9.8.2　研究云计算环境下联网审计的必要性

1. 我国联网审计的特点

如前所述,我国正在研究与实施的联网审计也可以看成是面向数据的联网审计,其原理可以看成是一个基于对采集来的审计数据进行分析,获取审计证据的过程。概括来说,我国的联网审计主要具有以下特点:

(1) 联网审计环境下,审计数据被采集过来集中存储,数据量大,需要可扩展的数据存储设施。

(2) 某一行业的数据集中,为数据的比较分析提供了基础,数据信息全面,隐藏的或未知的信息较多,采集来的大量数据为审计数据分析提供了基础。为了能做到事中审计,或者是实时审计,需要强大、高效的数据处理设施。

(3) 在联网审计的各个环节中,影响数据真实性和完整性的因素很多,为了能得到正确、可靠的审计证据,必须保证被采集来的数据是真实的和完整的,从而减少审计风险。

2. 云计算的原理及特点

1）云计算的原理

云计算(Cloud Computing)是基于互联网的相关服务的增加、使用和交付模式，通常涉及通过互联网来提供动态、易扩展且经常是虚拟化的资源。云计算的3个层次的服务模式如下：

（1）软件服务(Software as a Service，SaaS)。

软件服务为很多用户提供应用软件服务，用户不需要日常的IT操作人员。

（2）平台服务(Platform as a Service，PaaS)。

平台服务为很多用户提供运行应用软件的环境，用户需要维护自己的应用软件。

（3）设施服务(Infrastructure as a Service，IaaS)。

设施服务为很多用户提供运行应用软件的环境，用户需要有自己的技术人员，如系统管理员、数据库人员、开发人员等。

2）云计算的特点

概括来说，使用云计算主要具有以下优点：

（1）可提供动态变化的计算环境。

云计算平台能够按需对服务进行配置和管理，可以支持多种不同类型不同需求的应用；云平台能够根据需要分配资源，具有可伸缩性，对业务具有灵活性。

（2）数据存储能力强大。

云计算平台可提供海量存储环境，能够按需进行数据存取，支持海量数据管理和存储业务。

（3）减少了相关成本。

使用云计算能够极大地提高硬件利用率，并能够在极短时间内升级到巨大容量，而不需要用户自己频繁地投资构建新的基础设施、培训新员工，不需要频繁的软件升级，从而减少了相关成本。

（4）云计算能够实现强大、高效的数据处理能力。

云计算在处理用户需要的信息计算处理时可将庞大的计算处理程序拆分成无数个子程序，然后将这些子程序交给由多部服务器所组成的庞大系统进行搜索及计算分析，最后直接将处理结果回传给用户，这一过程可在极短时间内完成，因此具有强大、高效的数据处理能力。

（5）云计算能够提供专业、高效和相对安全的数据存储。

好的云计算供应商能够提供专业、高效和相对安全的数据存储，用户运用云计算技术将数据存储在云平台中，相对于自己管理数据存储，能在一定程度上消除因各种安全问题导致数据丢失的顾虑。

然而，由于云计算环境下，所有软硬件以及电子数据都依托于云计算供应商，用户对这些软硬件以及数据失去控制。因此，不论什么样的云计算模式，都具有可控制性差的缺点，关于应用云计算技术存在的风险将在后文具体分析。

3. 云计算技术的发展为开展联网审计提供了机遇

云计算技术的发展为开展联网审计提供了机遇，主要表现为：

1）云计算技术在一定程度上可以降低联网审计的实施与运行成本

如前所述，针对目前联网审计的实施方法，联网审计的成本可分成一次性成本和经常性成本两部分。现有的信息技术手段造成目前的联网审计模式实施与运行成本较高,这影响了我国联网审计的进一步发展。一般来说,采用云计算技术则没有任何基建投资,没有硬件购置成本、没有需要管理的软件许可证或升级、不需要雇佣新的员工或咨询人员,也不用承担机房空间、电力以及人力等成本。因此,采用云计算技术实现联网审计在一定程度上可以降低联网审计的实施与运行成本。

2)云计算技术的应用使得研究云计算环境下的联网审计成为必然

近年来,云计算的概念已经普遍被人们接受,越来越多的信息系统将运行在云计算平台上,在我国"十二五"规划中云计算技术是重点发展的新一代信息技术。将来会有更多的被审计单位开始采用云计算平台运行自己的应用系统,这使得云计算平台成为审计单位的审计对象,因此,研究云计算环境下的联网审计将成为我国开展联网审计的一个重要部分。

3)政府信息化建设为开展云计算环境下的联网审计提供了机遇

近年来,各地政府投入了大量的资金用于信息化建设,有些政府单位已经建设了自己的政府云平台,在我国"十二五"规划中云计算技术是重点发展的新一代信息技术,这为开展云计算环境下的联网审计提供了机遇。

4)应用云计算技术能更好地满足联网审计环境下海量数据分析的需要

为了更好地满足联网审计环境下海量数据分析的需要,应该充分利用新的信息技术提高审计效率,而云计算的出现为解决这一问题提供了机遇。

4. 缺少关于云计算环境下联网审计方面的研究

云计算成为目前学术界研究的热点问题,一些国际重要学术会议,如 2011 IEEE International Conference on Systems, Man, and Cybernetics 等,还专门设立了关于云计算研究的专题。国内学术界关于云计算方面的研究多集中在云技术本身的研究,国内外关于云计算在审计领域的研究与应用较少,Ernst & Young(2009)和 Luann(2009)分析了云计算给审计带来的风险。尽管国内外已有较多的关于持续审计和联网审计方面的研究,但国内外尚缺少关于云计算环境下联网审计方面的研究。

9.8.3　云计算环境下的联网审计实现方法

基于目前我国联网审计的实现原理,本节从被审计单位使用云平台、审计单位使用云平台、审计单位和被审计单位都使用云平台这 3 种情况出发,研究云计算环境下适合我国联网审计特点的联网审计实现方法。审计单位在应用云计算技术时,至于采用 SaaS、PaaS 还是 IaaS,将由审计单位根据自己的实际情况和需要来决定。

1. 被审计单位使用云平台

在这种情况下,由于被审计单位在云平台上运行自己的应用系统,存储自己的电子数据,审计单位在对被审计单位实施联网审计时,将被迫开展云计算环境下的联网审计。在这种情况下审计单位可采用的两种可行的联网审计实现方法如下。

(1)审计部门可以借助被审计单位使用的云平台安装审计数据采集软件,完成联网审计的数据采集工作,然后把采集到的被审计数据传输到审计单位的数据存储系统中去,供审计人员分析处理,从而发现审计线索,获得审计证据。其原理如图 9.8 所示。审计单位也可以在自己的数据库服务器端安装运行数据采集软件,通过网络远程采集被审计单位云平台中的电子数据。

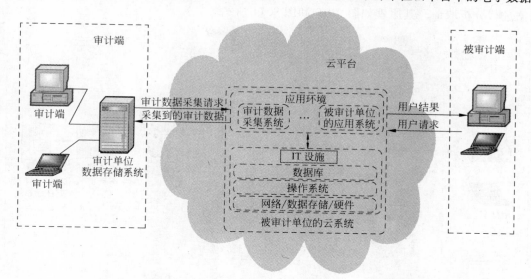

图 9.8 被审计单位采用云计算时联网审计的可行实现方法(1)

(2) 在条件许可的情况下,审计单位也可以借助被审计单位使用的云平台,运行审计数据分析软件,根据审计单位的审计请求,直接利用云平台强大的计算能力完成对被审计单位的审计数据分析,发现审计线索,获得审计证据,并把审计证据返回给审计端,从而完成联网审计的审计工作。其原理如图 9.9 所示。

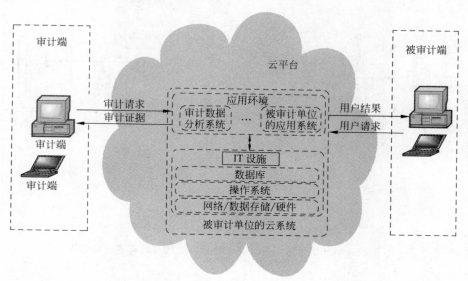

图 9.9 被审计单位采用云计算时联网审计的可行实现方法(2)

2. 审计单位使用云平台

目前一些地方已建成用于电子政务的云计算平台,这为审计单位应用云计算技术提供了机遇。在这种情况下,审计单位利用云平台提供的平台服务和设施服务,把从被审计单位采集来的电子数据存储在云平台中,然后可以借助云平台提供的软件服务对采集来的电子数据进行分析取证。其原理如图 9.10 和图 9.11 所示。

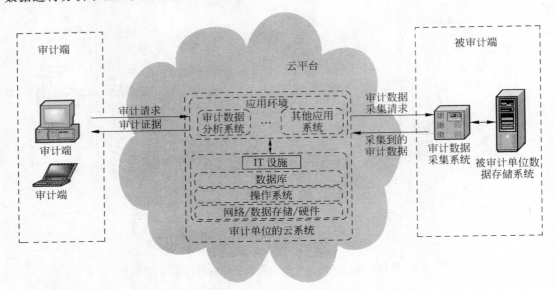

图 9.10　审计单位采用云计算时联网审计的可行实现方法(1)

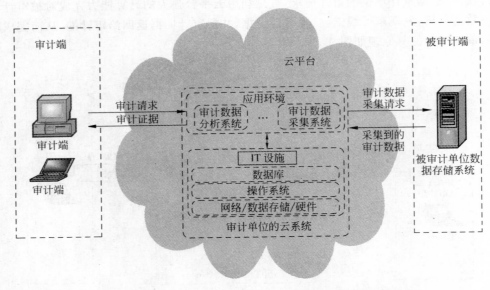

图 9.11　审计单位采用云计算时联网审计的可行实现方法(2)

3. 审计单位和被审计单位都采用云平台

在这种情况下,审计单位和被审计单位都采用云平台完成自己的工作。审计单位和被审计单位可能采用同一个云平台供应商,也可能采用不同的云平台供应商。其原理如图 9.12 和图 9.13 所示。

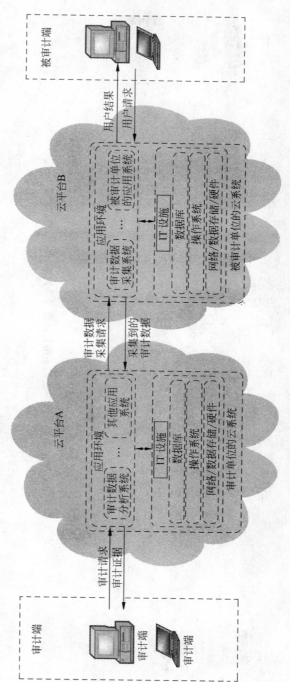

图 9.12 审计单位和被审计单位都采用云计算时联网审计的可行实现方法 (1)

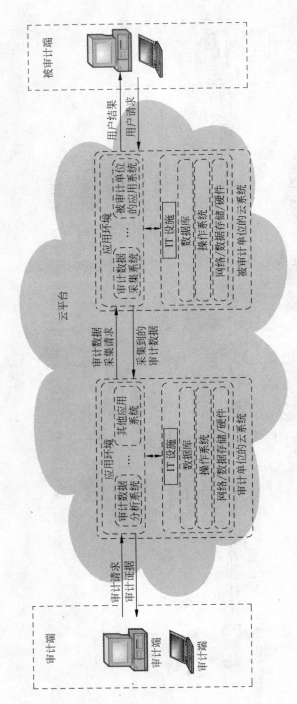

图 9.13　审计单位和被审计单位都采用云计算时联网审计的可行实现方法(2)

9.8.4 云计算环境下实施联网审计存在的风险

9.8.3节分析了云计算环境下的联网审计实现方法。总的来说，无论是审计单位被迫实施云计算环境下的联网审计，还是为了充分利用云计算的优势，进一步提高联网审计的实施效果来实施云计算环境下的联网审计，在实际的应用中，都应该充分认识云计算给联网审计产生的风险，并在实际的实施过程考虑如何防范这些风险。本节从基于云平台整体控制与应用控制的视角、基于云平台选择的视角、基于云平台服务的视角这3个方面出发，分析云计算环境下实施联网审计存在的风险。

1. 基于云平台整体控制与应用控制的视角

云计算环境下，审计单位和被审计单位所有软硬件以及电子数据都依托于云计算供应商，审计单位和被审计单位对这些软硬件以及数据失去控制。因此，云平台的整体控制与应用控制是风险控制的关键。基于云平台的整体控制与应用控制的视角，存在的主要风险分析如下：

1) 灾难恢复与业务持续

云计算环境下，云计算供应商的灾难恢复与业务持续策略对联网审计有着重要的影响，主要表现为：云计算供应商如何考虑 DRP（Disaster Recovery Plan，灾难恢复计划）与 BCP（Business Continuity Plan，业务持续计划）？审计单位和被审计单位的数据是否有备份？当发生灾难事故时，审计单位和被审计单位如何访问自己的备份数据？数据恢复的时间有多长？

2) 数据安全问题

云计算环境下，审计单位和被审计单位的数据存储、传输和处理都由云供应商管理。所使用信息系统的物理控制和逻辑控制取决于云计算供应商，审计单位和被审计单位缺少对数据的物理控制。另外，审计单位和被审计单位对云计算供应商的工作人员情况缺少了解，有时候云计算供应商内部恶意或者是善意的工作人员可能会滥用权力访问审计单位和被审计单位的数据及应用系统。这会产生以下风险：在云计算供应方，谁可以访问你的数据？云计算供应商对自己的工作人员采取了哪些控制措施？云计算供应商如何管理自己的工作人员？云计算供应商是否具有职责分离控制措施？

3) 数据隔离问题

云计算环境下，多个用户之间共享计算环境，缺少隔离，特别是公用云，一个应用系统可能会影响其他应用系统。云计算供应商如何保证审计单位和被审计单位的数据不被其他用户看到？数据如何加密？密钥如何管理？

4) 数据完整性问题

云计算环境下，特别是公共云时，所有软硬件以及数据都依托于云计算供应商，有可能缺少防范数据修改的控制措施，不正确的访问控制或弱加密会导致各种数据风险，不能有效检测数据的修改；另外，云计算供应商采取的不正确的加密方法也会造成对审计单位和被审计单位数据的破坏，这都会影响审计单位和被审计单位数据的完整性。

5) 监管规范问题

审计单位和被审计单位所采用的云计算平台是否有政府监管？是否符合相应的监管规

范？是否有第三方审计或认证？被审计单位应用云平台是否会影响执行 SOX(Sarbanes-Oxley Act)等。

2. 基于云平台选择的视角

目前,云计算供应商的数目繁多,许多传统的服务供应商也更名为云计算供应商。因此,审计单位和被审计单位在采用云计算开展联网审计时如何选择合适的云平台非常重要,审计单位和被审计单位应该根据自己的服务需求,尝试多个云供应商的基础设施,测试应用程序,选择最佳云供应商。关于云平台的选择,存在的主要风险分析如下:

1) 经营状况

云计算供应商持续发展能力不确定。审计单位和被审计单位选择云计算供应商时应该考虑:云计算供应商的经营状况如何？如果云计算供应商破产,可能会造成数据的丢失。因此,如果云计算供应商破产,审计单位和被审计单位如何收回自己的数据？

2) 服务水平协议(SLA)

服务水平协议(SLA)是一种衡量一个云供应商的服务平台舒适度的方法。审计单位采用云计算技术开展联网审计时,要确保自己的服务水平协议(SLA)有一些保护条款。万一出现服务中断,云供应商能提供优厚的回报补偿。

3) 性能

由于地理位置和云平台架构的不同,云供应商供应的应用程序性能结果也不同,因此,审计单位在选择云供应商时应该考虑云平台的地理位置和实际的架构。

4) 安全与保障

在选择云供应商时有没有考虑这些云供应商采取什么保障措施来保护客户的数据。

5) 数据的存储与归属

云计算环境下,所有软硬件以及数据都依托于云计算供应商,审计单位和被审计单位不清楚自己的数据会被存储在什么地方,甚至都不知道数据位于哪个国家,也许会被存储在国外。因此,审计单位和被审计单位采用云计算开展联网审计时有没有考虑:自己的数据是如何被保护的？这些数据的存放地点在哪里？数据的归属问题？如果审计单位或被审计单位需要更换云计算供应商时,自己的数据是否可以转移到另一家云计算供应商。因此,审计单位和被审计单位采用云计算开展联网审计时,如果缺少数据存储与归属方面的考虑,将会给将来的联网审计运行造成潜在风险。

3. 基于云平台服务的视角

关于云平台的服务,存在的主要风险分析如下:

1) 服务支持

审计单位和被审计单位在使用云平台时,有没有考虑遇到问题时应该如何联系云供应商？联系哪些人？

2) 服务可靠性

审计单位和被审计单位使用的云平台网络连接是否可靠？数据传输是否可靠？当网络出现故障时,云计算服务会出现中断,这会影响服务的可靠性。特别是对于一些规模小的审计单位和被审计单位在使用云平台时,由于采用较慢的因特网接口,相比于使用自己内部的软件平台,使用云计算平台速度会较慢。另外,审计单位和被审计单位对云计算供应商的灾难恢复过程依赖性强。

3) 云平台的友好性

云平台的友好性是指审计单位和被审计单位选择的云平台的操作界面容易使用,人机交互性好,审计单位和被审计单位在使用云平台时,有没有考虑:云平台界面操作起来是否方便? 云平台操作是否容易学习? 云平台是否能防止审计单位和被审计单位用户的输入错误? 审计单位和被审计单位用户的输入错误是否会对联网审计系统造成破坏?

9.8.5 云计算环境下实施联网审计的建议

本节根据云计算技术的发展与应用现状,针对我国开展联网审计的特点和需要,探讨了云计算环境下如何实现联网审计,并分析了云计算环境下实施联网审计可能存在的主要风险。通过本节的研究可知,云计算环境下实施联网审计具有众多的优点,例如,能在一定程度上减少了联网审计的实施与运行成本;能进一步提高审计效率,更好地满足"事中审计",甚至"实时审计"的需要;在进行审计数据采集或审计数据分析时对被审计单位系统的运行影响较小。但同时云计算环境下实施联网审计又具有一定的缺点,例如,相对于非云计算环境下的联网审计,云计算环境下的联网审计具有较多的审计风险,如果在实施联网审计项目时盲目应用云计算技术,不能合理地处理云计算带来的风险,将会产生严重的潜在审计风险;云计算环境下,审计人员检测被审计单位所采用云平台的整体控制和应用控制情况将会变得相对困难,因此不能很好地确定采集来的电子数据是否可靠。

综合以上分析,云计算环境下在实施联网审计时,应该充分利用云计算带来的优势,回避云计算带来的风险,根据需要和实际情况选择最佳实施方案。

思考题

1. 简述面向数据的联网审计的原理。
2. 如何对一个 IT 项目进行绩效评价?
3. 云计算环境下如何开展联网审计? 有何风险?

附录 A

实验课程设计

A.1 实验教学理论探析

A.1.1 本书教学内容分析

为了便于分析本书的实验教学，首先总结一下本书的主要理论教学内容，如表 A.1 所示。

表 A.1　本书理论教学的主要内容

章节编号	章节名称	主 要 内 容	说　　明
第1章	绪论	开展计算机辅助审计的必要性；相关术语分析；国内外计算机辅助审计的研究与应用情况；计算机辅助审计技术分析；开展面向数据的计算机辅助审计的主要步骤；对审计人员的基本素质要求	本章内容主要让学生了解计算机辅助审计的国内外现状，以及相关入门知识，让学生对计算机辅助审计有一个整体了解，从而为后面的学习打下基础。这一部分内容可不安排具体实验
第2章	计算机辅助审计基础	数据库相关概念；SQL 语言；常用数据库产品（Access、SQL Server、Oracle）介绍；数据访问技术	本章内容主要让学生熟悉计算机辅助审计的基本对象和使用的基本方法，从而为后文更好地学习及应用计算机辅助审计技术打下基础。这一部分内容多是源于其他相关课程的知识，因此不需要安排具体实验
第3章	审计软件	国内外审计软件概况及分类；国内常用审计软件介绍（现场审计实施系统 AO、审计数据采集分析等）；国外常用审计软件介绍（IDEA、ACL 等）	本章内容主要让学生熟悉常见的国内外审计软件，并为后文介绍面向数据的计算机辅助审计的数据采集与分析技术打下基础。这一部分内容可安排一个实验——实验软件入门

续表

章节编号	章节名称	主　要　内　容	说　　明
第4章	审计数据采集	审计数据采集理论分析（审计数据采集的原理、特点、主要步骤和方法）；如何采用通用软件采集数据（采用 Excel 采集数据、采用 Foxpro 采集数据、采用 Access 采集数据、采用 SQL Server 采集数据）；如何采用审计软件采集数据（AO 的审计数据采集功能、IDEA 的审计数据采集功能）；审计数据验证（数据验证的重要性、数据验证的方法、数据采集阶段的数据验证）	如何把被审计单位的电子数据采集过来，是开展面向数据的计算机辅助审计的关键步骤。本章内容主要让学生能根据被审计对象的实际情况，灵活选择合适的审计数据采集方法，完成审计数据采集，并能掌握审计数据采集的基本理论知识。这一部分内容可安排一个实验——审计数据采集功能的使用
第5章	审计数据预处理	审计数据预处理理论分析（数据质量的概念及分类、单数据源数据质量问题、多数据源集成时数据质量问题、审计数据质量问题实例、审计数据预处理的意义和内容）；审计数据预处理应用实例（采用 Access、采用 AO）；审计数据预处理阶段的数据验证；其他数据预处理方法介绍	审计数据预处理是面向数据的计算机辅助审计中的重要一环。完成数据采集后，审计人员必须对从被审计单位获得的原始电子数据进行预处理，从而使其满足后面数据分析的需要。本章内容主要让学生理解审计数据预处理的基本理论及其重要性，由于审计数据预处理方法的灵活性，这一部分内容可不安排具体实验
第6章	审计数据分析	审计证据、电子审计证据以及审计取证；常用审计数据分析方法的原理及应用（账表分析、数据查询、审计抽样、统计分析、数值分析、账龄分析）	审计数据采集和审计数据预处理的目的是为审计数据分析做准备，通过审计数据分析，发现审计线索，获得审计证据，形成审计结论才是审计的最终目的。因此，本章是计算机辅助审计的重点。这一部分内容可安排多个实验，练习常用的审计数据分析方法
第7章	审计数据分析新方法	探讨一些可用于审计数据分析的新方法	本章主要让学生了解部分审计数据分析新方法的基本原理。这一部分内容可不安排具体实验，条件许可的情况下可以以数据匹配技术为例安排一个实验
第8章	持续审计	持续审计的内涵及研究内部分类、技术实现方法、相关理论研究、应用于持续审计的关键技术研究、实施持续审计的辅助方法以及未来的研究方向	本章主要让学生了解持续审计的国外研究与应用情况，这一部分内容不安排具体实验
第9章	联网审计	联网审计原理、实施联网审计的优缺点分析、联网审计系统的安全问题分析、基于成本效益视角的联网审计可行性分析方法、联网审计绩效评价、云计算环境下的联网审计实现方法	本章主要让学生了解国内联网审计的研究与应用情况，这一部分内容不安排具体实验

A.1.2　实验教学内容设计

1. 主要实验模块设计

根据本书的理论教学内容,设计的实验模块及实验内容如表 A.2 所示。

表 A.2　计算机辅助审计实验模块及实验内容设计

实验编号	实验名称	实验内容	说　明
实验一	实验软件入门	熟悉常用的审计软件,包括审计软件的操作界面及界面中的主要工具。在时间许可的情况下,结合学生的具体情况,也可以熟悉一下 SQL Server 和 Access,因为这两种数据库工具虽不是专门的审计软件,但也是目前审计人员使用较多的审计工具	本实验主要用来让学生结合具体的审计软件工具,熟悉和掌握具体的一种或几种国内外审计软件。实验过程中,在条件许可的情况下,注意让学生比较国内外审计软件功能上的差异
实验二	审计数据采集功能的使用	练习常用的审计数据采集方法,包括:采用通用软件采集数据(例如,采用 Excel 采集数据、采用 Foxpro 采集数据、采用 Access 采集数据、采用 SQL Server 采集数据等);采用专门审计软件采集数据(例如,AO 的数据采集功能、IDEA 的数据采集功能)	本实验主要用来让学生结合具体案例,练习如何采用不同软件来采集不同类型的数据文件,从而掌握常用的审计数据采集方法。在实验过程中,注意让学生比较常用数据采集方法的优缺点
实验三	审计数据分析功能的应用——数据查询	练习数据查询这种审计数据分析方法的应用	本实验主要用来让学生结合具体案例,练习和掌握常用的审计数据分析方法。其中,实验三和实验四是目前审计人员实际使用较多的审计数据分析方法,因此,这两个实验是审计数据分析部分的实验重点。实验五、实验六和实验七可以根据实际情况选做
实验四	审计数据分析功能的应用——数值分析	练习重号分析、断号分析和 Benford 法则这些审计数据分析方法的使用	
实验五	审计数据分析功能的应用——统计分析	练习一般统计、分层分析和分类分析这些审计数据分析方法的使用	
实验六	审计数据分析功能的应用——审计抽样	练习审计抽样这种审计数据分析方法的使用	
实验七	审计数据分析功能的应用——其他功能	结合具体所选的审计软件,练习该审计软件的其他数据分析功能	
实验八	审计软件的其他功能	工作底稿、审计日记、审计报告等功能的应用	本实验主要用来让学生结合具体案例练习和掌握审计软件的一些常用辅助功能
实验九	综合案例	一个完整的计算机辅助审计案例,内容包括审计数据采集、审计数据分析,以及工作底稿、审计日记和审计报告等功能的使用	本实验主要用来让学生在前几个实验的基础上,练习和掌握一个计算机辅助审计的综合案例。可根据实际情况选做

由表 A.2 可以看出,本书所设计的实验模块主要包括了审计数据采集、审计数据分析以及其他计算机辅助审计辅助功能。通过整个实验,一方面加深了学生对计算机辅助审计理论教学内容的理解,另一方面,可使学生掌握计算机辅助审计的整个流程,并能借助相关的软件开展计算机辅助审计工作。

2. 实验软件的选择

在实验软件的选择上,一些高校是选用专门软件公司开发的审计实验软件,一些高校是直接选用实际的审计软件,例如现场审计实施系统(AO)、IDEA 和 ACL 等。一般认为后一种要比前一种好,因为学生通过学习实际的审计软件可以学到很多实际的审计知识与技能。另外,也可以选用 SQL Server、Access 等比较实用的通用软件作为实验教学的实验软件。

在计算机辅助审计的实验教学过程中,教师可根据自己学校所具备的实验条件,选择相应的实验软件,并进一步来确定实验模块和实验内容。选择不同的审计软件工具,实验五、实验六、实验七和实验八的内容会稍有不同。本书后面所设计的实验模块分别采用通用审计软件、现场审计实施系统(AO)和 IDEA。其中,通过学习现场审计实施系统(AO),可以让学生掌握国内典型审计软件的应用工作;而通过学习 IDEA,可以掌握国外典型审计软件的应用工作;在不具备现场审计实施系统(AO)和 IDEA 实验环境的情况下,可采用通用审计软件开展基本的实验项目。另外,在有条件的情况下,针对学生的基础和实际能力,可以让学生初步了解如何借助软件开发工具设计一些审计数据分析方法,实现审计软件的功能。

A.2 实验模块一(以通用软件为工具)

A.2.1 实验一 审计数据采集

实验目的

掌握如何采用通用软件来采集不同类型的数据文件,加深理解审计数据采集的意义。

实验要求

(1) 把给定的文本文件格式数据、Access 格式数据采集到 Excel 中。

(2) 把给定的文本文件格式数据、Access 格式数据采集到 Foxpro 中。

(3) 把给定的文本文件格式数据、Excel 格式数据、Access 格式数据采集到 Access 中。

(4) 通过 ODBC 接口,把给定的 Foxpro 格式数据采集到 Access 中。

实验内容

(1) 新建一个名为"审计数据采集练习"的 Excel 文件,把给定的文本文件格式数据某零售企业商品数据(文件名为"商品.txt",表结构见本书附录)和 Access 格式数据某税收征收电子数据(文件名为"税收征收.mdb",数据表名为"征收表",表结构见附录 A.5)采集到该 Excel 文件中。

(2) 新建一个名为"审计数据采集练习"的 Foxpro 数据库,把给定的文本文件格式数据某零售企业商品数据(文件名为"商品.txt",表结构见本书附录)和 Access 格式数据某税收征收电子数据(文件名为"税收征收.mdb",数据表名为"征收表",表结构见附录 A.5)采集到该 Foxpro 数据库中。

(3) 新建一个名为"审计数据采集练习"的 Access 数据库,把给定的文本文件格式数据某零售企业商品数据(文件名为"商品.txt",表结构见附录 A.5)和 Access 格式数据某税收征收电子数据(文件名为"税收征收.mdb",数据表名为"征收表",表结构见附录 A.5)采集到该 Access 数据库中,并把第(1)部分内容中采集到"审计数据采集练习"Excel 文件中的 Excel 格式的"商品"数据采集到该 Access 数据库中。

(4) 把给定的 Foxpro 格式数据某劳动局失业保险数据(文件名为"失业金实际发放表.dbf",数据类型为 Foxpro 自由表,数据表结构见附录 A.5)通过 ODBC 接口采集到第(3)部分建立的名为"审计数据采集练习"的 Access 数据库中。

A.2.2　实验二　审计数据分析——基于 Access 的数据查询方法

实验目的

掌握如何采用通用软件 Access 应用"数据查询"这种基本的审计数据分析方法,加深理解审计数据分析的意义。

实验要求

以纳税数据为例,掌握如何在 Access 中采用"数据查询"的方法完成审计数据分析,以及如何完成 Excel 与 Access 之间的数据转换。

实验内容

假定所有纳税人税款滞纳天数超过 10 天均属超期滞纳,以给定的某税收征收电子数据(文件名为"税收征收.mdb",数据表名为"征收表",见附录 A.5)为例,完成以下实验:

(1) 检查税收征收数据中有无"负纳税"数据和"超期滞纳"数据。

(2) 新建一个名为"纳税分析"的 Excel 文件。

(3) 将分析结果导入到所建的"纳税分析"Excel 文件中保存,其中,"负纳税"数据保存在"纳税分析"Excel 文件的"负纳税"工作表中,"超期滞纳"数据保存在"纳税分析"Excel 文件的"超期滞纳"工作表中。

A.2.3　实验三　审计数据分析——基于 Excel 的应用

实验目的

掌握如何采用通用软件 Excel 实现基本的审计数据分析,加深理解审计数据分析的意义。

实验要求

掌握如何采用 Excel 采集文本数据、如何在 Excel 中进行数据预处理以及如何在 Excel 中进行审计数据分析。

实验内容

以给定的文本文件格式数据某零售企业商品数据(文件名为"商品.txt",表结构见附录 A.5)为例,完成以下实验:

(1) 新建一个名为"商品"的 Excel 数据文件。

(2) 将数据导入到以上所建的"商品"Excel 数据文件中。其中,不导入订购量和再订购量,且要求单价精确到分,库存量为整数。

（3）筛选出类别为"饮料"的商品，存放在该 Excel 数据文件中名为"饮料"的工作表中。然后，在该"饮料"工作表中新增一名为"库存金额"的列，计算出每个商品的库存金额（精确到分）（注：库存金额＝单价＊库存量），并对"饮料"工作表中的数据按"库存金额"列降序排列。

A.2.4 实验四 审计数据分析——基于 Access 的重号分析方法

实验目的

掌握如何采用 Access 软件实现"重号分析"这种审计数据分析方法，加深理解审计数据分析的意义。

实验要求

掌握如何完成审计数据采集，以及如何利用数据查询的方法来完成重号分析。

实验内容

以给定的劳动局失业保险数据（文件名为"失业金实际发放表.dbf"，见附录 A.5）为例，采用 Access 完成"重号分析"，要求如下：

（1）新建一个名为"失业金实际发放"的 Access 数据库，将"失业金实际发放表.dbf"数据采集到该 Access 数据库中。

（2）利用 Access 数据库中的查询工具，查找同月重复发放失业金的人员，查找结果包括如下内容：身份证号、姓名、发放月份、同月发放次数、发放金额合计，按同月发放次数降序排列。

（3）将以上分析结果导入名为"同月重复发放失业金人员.xls"的 Excel 数据表中。

A.3 实验模块二（以 AO 为工具）

A.3.1 实验一 AO 软件入门

实验目的

熟悉 AO 的操作环境，初步掌握 AO 的使用，为以后的实验打下基础。

实验要求

（1）掌握如何启动 AO，并建立审计项目。

（2）熟悉 AO 的操作界面以及界面中的主要工具。

实验内容

（1）打开 AO。

用户名：admin；密码：1

（2）创建新用户。

用户名：student；密码：study

（3）退出 AO，重新打开 AO，以所建的用户名和密码重新进入系统。

（4）建立项目（手动）。

项目编号：20120000000000000000000000000001（32 位）

项目名称：AO 学习

其他内容由自己填写

(5) 熟悉资料树的操作。

A.3.2　实验二　审计数据采集

实验目的

掌握如何采用 AO 来采集不同类型的数据文件,加深理解审计数据采集的意义。

实验要求

(1) 把给定的文本文件格式数据采集到 AO 中。

(2) 把给定的 Excel 格式数据采集到 AO 中。

(3) 把给定的 Access 格式数据采集到 AO 中。

(4) 把给定的 Foxpro 格式数据采集到 AO 中。

(5) 通过 ODBC 接口,把给定的 Foxpro 格式数据采集到 AO 中。

实验内容

在"实验一　AO 软件入门"的基础上,完成以下审计数据采集任务:

(1) 把给定的文本文件格式数据某零售企业商品数据(文件名为"商品.txt",表结构见附录 A.5)采集到 AO 中。

(2) 新建一个名为"商品"的 Excel 文件,把给定的文本文件格式数据某零售企业商品数据(文件名为"商品.txt",表结构见附录 A.5)采集到该 Excel 文件中。然后,把该 Excel 格式的"商品"数据采集到 AO 中。

(3) 把给定的 Access 格式数据某税收征收电子数据(文件名为"税收征收.mdb",数据表名为"征收表",表结构见附录 A.5)采集到 AO 中。

(4) 把给定的 Foxpro 格式数据某劳动局失业保险数据(文件名为"失业金实际发放表.dbf",数据类型为 Foxpro 自由表,数据表结构见附录 A.5)采集到 AO 中。

(5) 把给定的 Foxpro 格式数据某劳动局失业保险数据(文件名为"失业金实际发放表.dbf",数据类型为 Foxpro 自由表,数据表结构见附录 A.5)通过 ODBC 接口采集到 AO 中。

A.3.3　实验三　应用 AO 软件审计税收征收数据

实验目的

掌握如何采用 AO 实现"数据查询"这种基本的审计数据分析方法,加深理解审计数据分析的意义。

实验要求

以税收征收数据为例,掌握如何在 AO 中采用"数据查询"的方法完成审计数据分析。

实验内容

假定所有纳税人税款滞纳天数超过 10 天均属超期滞纳,以给定的某税收征收电子数据(文件名为"税收征收.mdb",数据表名为"征收表",见附录 A.5)为例,对其进行审计,检查征收表中有无"负纳税"数据和"超期滞纳"数据。

实验操作提示

（1）为了检查"税收征收电子数据"中的"负纳税"数据和"超期滞纳"数据，通过对"税收征收"的分析，构建如下的 SQL 语句。

检查税收征收数据中有无"负纳税"数据，其 SQL 语句如下：

```
SELECT *
FROM 征收表
WHERE 实纳税额 < 0;
```

检查税收征收数据中有无"超期滞纳"数据，其 SQL 语句如下：

```
SELECT   *
FROM    征收表
WHERE   滞纳天数 > 10;
```

（2）把"税收征收"电子数据采集到 AO 中。

该方法的操作过程如下：

① 进入 AO。

② 单击"采集转换"→"业务数据"→"采集数据"命令，如图 A.1 所示，按照提示步骤，选择需要采集的"税收征收电子数据"，即可完成数据采集工作。

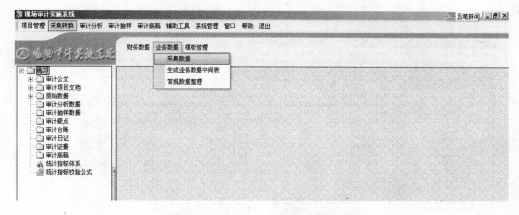

图 A.1　AO 的业务数据采集功能

（3）完成数据采集后，进入 AO 的数据分析界面，如图 A.2 所示。

（4）查找出税收征收数据中"负纳税"数据，其操作过程如下：

① 在 AO 的查询器中输入所构建的 SQL 语句，如图 A.3 所示。

② 在图 A.3 中单击"执行 SQL 到自由表"命令，则"负纳税"数据的查询结果如图 A.4所示。

（5）同理，在图 A.3 中输入相应的 SQL 语句，即可查找出税收征收数据中的"超期滞纳"数据。

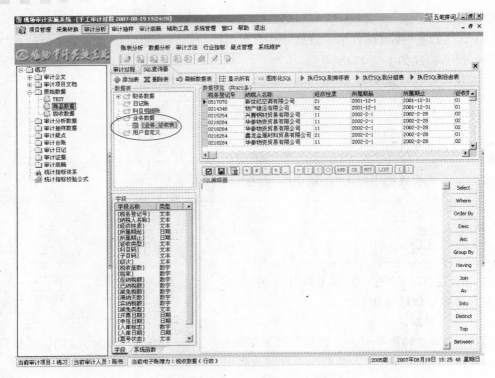

图 A.2　AO 的数据分析界面

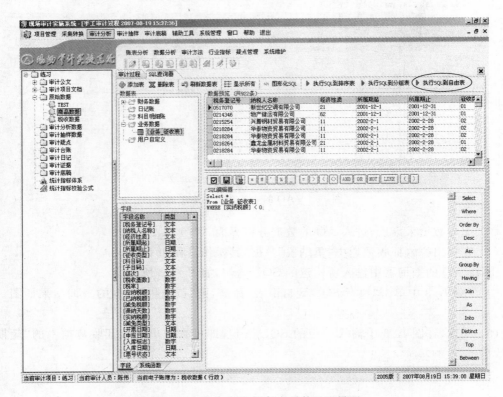

图 A.3　输入 SQL 语句之后的 AO 界面

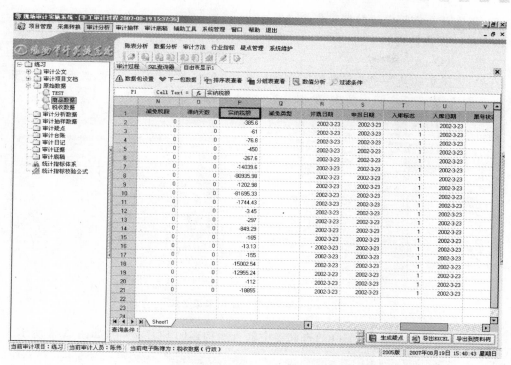

图 A.4   AO 中"负纳税"数据的查询结果

A.3.4   实验四   应用 AO 软件审计失业金发放数据

实验目的

掌握如何采用 AO 实现"重号分析"这种审计数据分析方法,加深理解审计数据分析的意义。

实验要求

以税收征收数据为例,掌握如何在 AO 中采用"重号分析"的方法完成审计数据分析。

实验内容

以某失业保险数据(文件名为"失业金实际发放表.dbf",数据类型为 Foxpro 自由表,见附录 A.5)为例,现对其进行审计,查找同月重复发放失业金的人员,查找结果包括如下内容:身份证号、姓名、发放月份、同月发放次数、发放金额合计,按同月发放次数降序排列。

实验操作提示

(1) 为了检查"失业金实际发放表"中同月重复发放失业金的人员,通过对"失业金实际发放表"的分析,构建如下的 SQL 语句:

```
SELECT 身份证号, 姓名, 发放月份, count( * ) AS 同月发放次数, sum([合计]) AS 发放合计
FROM 失业金实际发放表
GROUP BY 身份证号, 姓名, 发放月份
HAVING count( * )>= 2
ORDER BY count( * ) DESC;
```

（2）把失业金实际发放数据采集到 AO 中。

该方法的操作过程如下：

① 进入 AO。

② 单击"采集转换"→"业务数据"→"采集数据"命令，如图 A.5 所示，按照提示步骤，选择需要采集的"失业金实际发放表"数据，即可完成数据采集工作。

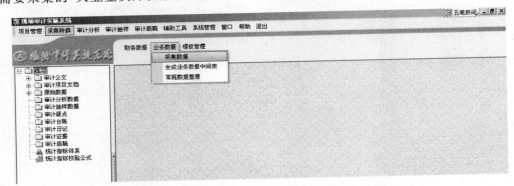

图 A.5　AO 的业务数据采集功能

（3）完成数据采集后，在 AO 的查询器中输入所构建的 SQL 语句，如图 A.6 所示。

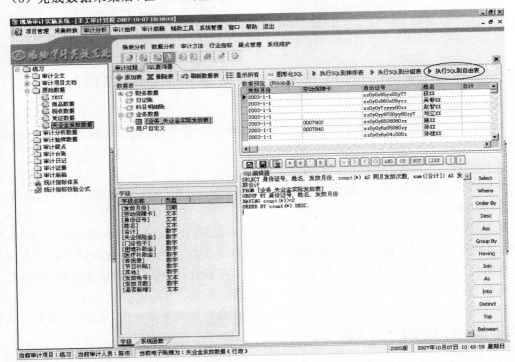

图 A.6　在 AO 中输入 SQL 语句

（4）在图 A.6 中单击"执行 SQL 到自由表"命令，则同月重复发放失业金人员数据的查询结果如图 A.7 所示。

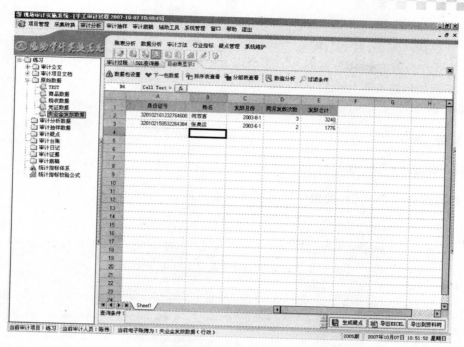

图 A.7　AO 中重复发放失业金人员数据的查询结果

根据以上步骤,就可以检查出该数据中同月重复发放失业金的人员。

A.3.5　实验五　AO 软件的其他功能练习

实验目的

掌握审计软件 AO 的其他审计数据分析功能。

实验要求

(1) 练习如何在审计软件 AO 中使用统计分析功能。

(2) 练习如何在审计软件 AO 中使用审计抽样功能。

实验内容

(1) 以给定的某税收征收电子数据(文件名为"税收征收.mdb",数据表名为"征收表",见附录 A.5)为例,采用审计软件 AO 练习统计分析功能。

(2) 以给定的某税收征收电子数据(文件名为"税收征收.mdb",数据表名为"征收表",见附录 A.5)为例,采用审计软件 AO 练习审计抽样功能。

A.4　实验模块三(以 IDEA 为工具)

A.4.1　实验一　IDEA 软件入门

实验目的

熟悉 IDEA 的操作环境,初步掌握 IDEA 的使用,为以后的实验打下基础。

实验要求

(1) 掌握如何安装、启动 IDEA。

(2) 熟悉 IDEA 的操作界面以及界面中的主要工具。

(3) 掌握如何建立审计项目。

实验内容

1. 安装 IDEA

根据安装向导,安装 IDEA。

2. 熟悉图 A.8 中 IDEA 的操作界面及其主要工具

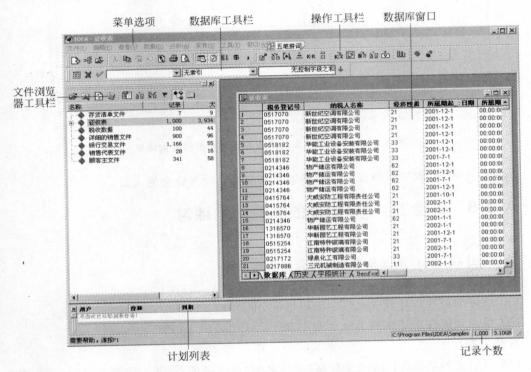

图 A.8　IDEA 的操作界面及其主要工具

3. 建立审计项目

建立审计项目,要求如下:

(1) 在 D 盘下新建"IDEA 学习"文件夹。

(2) 指定"工作文件夹"为"D:\IDEA 学习"。

(3) 设置"顾客属性"参数如下:

客户名称:　　IDEA 学习

周期:　　　　2012 年 1 月—2012 年 12 月

A.4.2 实验二 审计数据采集

实验目的

掌握如何采用 IDEA 采集不同类型的数据文件,加深理解审计数据采集的意义。

实验要求

(1) 把给定的文本文件格式数据采集到 IDEA 中。

(2) 把给定的 Excel 格式数据采集到 IDEA 中。

(3) 把给定的 Access 格式数据采集到 IDEA 中。

(4) 把给定的 Foxpro 格式数据采集到 IDEA 中。

(5) 通过 ODBC 接口,把给定的数据采集到 IDEA 中。

实验内容

在"实验一 IDEA 软件入门"的基础上,完成以下审计数据采集任务:

(1) 把给定的文本文件格式数据某零售企业商品数据(文件名为"商品.txt",表结构见附录 A.5)采集到 IDEA 中。

(2) 把给定的 Excel 格式数据某税收征收数据(文件名为"征收表.xls",表结构见附录 A.5)采集到 IDEA 中。

(3) 以给定的 Access 格式数据某税收征收电子数据(文件名为"税收征收.mdb",数据表名为"征收表",表结构见附录 A.5)为例,把该 Access 数据库"征收表"中的数据采集到 IDEA 中。要求练习以下两种方法:

① 通过"文件"→"输入助理"→"请选择要输入的数据文件"命令完成数据采集。

② 通过"文件"→"输入助理"→"使用 ODBC 输入文件"命令完成数据采集。

(4) 以给定的 Foxpro 格式数据某劳动局失业保险数据(文件名为"失业金实际发放表.dbf",数据类型为 Foxpro 自由表,数据表结构见附录 A.5)为例,要求通过 ODBC 接口将该数据采集到 IDEA 中。要求练习以下两种方法:

① 通过"文件"→"输入助理"→"请选择要输入的数据文件"命令完成数据采集。

② 通过"文件"→"输入助理"→"使用 ODBC 输入文件"命令完成数据采集。

(5) 把 SQL Server 和 Oracle 格式数据采集到 IDEA 中(选做)。

若自己的计算机上安装有 SQL Server 和 Oracle 数据库系统,请任选 SQL Server 或 Oracle 数据库系统中一些数据表,把这些数据采集到 IDEA 中,可以采用以下两种方法来实现:

① 新建一个 Access 数据库文件,把需要采集的 SQL Server 和 Oracle 格式数据先采集到 Access 数据库中,然后,再把 Access 格式数据采集到 IDEA 中。

② 通过"文件"→"输入助理"→"使用 ODBC 输入文件"命令直接完成 SQL Server 和 Oracle 格式数据的采集。

A.4.3 实验三 审计数据分析——数据查询

实验目的

在"实验二 审计数据采集"的基础上,掌握数据查询这种审计数据分析方法的应用,加深理解审计数据分析的意义。

实验要求

(1) 采用数据库工具栏完成简单的数据查询。

(2) 根据给定的数据,在 IDEA 中练习"提取"功能的应用。

实验内容

1. 采用数据库工具栏完成简单的数据查询

(1) 数据库工具栏用于管理在数据库窗口的数据库视图中显示的数据,其界面如图 A.9 所示,掌握数据库工具栏各部分的功能。

图 A.9 默认数据库工具栏

(2) 采用数据库工具栏完成简单的数据查询。

假定所有纳税人税款滞纳天数超过 10 天均属超期滞纳,以给定的某税收征收电子数据(文件名为"税收征收.mdb",数据表名为"征收表",见附录 A.5。)为例,采用数据库工具栏查找"征收表"中有无"负纳税"数据和"超期滞纳"数据。

2. "提取"功能的应用

假定所有纳税人税款滞纳天数超过 10 天均属超期滞纳,以给定的某税收征收电子数据(文件名为"税收征收.mdb",数据表名为"征收表",见附录 A.5)为例,要求完成以下实验。

(1) 请在 IDEA 中采用"提取"功能查找"征收表"中有无"负纳税"数据和"超期滞纳"数据,其中,要求查询结果中显示所有字段。

(2) 请在 IDEA 中采用"提取"功能查找"征收表"中有无"负纳税"数据和"超期滞纳"数据,其中,要求查询结果中显示的字段如图 A.10 所示。

	税务登记号	纳税人名称	实纳税额
1	0215254	兴腾钢材贸易有限公司	-385.60
2	0218284	华泰物资贸易有限公司	-61.00
3	0218284	华泰物资贸易有限公司	-76.80
4	0216264	鑫龙金属材料贸易有限公司	-450.00
5	0218284	华泰物资贸易有限公司	-267.60
6	0314346	蕊莱园艺有限公司	-14,039.60
7	0314652	金丰空调设备有限公司	-80,935.98
8	0314142	荣泰特种纱线有限公司	-1,202.98
9	0313744	仁强金属材料物资有限公司	-81,695.33
10	0314652	金丰空调设备有限公司	-1,744.43
11	0315968	万顺快运有限公司	-3.45
12	0315866	振华贸易有限公司	-297.00
13	3817682	中源化纤纺织有限公司	-849.29
14	3818080	民丰化工有限公司	-165.00
15	3817070	恒通毛条有限公司	-13.13
16	3815560	华盛百货有限公司百货门部	-155.00
17	3818284	金都装饰有限责任公司	-15,002.54
18	3815968	长江包装有限公司	-12,955.24
19	3813744	金太阳电脑有限公司锦丰分部	-112.00
20	3815764	金东罗依尔化工有限公司	-18,855.00

图 A.10 负纳税查询结果示例

（3）请在 IDEA 中采用"提取"功能查找"征收表"中有无"负纳税"数据，要求按数据表中的"级次"字段进行分类，其中，查询结果中显示的字段分别如图 A.11 和图 A.12 所示。

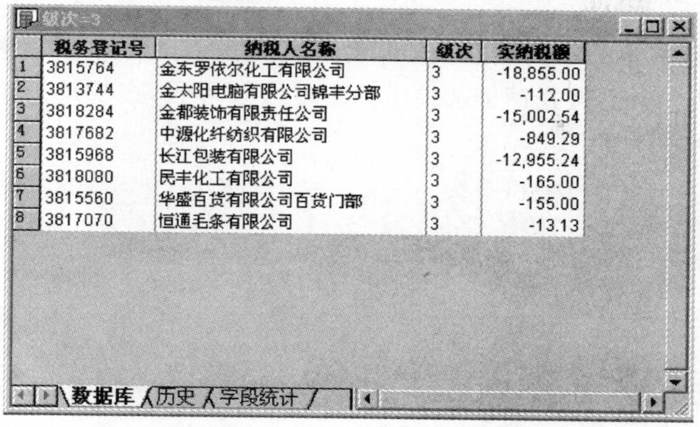

图 A.11　级次为 3 的负纳税查询结果示例

图 A.12　级次为 4 的负纳税查询结果示例

3．思考题

比较数据库工具栏和"提取"功能在数据查询应用上的异同点。

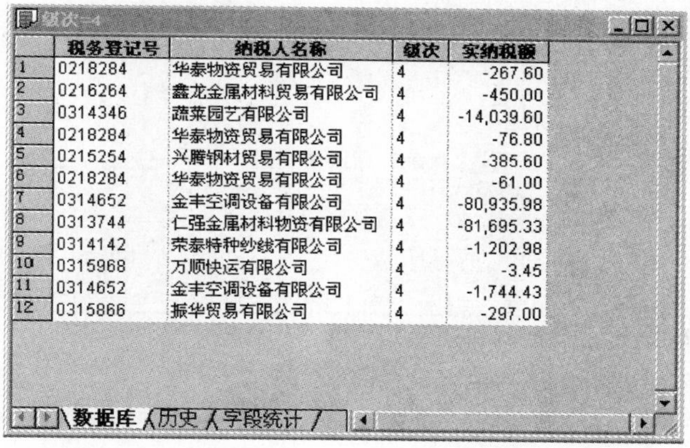

A.4.4　实验四　审计数据分析——数值分析

实验目的

在"实验二　审计数据采集功能的使用"的基础上，掌握重号分析、断号分析和 Benford 法则这 3 种审计数据分析方法的使用，加深理解审计数据分析的意义。

实验要求

（1）根据给定的数据，练习"重号分析"功能的应用，包括检测和排除。

（2）根据给定的数据，练习"断号分析"功能的应用，包括数值、日期和字符。

（3）根据给定的数据，练习"Benford 定律"功能的应用。

实验内容

1．"重号分析"功能的应用

（1）以 IDEA 软件中的示例数据（文件名为"详细的销售文件"）为例，要求利用 IDEA 软件中的"重号分析"功能，查找销售文件中的重复发票号码，查找结果要求显示所有字段，类似于图 A.13 所示。

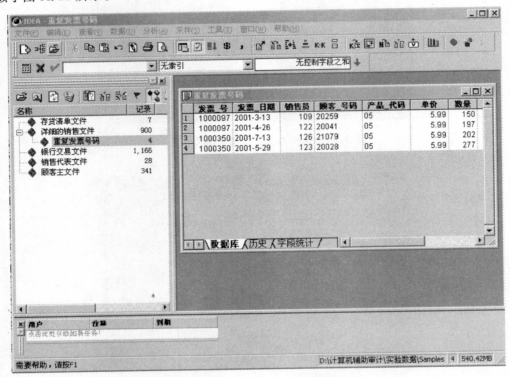

图 A.13　重复发票号码查询结果示例

（2）以给定的 Foxpro 格式数据某劳动局失业保险数据（文件名为"失业金实际发放表.dbf"，数据类型为 Foxpro 自由表，数据表结构见附录 A.5）为例，要求利用 IDEA 中的"重号分析"功能，查找同月重复发放失业金的人员，查找结果包括如下内容：身份证号、姓名、发放月份，如图 A.14 所示。

（3）以给定的某税收征收电子数据（文件名为"税收征收.mdb"，数据表名为"征收表"，见附录 A.5）为例，要求利用 IDEA 的"重号分析"功能，查找"税务登记号"和"纳税人名称"相同，"征收类型"不同的数据，查找结果包括如下内容：税务登记号、纳税人名称、征收类型，如图 A.15 所示（提示：在 IDEA 中通过"数据"→"重复关键量"→"排除"命令完成）。

（4）请比较采用 IDEA 和 Access 进行"重号分析"时，两种方法的优缺点。

2．"断号分析"功能的应用

（1）以 IDEA 软件中的示例数据（文件名为"详细的销售文件"）为例，利用"断号分析"功能，查找销售文件中的遗漏发票号码，分析结果如图 A.16 所示。

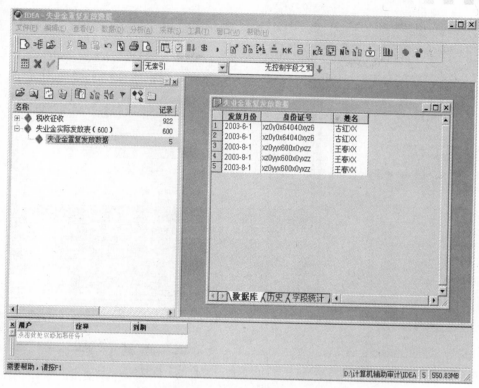

图 A.14 重复发放失业金人员查询结果示例

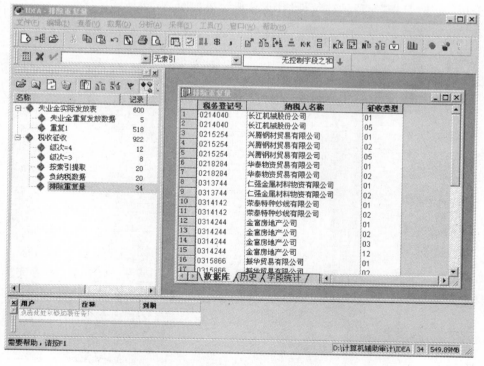

图 A.15 重复纳税人员查询结果示例

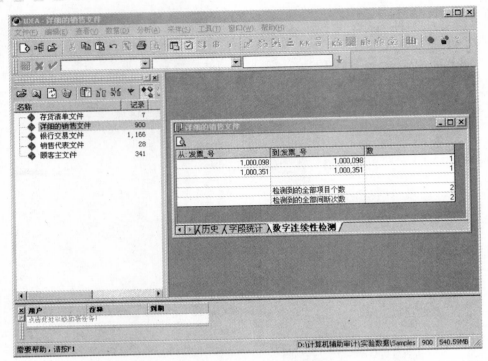

图 A.16　发票号码断号分析结果示例

（2）以 IDEA 软件中的示例数据（文件名为"详细的销售文件"）为例，利用"断号分析"功能，分析"发票_日期"字段的连续性情况，分析结果如图 A.17 所示。

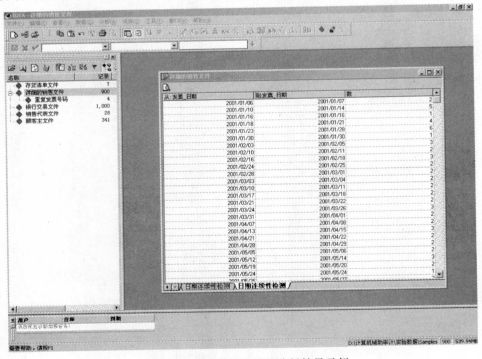

图 A.17　发票日期连续性分析结果示例

（3）以 IDEA 软件中的示例数据（文件名为"详细的销售文件"）为例，利用"断号分析"功能，分析"顾客_号码"字段的连续性情况，分析结果如图 A.18 所示。

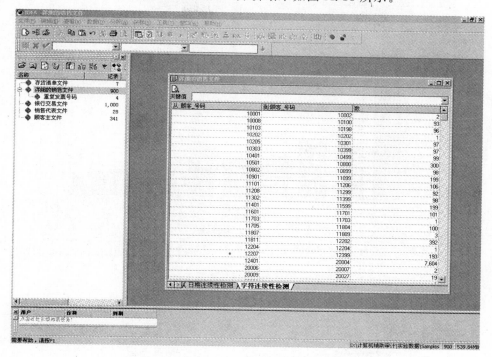

图 A.18 顾客号码连续性分析结果示例

3. "Benford 定律"功能的应用

（1）以给定的某税收征收电子数据（文件名为"税收征收.mdb"，数据表名为"征收表"，见附录 A.5）为例，利用 IDEA 的"Benford 定律"对"实纳税额"字段进行分析，要求：

① 能分析出如图 A.19～A.21 所示的结果。

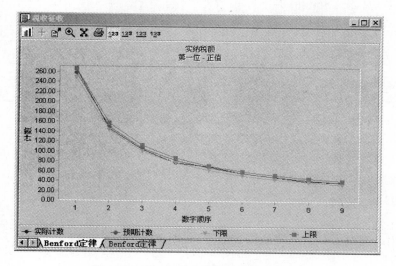

图 A.19 Benford 定律分析结果示例(1)

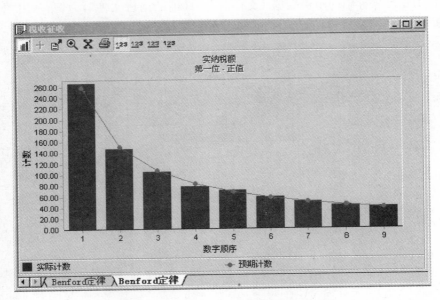

图 A.20　Benford 定律分析结果示例(2)

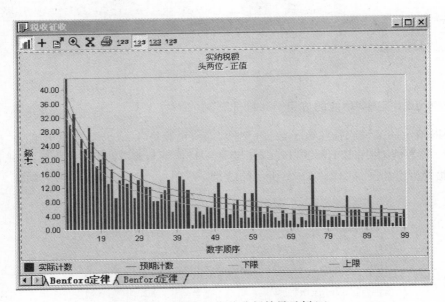

图 A.21　Benford 定律分析结果示例(3)

② 查看"实纳税额"字段中前两位数字为"60"的数据记录,其结果如图 A.22 所示。

(2) 任意选取其他数据,检验其和 Benford 定律曲线的吻合程度。

(3) 思考题。

图 A.23 为审计人员采用审计软件 IDEA 来对"征收表"数据进行分析的一个界面。请解释图中标出的坐标①和坐标②所代表的含义。

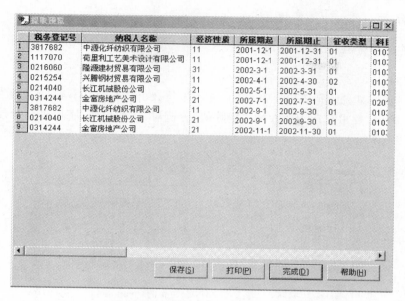

图 A.22 Benford 定律分析结果示例(4)

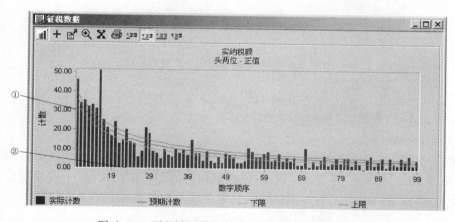

图 A.23 "征收表"数据某审计数据分析结果示例

A.4.5 实验五 审计数据分析——统计分析

实验目的

在面向数据的计算机审计中,统计分析的目的是探索被审计数据内在的数量规律性,以发现异常现象,快速寻找审计突破口。本实验可以加深理解审计数据分析的意义,掌握文件按类分层和字段概述这两种审计数据分析方法的使用。

实验要求

(1)根据给定的数据,练习"文件按类分层"功能的应用,包括按数值、按关键字段、按字符和按日期。

(2)根据给定的数据,练习"字段概述"功能的应用,包括快速概述和关键字段概述。

实验内容

1.“文件按类分层”功能的应用

1) 按数值分类

(1) 以给定的某税收征收电子数据(文件名为“税收征收.mdb”,数据表名为“征收表”,见附录 A.5)为例,要求利用 IDEA 的“按数值”分析对“实纳税额”字段进行分层分析,分析结果如图 A.24 所示。

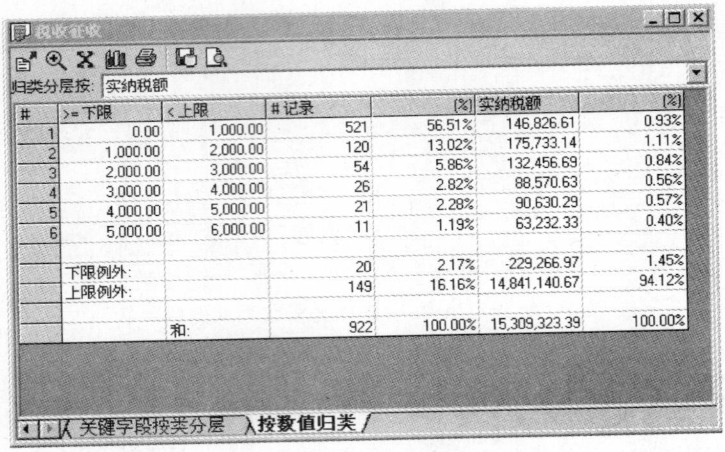

税收征收

归类分层按: 实纳税额

#	>=下限	<上限	#记录	[%]	实纳税额	[%]
1	0.00	1,000.00	521	56.51%	146,826.61	0.93%
2	1,000.00	2,000.00	120	13.02%	175,733.14	1.11%
3	2,000.00	3,000.00	54	5.86%	132,456.69	0.84%
4	3,000.00	4,000.00	26	2.82%	88,570.63	0.56%
5	4,000.00	5,000.00	21	2.28%	90,630.29	0.57%
6	5,000.00	6,000.00	11	1.19%	63,232.33	0.40%
	下限例外:		20	2.17%	-229,266.97	1.45%
	上限例外:		149	16.16%	14,841,140.67	94.12%
		和:	922	100.00%	15,309,323.39	100.00%

关键字段按类分层 | 按数值归类

图 A.24 “征收表”数据按数值分类分析结果示例

(2) 认真体会图 A.24 中分析结果的意义。

(3) 认真体会“按数值”分析功能的意义。

2) 按关键字段分类

(1) 以给定的某税收征收电子数据(文件名为“税收征收.mdb”,数据表名为“征收表”,见附录 A.5)为例,要求利用 IDEA 的“按关键字段”分析对“实纳税额”字段进行分层分析,分析结果如图 A.25 所示(不需要把分析的结果生成单独的数据表)。

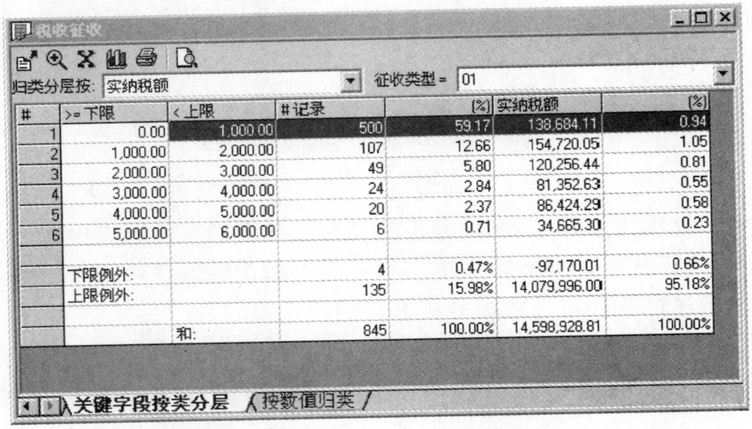

税收征收

归类分层按: 实纳税额　征收类型= 01

#	>=下限	<上限	#记录	[%]	实纳税额	[%]
1	0.00	1,000.00	500	59.17	138,684.11	0.94
2	1,000.00	2,000.00	107	12.66	154,720.05	1.05
3	2,000.00	3,000.00	49	5.80	120,256.44	0.81
4	3,000.00	4,000.00	24	2.84	81,352.63	0.55
5	4,000.00	5,000.00	20	2.37	86,424.29	0.58
6	5,000.00	6,000.00	6	0.71	34,665.30	0.23
	下限例外:		4	0.47%	-97,170.01	0.66%
	上限例外:		135	15.98%	14,079,996.00	95.18%
		和:	845	100.00%	14,598,928.81	100.00%

关键字段按类分层 | 按数值归类

图 A.25 “征收表”数据按关键字段分类分析结果示例

2."批处理"功能的应用

1)"批处理"功能简介

如果审计人员要对现行的数据库执行多个 IDEA 任务,每个任务都需要扫描一遍数据库。而批处理会分析需要的任务,并对数据库尽可能只扫描一遍而执行多个任务。因此,批处理是一个节省时间的功能,审计人员可以通过设置批处理,使其运行几个相兼容的 IDEA任务。批处理在运行任务时是相互独立的,它会为每个任务生成不同的输出。

2)"批处理"功能应用实例

(1)假定所有纳税人税款滞纳天数超过 10 天均属超期滞纳,以给定的某税收征收电子数据(文件名为"税收征收.mdb",数据表名为"征收表",见附录 A.5)为例,创建一个批处理,要求能完成以下功能:

① 查找"征收表"中有无"负纳税"数据。

② 查找"征收表"中有无"超期滞纳"数据。

③ 其运行结果如图 A.32 所示(提示:通过"分析"→"批处理"命令完成)。

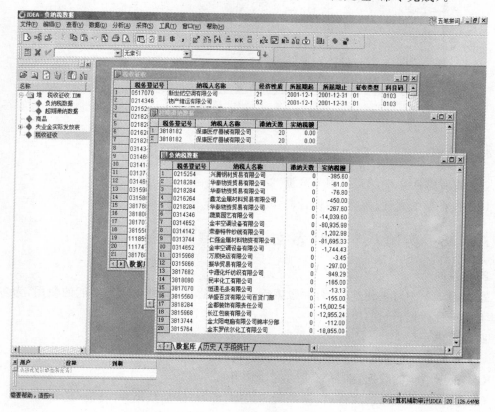

图 A.32 "征收表"数据批处理运行结果示例

(2)思考题。

① 如何保存这个批处理?

② 如何调用这个批处理?

③ 如何编辑这个批处理?

④ 这个批处理运行的结果保存在何处?

3. "数据透视表"功能的应用

以给定的某税收征收电子数据(文件名为"税收征收.mdb",数据表名为"征收表",见附录 A.5)为例,练习"数据透视表"功能,结果如图 A.33 所示(提示:通过"分析"→"数据透视表"命令完成)。

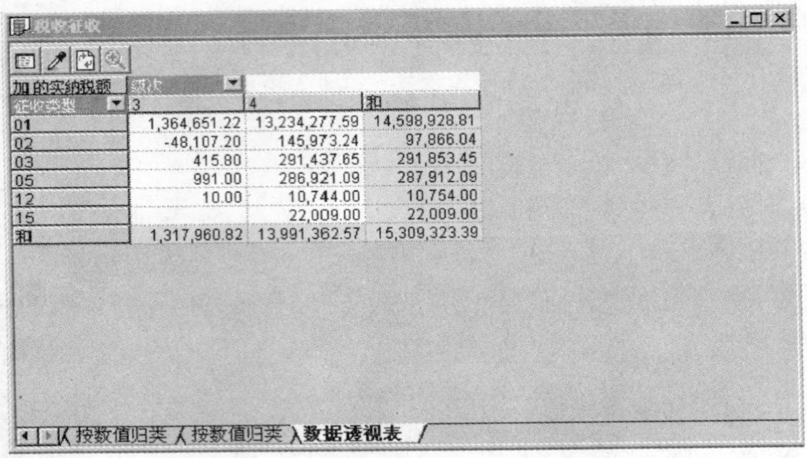

加的实纳税额	级次		
征收类型	3	4	和
01	1,364,651.22	13,234,277.59	14,598,928.81
02	-48,107.20	145,973.24	97,866.04
03	415.80	291,437.65	291,853.45
05	991.00	286,921.09	287,912.09
12	10.00	10,744.00	10,754.00
15		22,009.00	22,009.00
和	1,317,960.82	13,991,362.57	15,309,323.39

图 A.33 "征收表"数据数据透视表分析结果示例

4. 选做实验

(1) 查看帮助文件,练习"图表数据"功能的应用。

(2) 查看帮助文件,练习"逾期计时"功能的应用。

A.4.8 实验八 审计多文件数据操作

实验目的

掌握 IDEA 中可视化连接、合并数据库、添加数据库、文件比较等功能的使用,为多文件环境下的审计数据分析打下基础。

实验要求

(1) 根据给定的数据,练习"可视化连接"功能。

(2) 根据给定的数据,练习"合并数据库"功能。

(3) 查看 IDEA 帮助文件,根据给定的数据,练习"添加数据库"功能(选做)。

(4) 查看 IDEA 帮助文件,练习"文件比较"功能(选做)。

实验内容

1. "可视化连接"功能

以给定的某税收征收电子数据(文件名为"税收征收.mdb",两数据表分别为"税种类

型"和"征收表",见附录 A.5)为例,练习"可视化连接"功能,要求:

(1) 请将两数据导入到 IDEA 中。

(2) 将"税种类型"和"征收表"进行可视化连接,生成一张新的表。

(3) 查看连接结果。

2."合并数据库"功能

1)"合并数据库"功能简介

有时,审计人员要审计的数据可能分布在几个文件中,或者可能还在不同的计算机系统中,为了执行大部分的审计测试及分析,必须将这些数据放入到一个文件中。IDEA 的"合并数据库"功能就可以完成这一操作。"合并数据库"功能的作用如下:

(1) 将两个数据库中的字段合并到一个数据库中用来测试。

例如,要查询某零售企业商品的库存金额,就要从"商品信息表"和"商品价格表"中提取数据。

(2) 检测匹配与不匹配的数据。

例如,将失业人员信息文件同每月的失业金发放文件进行比较,来检查有没有"冒领"失业金的人员,或者所有的非失业人员都已从失业人员信息文件中删除了。

2)"合并数据库"功能应用实例一

现有某零售企业商品数据,存放在 Excel 表中,分别是"商品信息表"和"商品价格表"。要求:

(1) 请将两数据导入到 IDEA 中。要求:单价精确到分,库存量为整数。

(2) 在 IDEA 中将两数据进行合并。要求:同一字段只出现一次(提示:通过"数据"→"合并数据库"命令完成)。

(3) 新增一列"库存金额"并计算出每个商品的库存金额(精确到分)。

3)"合并数据库"功能应用实例二

现有某劳动局失业保险数据,其中,"失业金实际发放表.mdb"为失业金的发放数据,"失业人员登记表.mdb"为失业人员的登记信息。要求:

(1) 请将两数据导入到 IDEA 中。

(2) 利用"合并数据库"功能,查找"冒领"失业金的人员。

3.选做实验

(1) 查看 IDEA 帮助文件,根据给定的数据,练习"添加数据库"功能。

(2) 查看 IDEA 帮助文件,练习"文件比较"功能。

A.5 实验所用数据

A.5.1 某税收征收数据

图 A.34~A.36 为税收征收数据示例。

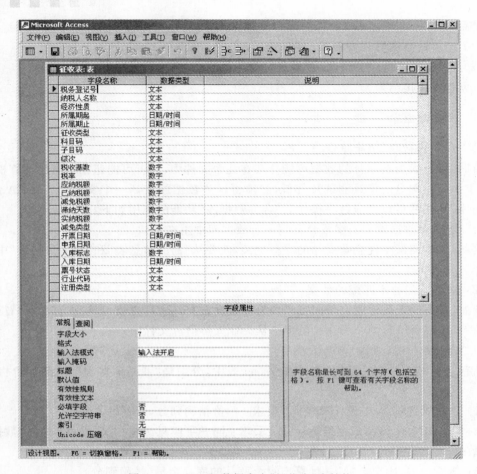

图 A.34 Access 数据库中"征收表"表结构

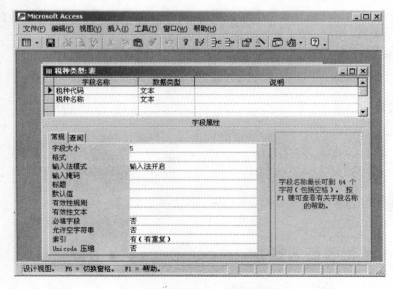

图 A.35 Access 数据库中"税种类型"表结构

税务登记号	纳税人名称	经济性质	所属期起	所属期止	征收类型	科目码	子目码	级次	税收基数	税率	应纳税额	已纳税额	减免税额	滞纳天
0517070	新世纪空调	21	2001-12-1	2001-12-31	01	0103	010712	4	5000	0.05	250	0	0	
0517070	新世纪空调	21	2001-12-1	2001-12-31	01	0201	020101	3	250	0.07	17.5	0	0	
0517070	新世纪空调	21	2001-12-1	2001-12-31	01	1101	110101	3	250	0.04	10	0	0	
0517070	新世纪空调	21	2001-12-1	2001-12-31	01	1350	131201	4	0		90	0	0	
0518182	华能工业设	33	2001-12-1	2001-12-31	01	0201	020101	3	156.86	0.07	10.98	0	0	
0518182	华能工业设	33	2001-12-1	2001-12-31	01	1101	110101	3	156.86	0.04	6.27	0	0	
0518182	华能工业设	33	2001-7-1	2001-12-31	01	0402	040201	3	0	0.0003	6.95	0	0	
0214346	物产储运有	62	2001-12-1	2001-12-31	01	0103	010201	4	50938	0.03	1528.14	0	0	
0214346	物产储运有	62	2001-12-1	2001-12-31	01	0201	020101	3	1528.14	0.07	106.97	0	0	
0214346	物产储运有	62	2001-7-1	2001-12-31	01	0402	040204	3	195747.3	0.0003	58.72	0	0	
0214346	物产储运有	62	2001-12-1	2001-12-31	01	1101	110101	3	1528.14	0.04	61.13	0	0	
0415764	大威安防工	21	2001-10-1	2001-12-31	01	1350	130601	4	1621.44	0.18	291.86	188.11	0	
0415764	大威安防工	21	2002-1-1	2002-12-31	01	0701	070101	3	1	140	140	0	0	
0415764	大威安防工	21	2002-1-1	2002-12-31	01	0701	070105	3	4.5	40	180	0	0	
0214346	物产储运有	62	2001-1-1	2001-12-31	01	1353	130601	4	29706.63	0.18	5347.19	3279.96	0	
1316570	华新园艺工	21	2001-12-1	2001-12-31	01	0701	070101	3	1	140	140	0	0	
1316570	华新园艺工	21	2001-12-1	2001-12-31	01	1101	110101	3	46177.78	0.04	1847.11	0	0	
0515254	江南特种玻	21	2001-7-1	2001-12-31	01	0402	040201	3	458675.3	0.0003	137.6	0	0	
0515254	江南特种玻	21	2002-1-1	2002-12-31	01	0701	070105	3	3	40	120	0	0	
0217172	绿泉化工有	33	2001-7-1	2001-12-31	01	0402	040201	3	0	0.0003	142.85	0	0	
0217886	三元机械制	11	2001-12-1	2001-12-31	01	0701	070101	3	2	140	280	0	0	
0217886	三元机械制	11	2002-1-1	2002-12-31	01	0701	070105	3	3	40	120	0	0	
0213744	伟利针织制	11	2001-12-1	2001-12-31	01	1348	130901	4	20480.42	0.18	3686.48	2711.78	0	
1118590	信诚广告装	21	2001-12-1	2001-12-31	01	0103	010105	4	133374.6	0.03	4001.24	0	0	
1117478	怡顺防腐工	11	2001-12-1	2001-12-31	01	0103	010712	4	18450	0.05	922.5	0	0	
1118590	信诚广告装	21	2001-12-1	2001-12-31	01	0201	020101	3	4001.24	0.07	280.09	0	0	
1117478	怡顺防腐工	11	2001-12-1	2001-12-31	01	0201	020101	3	922.5	0.07	64.58	0	0	
1118590	信诚广告装	21	2001-12-1	2001-12-31	01	1101	110101	3	4001.24	0.04	160.05	0	0	
1117478	怡顺防腐工	11	2001-12-1	2001-12-31	01	1101	110101	3	922.5	0.04	36.9	0	0	
1118590	信诚广告装	21	2001-1-1	2001-12-31	01	1350	130801	4	65494.7	0.27	17683.57	12670.38	0	
3817682	中源化纤织	11	2001-12-1	2001-12-31	01	0103	010712	4	180747.8	0.05	9037.39	0	0	
3816060	盛昌金属制	33	2001-12-1	2001-12-31	01	0201	020101	3	6117.52	0.07	428.23	0	0	
3817682	中源化纤织	11	2001-12-1	2001-12-31	01	0201	020101	3	9037.39	0.07	632.62	0	0	
3817682	中源化纤织	11	2001-12-1	2001-12-31	01	0201	020101	3	737.31	0.07	51.61	0	0	
3816060	盛昌金属制	33	2001-7-1	2001-12-31	01	0402	040201	3	382506.8	0.0003	114.75	0	0	
3817682	中源化纤织	11	2001-7-1	2001-12-31	01	0402	040201	3	60615.38	0.0003	18.18	0	0	
3816060	盛昌金属制	33	2001-12-1	2001-12-31	01	1101	110101	3	6117.52	0.04	244.7	0	0	
3817682	中源化纤织	11	2001-12-1	2001-12-31	01	1101	110101	3	9037.39	0.04	361.5			

图 A.36　Excel 中"征收表"数据

A.5.2　某劳动局失业保险数据

图 A.37 和图 A.38 为某劳动局失业保险数据。

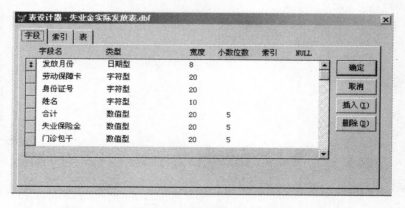

图 A.37　Foxpro 数据库中"失业金实际发放表"表结构

A.5.3　某凭证数据

图 A.39 为某凭证数据。

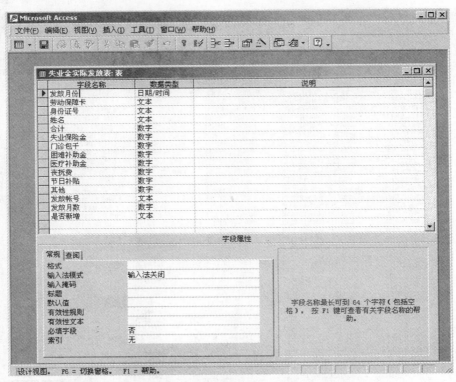

图 A.38   Access 数据库中"失业金实际发放表"表结构

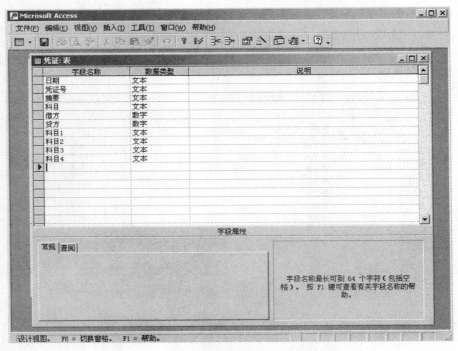

图 A.39   Access 数据库中"凭证"表结构

A.5.4 某商品数据

图 A.40 为某商品数据。

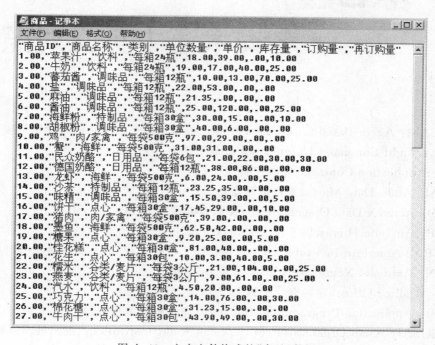

图 A.40　文本文件格式的"商品"数据

名词术语中英文对照

[1] ABCAM：Agent-Based Continuous Audit Model，基于 Agent 的持续审计模型

[2] ACL：Audit Command Language，审计命令语言

[3] AC：Application Controls，应用控制

[4] ADM：Audit Data Marts，审计数据集市

[5] ADO：ActiveX Data Objects，ActiveX 数据对象

[6] AHP：Analytic Hierarchy Process，层次分析法

[7] AICPA：American Institute of Certified Public Accountants，美国注册会计师协会

[8] ANN：Artificial Neural Networks，人工神经网络

[9] AO：Auditor Office，现场审计实施系统

[10] API：Application Programming Interface，应用程序编程接口

[11] ASOSAI：Asian Organization of Supreme Audit Institutions，亚洲最高审计组织

[12] BCP：Business Continuity Plan，业务持续计划

[13] CA：Continuous Auditing，持续审计

[14] CAA：Computer Assisted Audit，计算机辅助审计

[15] CAATs：Computer Assisted Audit Techniques，计算机辅助审计技术

[16] CAATTs：Computer Assisted Audit Tools and Techniques，计算机辅助审计工具与技术

[17] CAWS：Continuous Auditing Web Services，持续审计 WEB 服务模型

[18] CICA：Canadian Institute of Chartered Accountants，加拿大特许会计师协会

[19] COA：Continuous Online Auditing，持续在线审计

[20] CORBA：Common Object Request Broker Architecture，公用对象请求代理程序体系结构

[21] CPAM：Continuous Process Audit Methodology，持续过程审计方法

[22] CPAS：Continuous Process Auditing System，持续过程审计系统

[23] DAO：Data Access Objects，数据访问对象

[24] DBMS：DataBase Management System，数据库管理系统

[25] DBS：DataBase System，数据库系统

[26] DFD：Data Flow Diagram，数据流程图

[27] DOOA：Data-oriented Online Auditing，面向数据的联网审计

[28] DRP：Disaster Recovery Plan，灾难恢复计划

［29］ EAE：Electronic Audit Evidence,电子审计证据

［30］ EAM：Embedded Audit Module,嵌入审计模块

［31］ EAS：Enterprise Audit Software, 企业财务审计软件

［32］ EDP：Electronic Data Processing,电子数据处理

［33］ ERD：Entity-Relationship Diagram,实体联系图

［34］ ERP：Enterprise Resource Planning,企业资源计划

［35］ GAS：Generalized Audit Software,通用审计软件

［36］ GC：General Controls,整体控制

［37］ GTAG：Global Technology Audit Guide,全球技术审计指南

［38］ IAASB：International Audit and Assurance Standards Board,国际审计与鉴证准则委员会

［39］ IDEA：Interactive Data Extraction and Analysis,交互式数据抽取与分析

［40］ INTOSAI：International Organization of Supreme Audit Institutions,国际最高审计组织

［41］ ISA：Information System Audit,信息系统审计

［42］ IT：Information Technology,信息技术

［43］ ITF：Integrated Test Facility,集成测试技术

［44］ MUS：Monetary Unit Sampling,货币单位抽样

［45］ NPV：Net Present Value Method,净现值法

［46］ ODBC：Open Database Connectivity,开放数据库互连

［47］ OLAP：On-line Analytical Processing,联机分析处理

［48］ Online Auditing,联网审计

［49］ Parallel Simulation,平行模拟法

［50］ RDO：Remote Data Objects,远程数据对象

［51］ SOAP：Simple Object Access Protocol,简单对象访问协议

［52］ SQL：Structured Query Language,结构化查询语言

［53］ Test Data,测试数据法

［54］ UPS：Uninterruptible Power System,不间断电源

［55］ UCD：Use-Case Diagram,用例图

［56］ XBRL：eXtensible Business Reporting Language,可扩展商务报告语言

［57］ XML：Extensible Markup Language,可扩展标记语言

主要参考文献

[1] 曹洪泽，刘强.联网审计及其关键技术研究[J].北京理工大学学报,2006,26(7)：614～617.

[2] 陈伟.计算机辅助审计实验教学探析[J].中国管理信息化,2009,12(1)：100～103.

[3] 陈伟.一种基于等级法的联网审计绩效评价方法[J].计算机科学,2010,37(11)：111～116.

[4] 陈伟.一种基于 AHP 的联网审计绩效评价方法[J].审计与经济研究,2011,26(5)：47～52.

[5] 陈伟.联网审计技术方法与绩效评价[M].北京：清华大学出版社,2012.

[6] 陈伟,陈耿,朱文明等.基于业务规则的错误数据清理方法[J].计算机工程与应用,2005,41(14)：172～174.

[7] 陈伟,丁秋林.数据清理中编辑距离的应用及 Java 编程实现[J].电脑与信息技术,2003,11(6)：33～35.

[8] 陈伟,丁秋林.数据清理中不完整数据的清理方法[J].微型机与应用,2005,24(2)：44～45,55.

[9] 陈伟,丁秋林.可扩展数据清理软件平台的研究[J].电子科技大学学报,2006,35(1)：100～103.

[10] 陈伟,丁秋林,谢强.交互式数据迁移系统及其相似检测效率优化[J].华南理工大学学报(自然科学版),2004,32(2)：58～61.

[11] 陈伟,刘思峰.基于 BCP 视角的联网审计风险控制[J].工业技术经济,2007,26(10)：135～137.

[12] 陈伟,刘思峰,邱广华.计算机审计中数据处理新方法探讨[J].审计与经济研究,2006a,21(1)：37～39,48.

[13] 陈伟,刘思峰,邱广华.计算机审计中一种基于孤立点检测的数据处理方法[J].商业研究,2006b,21(17)：44～47.

[14] 陈伟,刘思峰,Robin Qiu.审计数据质量评估方法研究[J].计算机工程与应用,2008,44(3)：20～23.

[15] 陈伟,Robin Qiu.面向大型数据库的审计数据采集方法[J].计算机应用,2008,28(8)：2144～2146,2149.

[16] 陈伟,Robin Qiu.审计软件现状及发展趋势研究[J].计算机科学,2009,36(2)：1～4,25.

[17] 陈伟,Robin Qiu,刘思峰.数据库技术在计算机辅助审计中的应用研究[J].计算机应用研究,2008a,25(6)：1908～1910.

[18] 陈伟,Robin Qiu,刘思峰.一种基于数据匹配技术的审计证据获取方法[J].计算机科学,2008b,35(8)：183～187,194.

[19] 陈伟,Robin Qiu,刘思峰.持续审计(CA)研究综述[J].小型微型计算机系统,2008c,29(9)：1755～1760.

[20] 陈伟,Smieliauskas W.云计算环境下的联网审计实现方法探析[J].审计研究,2012,(3)：37～44.

[21] 陈伟,尹平.基于成本效益视角的联网审计可行性分析[J].审计与经济研究,2007,22(1)：36～39.

[22] 陈伟,王昊,陈丹萍.一种基于交互式数据迁移技术的数据采集方法[J].计算机工程,2006,32(9)：62～63,66.

[23] 陈伟,王昊,朱文明.基于孤立点检测的错误数据清理方法[J].计算机应用研究,2005,22(11)：71～73.

[24] 陈伟,王昊,朱文明.一种提高相似重复记录检测精度的方法[J].计算机应用与软件,2006,23(10)：29～30,42.

[25] 陈伟,张金城.计算机辅助审计原理及应用(第 1 版)[M].北京：清华大学出版社,2008.

[26] 陈伟,张金城,Robin Qiu.审计数据处理实验中模拟数据生成系统的研究[J].计算机工程,2007a,

33(19)：54～56.

[27]　陈伟，张金城，Robin Qiu. 计算机辅助审计技术（CAATs）研究综述[J]. 计算机科学，2007b，34(10)：290～294.

[28]　郑阿奇. Oracle 实用教程[M]. 北京：电子工业出版社，2005.

[29]　董大胜. 审计技术方法[M]. 北京：中国时代经济出版社，2005.

[30]　董化礼，刘汝焯. 计算机审计数据采集与分析技术[M]. 北京：清华大学出版社，2002.

[31]　国家 863 计划审计署课题组. 计算机审计数据采集与处理技术研究报告[M]. 北京：清华大学出版社，2006.

[32]　李志文. 国外审计软件简介[EB/OL]. http：//www.china-audit.com，2006.

[33]　钱卫宁，魏藜，王焱等. 一个面向大规模数据库的数据挖掘系统[J]. 软件学报，2002，13(8)：1540～1546.

[34]　求是科技. SQL Server 2000 数据库开发技术与工程实践[M]. 北京：人民邮电出版社，2005.

[35]　邱越峰，田增平，季文赟等. 一种高效的检测相似重复记录的方法[J]. 计算机学报，2001，24(1)：69～77.

[36]　石爱中，孙俭. 初释数据式审计模式[J]. 审计研究，2005，(4)：3～6.

[37]　王刚. 联网审计：全新的审计理念与审计模式[N]. 财经时报，2005，2005-3-27.

[38]　王会金，陈伟. 非现场审计的实现方法研究[J]. 审计与经济研究，2005，20(3)：36～39.

[39]　尹平，陈伟. 信息化环境下审计机关审计成本控制对策探究[J]. 审计研究，2008，(4)：21～24.

[40]　詹姆斯・A. 霍尔. 信息系统审计与鉴证[M]. 北京：中信出版社，2003.

[41]　张进，易仁萍，陈伟. 计算机审计中电子数据的清理研究[J]. 审计研究，2004，(6)：21～25.

[42]　张云勇，刘锦德. 移动 Agent 技术[M]. 北京：清华大学出版社，2003.

[43]　中国审计学会. 审计署立项课题研究报告[M]. 北京：中国时代经济出版社，2008.

[44]　中华人民共和国审计署. http：//www.audit.gov.cn，2011.

[45]　中华人民共和国审计署《AO》研发项目组. 现场审计实施系统实用手册[M]. 北京：中国时代经济出版社，2005.

[46]　Acl. http：//www.acl.com，2011.

[47]　Aebi D，Perrochon L. Towards improving data quality. Proceedings of the International Conference on Information Systems and Management of Data[C]. 1993，Delhi：273～281.

[48]　Aggarwal C C，Yu P S. Outlier detection for high dimensional data. Proceedings of the ACM SIGMOD International Conference on Management of Data[C]. 2001，CA：ACM Press：37～47.

[49]　Alexander K，Ephraim F S，Miklos A V. Continuous online auditing：a program of research[J]. Journal of Information Systems，1999，13(2)：87～103.

[50]　Alles M G，Kogan A，Vasarhelyi M A. Feasibility and economics of continuous assurance [J]. Auditing：A Journal of Theory and Practice，2002，21 (1)：125～138.

[51]　Alles M G，Kogan A，Vasarhelyi M A. Restoring auditor credibility：tertiary monitoring and logging of continuous assurance systems [J]. International Journal of Accounting Information Systems，2004，5 (2)：183～202.

[52]　Alles M，Kogan A，Vasarhelyi M. Analytical procedures in continuous auditing：continuity equations models for analytical monitoring of business processes. American Accounting Association 2006 Annual Meeting [C]. 2006，Washington.

[53]　American Institute of Certified Public Accountants（AICPA）. Computer assisted audit techniques [M]. 1979，New York：AICPA.

[54]　Arens A A，Elder R J，Beasley M S. Auditing and Assurance Services（Tenth Edition）. Prentice Hall，2004.

[55]　Ascential Software. http：//www.vality.com，2004.

[56] Barron F H, Barrett B E. Decision quality using ranked attribute weights[J]. Management Science, 1996,42(11): 1515~1523.

[57] Batista G E A P A, Monard M C. An analysis of four missing data treatment methods for supervised learning [J]. Applied Artificial Intelligence, 2003,17(5-6): 519~533.

[58] Bhatia M. Auditing in a computerized environment [M]. New Delhi: Tata McGraw-Hill,2002.

[59] Boni G M. The impact of electronic data processing on auditing[J]. The Journal of Accountancy, 1963,39~64.

[60] Boutell W S. Auditing through the computer a model approach to the problem[J]. The Journal of Accountancy,1965,120(5): 41~47.

[61] Calvanese D, Giacomo G D, Lenzerini M. Data integration in data warehousing [J]. International Journal of Cooperative Information Systems,2001,10(3): 237~271.

[62] Carmichael D R, Willingham J H, Schaller C A. Auditing concepts and methods——a guide to current theory and practice [M].1996,New York: McGraw-Hill.

[63] Caseware. http://www. caseware. com,2011.

[64] CaseWare 国际有限公司. IDEA MB 2002 用户指南[EB/OL]. http://www. caseware. com,2006.

[65] Cash J I, Bailey A D, Whinston A B. A survey of techniques for auditing EDP-based accounting information systems[J]. The Accounting Review,1977,52(4): 813~832.

[66] Chang S I, Tsai C F, Shih D H, etc. The development of audit detection risk assessment system: using the fuzzy theory and audit risk model[J]. Expert System with Applications,2008,35(3): 1053~1067.

[67] Chen W, Liu S F, Smieliauskas W, etc. Influence factors analysis of online auditing performance assessment: A combined use between AHP and GIA[J]. Kybernetes,2012,41(5/6): 587~598.

[68] Chen W, Liu S F, Zheng H Y. Study on audit evidence gathering cost under online auditing environment. IEEE International Conference on Systems, Man, and Cybernetics[C]. 2008, IEEE Press: 2876~2880.

[69] Chen W, Menzefricke U, Smieliauskas W. Dynamic analysis of the performance of bayesian audit strategies with reliability modeling of internal control. IEEE International Conference on Grey Systems and Intelligent Services[C]. 2011,IEEE Press: 642~646.

[70] Chen W, Smieliauskas W, Liu S F. Performance assessment of online auditing in China from the perspective of audit cost control. IEEE International Conference on Systems, Man, and Cybernetics [C]. 2010,IEEE Press: 833~837.

[71] Chen W, Smieliauskas W, Trippen G. An audit evidence gathering model in online auditing environments. IEEE International Conference on Systems, Man, and Cybernetics[C]. 2011,IEEE Press: 1448~1452.

[72] Chen W, Wang H, Zhu W M. Study on data-oriented IT audit used in China. Proceedings of the 11th Joint International Computer Conference[C]. 2005, Singapore: World Scientific Publishing: 666~669.

[73] Chen W,Zhang J C, Jiang Y Q. One Continuous Auditing Practice in China: Data-oriented Online Auditing (DOOA). IFIP International Federation for Information Processing, Volume 252, Integration and Innovation Orient to E-Society Volume 2. 2007,Boston: Springer: 521~528.

[74] Chou C L,Du T, Lai V S. Continuous auditing with a multi-agent system[J]. Decision Support Systems,2007,42(4): 2274~2292.

[75] Christine B, Jefferson W. Auditing application controls [EB/OL]. www. theiia. org,2008.

[76] Chun M, Lam E. Data re-use —the use of data collected in one online audit project for other audit projects. The Second International Seminar on IT Audit[C]. 2004,Nanjing: 95~98.

[77] CICA/AICPA. Continuous auditing research report［R］. The Canadian Institute of Chartered Accountants，Toronto，Ontario，1999.

[78] Cushing B E. Accounting information systems and business organizations[M]. MA：Addison-Wesley Publishing company，1982.

[79] David C. Continuous Auditing：Implications for Assurance，Monitoring，and Risk Assessment［EB/OL］. www. theiia. org，2005.

[80] Data Integration Software. http：//www. ardent. com，2004.

[81] Debreceny R S，Gray G L，Ng J，et al. Embedded audit modules in enterprise resource planning systems：implementation and functionality［J］. Journal of Information Systems，2005，19(2)：7～27.

[82] Dey D，Sarkar S，De P. A distance-based approach to entity reconciliation in heterogeneous databases[J]. IEEE Transactions on Knowledge and Data Engineering，2002，14(3)：567～582.

[83] DTS. http：//www. microsoft. com，2004.

[84] Du H，Roohani S. A framework for independent continuous auditing of financial statements. American Accounting Association 2006 Annual Meeting ［C］. Washington：http：//aaahq. org/AM2006/ abstract. cfm? submissionID=1783，2006.

[85] Durtschi C. The effective use of benford's law to assist in detecting fraud in accounting data ［J］. Journal of Forensic Accounting，2004，5 (1)：17～33.

[86] Elliott R K. Twenty-first century assurance ［J］. Auditing：A Journal of Practice & Theory，2002，21 (1)：139～146.

[87] Fan H，Poulovassilis A. Using AutoMed metadata in data warehousing environments. Proceedings of ACM Sixth International Workshop on Data Warehousing and OLAP［C］. 2003，ACM Press：86～93.

[88] Fellegi I，Sunter A. A theory for record linkage[J]. Journal of the American StatisticalAssociation，1969，64(328)，1183～1210.

[89] Fischer M J. "Real-izing" the benefits of new technologies as a source of audit evidence：an interpretive field study ［J］. Accounting，Organizations and Society，1996，21(2,3)：219～242.

[90] Flesher D，Zanzig J. Management accountants express a desire for change in the functioning of internal auditing ［J］. Managerial Auditing Journal，2000，15(7)：331～337.

[91] Flowerday S，Solms R V. Continuous auditing：verifying information integrity and providing assurances for financial reports ［J］. Computer Fraud & Security，2005，12～16.

[92] Fritzmeyer C，Carmichael C. ITF：a promising computer audit technique［J］. The Journal of Accountancy，1973，(2)：58～74.

[93] Garsombke P H，Tabor R H. Factors explaining the use of EDP audit techniques[J]. Journal of Information Systems，1986，1 (2)：48～66.

[94] GB/T 19581—2004. 信息技术会计核算软件数据接口[S]. 北京：中国标准出版社，2004.

[95] Glower S M，Romney M B. The Next Generation software[J]. Internal Auditor，1998，55 (5)：47～53.

[96] Groomer S M，Murthy U S. Continuous auditing of database applications：an embedded audit module approach ［J］. Journal of Information Systems，1989，3(2)：53～69.

[97] Groomer S M，Murthy U S. Monitoring high-volume online transaction processing systems using a continuous sampling approach ［J］. International Journal of Auditing，2003，7(1)：3～19.

[98] Grzymala-Busse J W，Hu M. A comparison of several approaches to missing attribute values in data mining. Proceedings of the Second International Conference on Rough Sets and Current Trends in Computing[C]. 2000，Banff：Springer-Verlag Heidelberg：378～385.

[99] Halper F B，Snively J，Vasarhelyi M A. The continuous process audit system：Knowledge

engineering and representation [J]. The EDP Audit, Control and Security Newsletter (EDPACS), 1992,20 (4): 15~22.

[100] Han J W, Kamber M. Data Mining: Concepts and Techniques [M]. San Francisco: Morgan Kaufmann, 2001.

[101] Hansen R V, Messier W F. A knowledge-based expert system for auditing advanced computer system [J]. European Journal of Operational Research, 1986,26(3): 371~379.

[102] Hawkins D M. Identification of outliers[M]. London: Chapman and Hall,1980.

[103] Heiler S, Lee W C, Mitchell G. Repository Support for Metadata-based Legacy Migration[J]. IEEE Data Engineer Bulletin,1999,22(1): 37~42.

[104] Heitmann S. Audit of the future——an analysis of the impact of XBRL on audit and assurance [D]. Sweden: School of Business, Economics and Law Göteborg University,2005.

[105] Hernandez M A, Stolfo S J. Real-world data is dirty: data cleansing and the merge/purge problem [J]. Data Mining and Knowledge Discovery,1998,2(1): 9~37.

[106] Information system audit and control association. CISA Review Manual 2010. http://www.isaca. org,2010.

[107] INTOSAI audit committee. Principles of computer assisted audit techniques-student notes. 2004.

[108] Jackson R A. Get the most out of audit tools [J]. Internal Auditor,2004,(8): 36~47.

[109] Jacky A, Isabelle C W. A knowledge-based system for auditing computer and management information systems [J]. Expert Systems with Applications,1996,11(3): 361~375.

[110] James A H, Schaller C A. Information systems auditing and assurance [M]. Cincinnati, OH: South-Western College Publishing,2000.

[111] Jarke M, Jeusfeld M A, Quix C, et al. Architecture and quality in data warehouses. Proceedings of the 10th Conference on Advanced Information Systems Engineering[C]. 1998, Springer-Verlag: 93~113.

[112] Jin L, Li C, Mehrotra S. Efficient record linkage in large data sets. The 8th International Conference on Database Systems for Advanced Applications[C]. 2003,Kyoto: 137~146.

[113] Knorr E M, Ng R T. Finding intensional knowledge of distance-based outliers. Proceedings of the 25th International Conference on Very Large Data Bases[C]. 1999,Edinburgh: Morgan Kaufmann: 211~222.

[114] Koch S. Online computer auditing through continuous and intermittent simulation [J]. MIS Quarterly, 1981,5(1): 29~41.

[115] Koskivaara E. Artificial neural networks in analytical review procedures [J]. Managerial Auditing Journal,2004a,19(2): 191~223.

[116] Koskivaara E. Artificial neural networks for analytical review in auditing [D]. Finland: Turku School of Economics and Business Admistration,2004b.

[117] Lange D, Mitsuru O. Seven good reasons for mobile agents [J]. Communications of the ACM. 1999,42(3): 88~89.

[118] Last M, Kandel A. Automated detection of outliers in real-world data. Proceedings of the Second International Conference on Intelligent Technologies [C]. 2001,Bangkok: 292~301.

[119] Lavigne A, Émond C. A study group examines the issues auditors face in gathering electronic information as evidence and its impact on the audit [EB/OL]. http://www.camagazine. com,2002.

[120] Lee M L, Ling T W, Low W L. IntelliClean: a knowledge-based intelligent data cleaner. Proceeding of the 6th ACM SIGKDD International Conference on Knowledge discovery and Data Mining[C]. 2000,Boston: ACM Press: 290~294.

[121] Li S H, Huang S M, Lin Y C. Developing a continuous auditing assistance system based on information process models [J]. Journal of Computer Information Systems,2007,48 (1): 2~13.

[122] Li W S, Clifton C. Semantic integration in heterogeneous databases using neural networks. Proceedings of the 20th International Conference on Very Large Data Bases[C]. 1994,Santiago: Morgan Kaufmann: 1~12.

[123] Liang D, Lin F, Wu S. Electronically auditing EDP systems with the support of emerging information technologies [J]. International Journal of Accounting Information Systems,2001,2(2): 130~147.

[124] Lin F Y, Liang D, Wu S S. A study on interceptor in supporting continuous monitoring. American Accounting Association 2006 Annual Meeting [C]. Washington,2006.

[125] Linda M L. Audit technology and the use of computer assisted audit techniques [J]. Journal of Information Systems,1990,4 (2): 60~68.

[126] Luis G, Panagiotis G, Jagadish H V, et al. Approximate string joins in a database(Almost) for free. Proceeding of the 27th VLDB Conference. 2001,Roma: Morgan Kaufmann: 491~500.

[127] Milo T, Zohar S. Using schema matching to simplify heterogeneous data translation. Proceedings of 24th International Conference on Very Large Databases [C]. 1998,New York: Morgan Kaufmann: 122~133.

[128] Minsky N H. Independent on-line monitoring of evolving systems. Proceedings of the 18th international conference on Software engineering [C]. 1996,Washington: IEEE Computer Society: 134~143.

[129] Mitra R K, Gupta M P. A contextual perspective of performance assessment in eGovernment: A study of Indian Police Administration [J]. Government Information Quarterly, 2008, 25 (2): 278~302.

[130] Monge A E. Matching algorithms within a duplicate detection system[J]. IEEE Data Engineer Bulletin,2000,23(4): 14~20.

[131] Murthy U S. An analysis of the effects of continuous monitoring controls on e-commerce system performance [J]. Journal of Information Systems,2004,18(2): 29~47.

[132] Murthy U S, Groomer S M. A continuous auditing web services model for XML-based accounting systems [J]. International Journal of Accounting Information Systems,2004,5(2): 139~163.

[133] Navarro G. A guided tour to approximate string matching [J]. ACM Computing Surveys,2001, 33(1): 31~88.

[134] Newcombe H B,Kennedy J M, Axford S J, et al. Automatic linkage of vital records [J]. Science, 1959,130: 954~959.

[135] Nieschwietz R, Pany K, Zhang J. Auditing with technology: using generalized audit software in the classroom[J]. Journal of Accounting Education,2002,20 (4): 307~329.

[136] Nigrini M J. Adding value with digit analysis[J]. the Internal Auditor,1999,(56): 21~23.

[137] Nigrini M J, Mittermaier L J. The use of Benford's law as an aid in analytical procedures[J]. Auditing: A Journal of Practice and Theory,1997,(16): 52~67.

[138] Parent C, Spaccapietra S. Issues and approaches of database integration[J]. Communications of the ACM,1998,41(5): 166~178.

[139] Pathak J, Chaouch B, Sriram R S. Minimizing cost of continuous audit: counting and time dependent strategies[J]. Journal of Accounting and Public Policy,2005,24(1): 61~75.

[140] Philip D D, Mark J N. Computer assisted analytical procedures using Benford's law [J]. Journal of Accounting Education,2000,18 (2): 127~146.

[141] Porter W T. Evaluating internal controls in EDP systems [J]. The Journal of Accountancy,1964,

34~40. .

[142] PowerMart. http：//www. informatica. com,2004.

[143] Pure Integrate. http：//www. oracle. com,2003.

[144] Rahm E，Do H H. Data cleaning：problems and current approaches [J]. IEEE Data Engineer Bulletin,2000,23(4)：3~13.

[145] Raman V，Hellerstein J M. An interactive framework for data cleaning [EB/OL]. http：//sunsite. berkeley. edu/ TechRepPages/CSD-00-1110,2000.

[146] Raman V，Hellerstein J M. Potter's wheel：an interactive data cleaning system. Proceedings of 27th International Conference on Very Large Data Bases[C]. 2001,Rome：381~390.

[147] Ramaswamy S，Rastogi R，Shim K. Efficient algorithms for mining outliers from large data sets. Proceedings of the 2000 ACM SIGMOD International Conference on Management of Data [C]. 2000,Madison：ACM Press：427~438.

[148] Rezaee Z，Elam R，Sharbatoghlie A. Continuous auditing：the audit of the future [J]. Managerial Auditing Journal,2001,16(3)：150~158.

[149] Rezaee Z，Sharbatoghlie A，Elam R，etc. Continuous auditing：building automated auditing capability[J]. Auditing：A Journal of Practice and Theory,2002,21(1)：147~163.

[150] Robert L B，Harold E D. Computer-assisted audit tools and techniques：analysis and perspectives [J]. Managerial Auditing Journal,2003,18 (9)：725~731.

[151] Rutgers Accounting Web. http：//raw. rutgers. edu,2010.

[152] Ruts I，Rousseeuw P J. Computing depth contours of bivariate point clouds [J]. Computational Statistics and Data Analysis,1996,153~168.

[153] Samuel J B. The progress of auditing [J]. The Journal of Accountancy,1955,42.

[154] Sanchez A，Rodriguez P. EDP auditing and expert systems，moving toward expert systems globally in the 21st century [M]. New York：Cognizant Communication Corporation,1994.

[155] Saaty T L. The Analytic Hierarchy Process[M]. New York：McGraw-Hill,1980.

[156] Sean C. Continuous auditing：risks，challenges and opportunities[J]. The International Journal of Applied Management and Technology,2003,1(1)：1~9.

[157] Searcy D，Woodroof J B. Continuous auditing：leveraging technology[J]. The CPA Journal,2003, 75(5)：46~48.

[158] Searcy D，Woodroof J，Benh B. Continuous audit：the motivations，benefits，problems，and challenges identified by partners of a big 4 accounting firm. Proceedings of the 36th Hawaii International Conference on System Sciences[C]. 2003,IEEE Press：210~219.

[159] Sirikulvadhana S. Data mining as a financial auditing tool [Master's Thesis]. Swedish School of Economics and Business Administration,2002.

[160] Smieliauskas W，Bewley K. Auditing：An International Approach (Fifth Edition)[M]. McGraw-Hill Ryerson,2010.

[161] Sueyoshi T，Shang J，Chiang W C. A decision support framework for internal audit prioritization in a rental car company：A combined use between DEA and AHP [J]. European Journal of Operational Research,2009,199(1)：219~231.

[162] Tayi G K，Ballou D P. Examining data quality [J]. Communications of the ACM,1998,41(2)：54~57.

[163] Tejada S，Knoblock C A，Minton S. Learning domain-independent string transformation weights for high accuracy object identification. Proceedings of the Eighth ACM SIGKDD International Conference on Knowledge Discovery and Data Mining [C]. 2002,Boston：ACM Press：350~359.

[164] The 6th ASOSAI Research Project. IT Audit Guidelines [EB/OL]. http：//www. asosai.

org,2003.

[165] Tobison G L, Davis G B. Actual use and perceived utility of EDP auditing techniques [J]. The EDP Auditor, 1981,1~22.

[166] Trillium Software. http: //www. trilliumsoftware. com,2003.

[167] Trisolini S, Lenzerini M, Nardi D. Data Integration and Warehousing in Telecom Italia. Proceedings of ACM SIGMOD99 [C]. 1999,ACM Press:538~539.

[168] Weber R. Information Systems Controls and Audit [M]. New Jersey:Prentice Hall,1999.

[169] Wei C C. Evaluating the performance of an ERP system based on the knowledge of ERP implementation objectives[J]. The International Journal of Advanced Manufacturing Technology, 2008,39(1-2):168~181.

[170] Wilkinson J W. Accounting and information systems [M]. New York:John Wiley & Sons,1986.

[171] Woodroof J, Searcy D. Continuous audit-Model development and implementation within a debt covenant compliance domain [J]. International Journal of Accounting Information Systems,2001, 2(3):169~191.

[172] Vasarhelyi M A, Ezawa K J. The continuous process audit system:A UNIX-based auditing Tool [J]. The EDP Auditor Journal,1991a,(3):85~91.

[173] Vasarhelyi M A, Halper F B. The continuous audit of online systems [J]. Auditing:A Journal of Practice and Theory,1991b,10(1):110~125.

[174] Verykios V S, Elmagarmid A K, Houstis E N. Automating the approximate record matching process [J]. Journal of Information Sciences,2000,126(1-4):83~98.

[175] Vidal E, Marzal A, Aibar P. Fast computation of normalized edit distances [J]. IEEE Transactions on Pattern Analysis and Machine Intelligence,1995,17(9):899~902.

作者简介

　　陈伟,男,1976年生,工学博士,管理学博士后,南京审计学院副教授,硕士生导师,江苏省高校"青蓝工程"中青年学术带头人(2010年),江苏省"333高层次人才培养工程"中青年科学技术带头人(2011年),江苏省高校"青蓝工程"优秀青年骨干教师(2006年),获江苏省政府留学奖学金,2009年3月—2010年4月被公派加拿大多伦多大学(University of Toronto)做访问学者。长期从事IT审计方面的科研与教学工作。近年主持国家自然科学基金(两项)、中国博士后科学基金(一等资助金)、教育部人文社会科学研究项目、教育部留学回国人员科研启动基金等10多项课题;参与了国家审计署负责的国务院"金审工程"、国家"863"计划项目"计算机审计数据采集与处理技术"、国家科技支撑计划等多项课题;以第一作者身份在 *kybernetes*(SCI)、《系统工程理论与实践》(EI)、《审计研究》等国内外重要学术期刊和国际学术会议上发表论文50余篇,其中多篇论文被国际重要检索机构收录;在清华大学出版社出版学术专著《联网审计技术方法与绩效评价》和编著《计算机辅助审计原理及应用》(第一版);以第一作者身份获IEEE国际学术会议优秀论文奖两项、南京市自然科学优秀学术论文奖两项、国家计算机软件著作权两项。多次赴美国、加拿大、土耳其、新加坡、马来西亚等地出席国际学术会议和进行学术访问。